CLAUDIO ZANUTIM
DANIELA SERBAN

1.440 MINUTOS

Uma conversa bem-humorada sobre produtividade e o tempo diário de nossa vida.

CLAUDIO ZANUTIM – DANIELA SERBAN

1.440 MINUTOS
Uma conversa bem-humorada sobre produtividade
e o tempo diário de nossa vida

Preparação de texto: Leonardo Jalkauskas
Primeira revisão: Martha Jalkauskas
Revisão final: Fábio Fujita
Design de capa: Rafael Brum
Projeto gráfico e diagramação: Raquel Serafim

```
Dados Internacionais de Catalogação na Publicação (CIP)
        (Câmara Brasileira do Livro, SP, Brasil)

  Zanutim, Claudio
    1.440 minutos : uma conversa bem-humorada sobre
  produtividade e o tempo diário de nossa vida. /
  Claudio Zanutim, Daniela Serban Ascher. --
  São Paulo : DVS Editora, 2020.

    Bibliografia.
    ISBN 978-65-5695-011-2

    1. Administração do tempo 2. Organização
  3. Planejamento 4. Produtividade I. Ascher, Daniela
  Serban. II. Título.

  20-41670                                    CDD-650.1
```

Índices para catálogo sistemático:

1. Administração do tempo   650.1

Cibele Maria Dias - Bibliotecária - CRB-8/9427

Nota: *Muito cuidado e técnica foram empregados na edição deste livro. No entanto, não estamos livres de pequenos erros de digitação, problemas na impressão ou de uma dúvida conceitual. Para qualquer uma dessas hipóteses solicitamos a comunicação ao nosso serviço de atendimento através do e-mail: atendimento@dvseditora.com.br. Só assim poderemos ajudar a esclarecer suas dúvidas.*

*Quem teve a ideia de cortar o tempo em fatias,
a que se deu o nome de ano, foi um indivíduo genial.
Industrializou a esperança, fazendo-a
funcionar no limite da exaustão.
Doze meses dão para qualquer ser humano
se cansar e entregar os pontos.
Aí, entra o milagre da renovação e tudo começa
outra vez, com outro número
e outra vontade de acreditar que daqui
para diante tudo vai ser diferente.*

ROBERTO POMPEU DE TOLEDO

Sumário

Prefácio — IX

Dedicatórias — XIII

Introdução
    Parte 1 — 3
    Parte 2 — 9

Capítulo 1
    Você já refletiu sobre o tempo? — 13

Capítulo 2
    O que é o tempo? — 37

Capítulo 3
    O tempo e suas características — 57

Capítulo 4
    Os matadores da produtividade — 79

Capítulo 5
    Tempo, meu mano velho — 123

Capítulo 6
    Você merece o melhor — 137

Capítulo 7
    Um ano pela frente — 153

Capítulo 8
O tempo e a ânsia por resultados 165

Capítulo 9
O que você fez durante o bom tempo? 205

Capítulo 10
Vamos criar uma rotina 215

Capítulo 11
1.440 minutos: uma viagem no tempo 233

Capítulo 12
O tempo determinado 243

Capítulo 13
A comunicação e a coragem 259

Posfácio 279
O tempo da arte 279

Considerações finais 283
Parte 1 283
Parte 2 286

Referências bibliográficas 289

Uma referência de nossa amiga Marta Gucciardi 293

Prefácio

Ernesto Haberkorn[1]

TEMPO DE VIDA: quantidade preciosa de minutos que vivemos do momento em que nascemos até o momento em que tudo acaba. Pelo menos para cada um de nós.

Neste livro, o tempo é analisado em todas as suas perspectivas. Damo-nos conta do quanto ele é valioso. E aprendemos a melhor utilizá-lo. A não o desperdiçar. Lembre-se: quem passa a vida matando o tempo mata a vida e não passa o tempo.

Mostra que o tempo não volta atrás. Que as horas perdidas estão definitivamente desperdiçadas. Não há como recuperá-las – a não ser que você esteja viajando para o oeste –, coisa mais estranha viver o mesmo momento duas vezes! É por isso que a leitura deste texto é fantástica. Para que a percepção dessa realidade chegue a nós antes que seja tarde demais. E lembre-se de que **1.440 minutos** correspondem a um *único* dia.

Se vivermos até os **80 anos, como eu,** o número é impressionante: **42.076.800 minutos.** Não, a conta não está errada. É que considerei também os anos bissextos, afinal, temos de ser exatos. Mesmo, porém, com essa baita quantidade, cada minuto é precioso! A leitura deste livro nos prova isso. E ensina como bem aproveitar cada um desses milésimos de tempo.

Vou, neste prefácio, me atrever a apresentar algumas frases que aprecio e que têm muito a ver com este livro. Primeira: "Um grande problema da humanidade é o que fazer quando não se tem nada para fazer". Creio que esse drama chegue constantemente para a maioria das pessoas. Que me desculpe Domenico De Masi, mas não me venham com essa conversa de que o ócio é coisa boa... Aqui você vai encontrar formas de evitar essa situação. Como gastar mais horas com o seu propósito de vida e gastá-las bem: várias são as dicas ricamente

---

1 Empresário reconhecido na área de tecnologia da informação por fundar a sexta maior empresa de software do mundo, a Totvs.

postas por Zanutim e Daniela para acabar com esse problema.

Outra frase é: "Se eu morrer à tarde, quero ter feito algo extraordinário pela manhã". Os autores disponibilizam no livro uma série de exercícios práticos que certamente o ajudará a viver feliz até na prorrogação, resolvendo uma questão cada vez mais presente na terceira idade, em função da melhoria na qualidade de vida dessas pessoas: usufruir ao máximo cada um desses **1.440 minutos**, que agora nem parecem mais tão escassos assim.

As páginas que se seguem nos ensinam também outra técnica bem interessante: *a capacidade de realizar simultaneamente mais que uma atividade, ou seja, maximizar a produtividade e o aproveitamento desse precioso recurso: o TEMPO.*

Ao ler o livro, a cada vez que tudo isso é detalhadamente explicado, eu me lembrava de uma curiosa situação vivida na juventude: certa vez, meus amigos e eu apostamos em quem conseguiria fazer o maior número de atividades simultaneamente, não importando quais. O amigo que ganhou nos contemplou com a seguinte vivência: ao sair um dia para almoçar, deixou seu computador rodando um programa que fazia o fechamento do mês, tarefa que era de sua responsabilidade.

No caminho, lembrou que aquele dia era o do aniversário de sua esposa. Passou na floricultura, e a moça que o atendeu disse que fazer um buquê levaria uns trinta minutos. Ele aproveitou para ir a um restaurante e almoçar. Durante a espera, foi ao banheiro. Levou um livro (na época não havia celulares!). Aproveitou para fumar um cigarro e, com a outra mão, fez uma limpeza nasal. Ganhou fácil! E com três pontos de vantagem: sete atividades simultaneamente! Trabalhando, presenteando a esposa, almoçando, indo ao banheiro, estudando, fumando e cuidando da higiene. Isso, sim, é que é aproveitar o tempo!

Veja se você consegue mais.

Lendo as próximas páginas, você vai conseguir – e não deixe de avisar o Zanutim. Ele prometeu publicar no próximo livro.

As tabelas ilustradas no Capítulo 8, "O tempo e a ânsia por resultados", referenciam aquilo que nem todas as pessoas têm e que deve estar sempre presente em nossa mente: FOCO. Tem gente que é louca para ajudar o próximo, só para ganhar um elogio. Ajuda o amigo deixando de realizar o que deveria, de fato, estar fazendo. Cuida da loja do vizinho e não entende por que a sua não dá certo. Estabeleça permanentemente esta frase no seu pensamento: "O que estou fazendo agora está contribuindo para que eu atinja as MINHAS metas?".

PREFÁCIO

Nada melhor que um diário para ajudá-lo nesse quesito. Que registre os momentos importantes de sua vida. Seus filhos e netos, e mesmo você, vão adorar lê-los.

Quem sabe um dia vire um livro? Ele deve ser sucinto, objetivo e claro, tudo ao mesmo tempo. Na noite do réveillon, é a melhor leitura que há. Faço isso todo ano, antes de beber o primeiro gole de champanhe. Ou, se a vida não está legal, depois. É um bom momento para definir as metas para o ano que se inicia.

Registrar as metas num diário já elimina parte daquela angústia: será que vou conseguir? Será que vai dar tempo?

Não se preocupe. Está lá, no plano de metas do diário. Um dia, cada uma delas vai ser tratada com a devida atenção. Jamais será esquecida. E se, no fim, elas não eram tão importantes ou pareciam realmente um sonho impossível, não tem problema. Carimbe-as como RESOLVIDAS, e apague-as em definitivo. Você venceu a angústia. Resolveu o problema. Missão cumprida! E essa foi sem esforço, não custou nada!

Enfim, quando o Zanutim e a Daniela me pediram para escrever o prefácio deste livro, pensei comigo: "Tô ferrado, não vou conseguir". Mas, é claro, iniciei a leitura – era minha obrigação –, e, a cada capítulo, uma onda de ideias e reflexões foi surgindo, enquanto a frase "Como não pensei nisso antes?" não parava de gritar na minha cabeça. Ler um livro não soluciona todos os problemas, mas, que ajuda, ajuda.

Vá em frente!

Você ficará bem melhor do que já é agora.

Boa leitura!

Dedicatórias

Sei como o tempo é precioso. Quero aproveitar cada momento, e para isso acontecer, é preciso atitude, mudança de comportamento e coragem. Sou daqueles que vivem com intensidade!

A agenda é e sempre será uma questão de prioridade em nossas vidas. Creio que existe um Deus que tudo criou e que tudo fez e faz, inclusive o tempo e o espaço.

Dedico este livro à minha esposa, Kátia, que, em todos esses anos, soube o significado do tempo, em todos os sentidos (ela compreende tudo o que pretendo dizer com essa frase), dedicando, a mim e aos negócios, uma porção de seu tempo, aos nossos filhos, outra, e a ela, outra porção. Obrigado, marida!

Dedico à minha filha, Maria Rachel, e ao meu filho, Raphael, que, mesmo em meio a tantas brincadeiras e "tirações", do tipo "Pô, pai, tudo você põe na agenda...", entenderam e reconheceram a necessidade de um tempo para que eu escrevesse estas páginas. Obrigado, filhos!

Vocês três são parceiros demais para mim (mais que o tempo). Amo vocês!

Dedico também à minha parceira de escrita e debate neste livro, Daniela Serban, que me surpreendeu com sua dedicação e empenho em contribuir com o que há de melhor na área; e, também, por compartilhar de forma aberta e sincera suas experiências, desafios e conquistas. Obrigado, amiga!

Não posso deixar de citar aqui as queridas Marta Gucciardi, Lilian Simões, Luciana Zanutim e Martha Jalkauskas, que dedicaram tempo às críticas e revisões. Muito obrigado!

Claudio Zanutim

Começo aqui agradecendo ao meu marido, Edu, que inicialmente resistiu às minhas novas aventuras, pois, para alguém que é mãe, cuida de filhos gêmeos ainda pequenos, da casa, do marido, da sua saúde, e que trabalha fora, investir tempo para escrever um livro parecia algo muito complexo. Logo que conheceu melhor a ideia do projeto, ele se envolveu, curtiu, e passamos a andar de mãos dadas rumo a mais essa conquista.

À minha filha, Sophie, que me incita constantemente a repensar o valor do tempo na vida, em particular sobre o que achamos que é óbvio, mas poderia não ser.

Ao meu filho, Eric, que é muito curioso em querer desvendar os mistérios em torno do tempo.

Que, em um futuro breve, meus filhos leiam este livro e consigam se deliciar com as ideias aqui contidas. Que possa ser muito útil para suas vidas!

Aos meus pais, a quem agradeço a dedicação de sua vida e de seu tempo a mim, com muito amor, fé e sabedoria.

Ao meu irmão, que, apesar de nem sequer imaginar que está envolvido com este livro, traz recorrentes *insights* sobre o valor do tempo na minha vida.

E a você, Zanutim, que confiou em mim ao compartilhar esse desafio, sempre com respeito às diferentes perspectivas, pensamentos e tempo de escrita. Acima de tudo, mantendo em alta a motivação e o foco no propósito de escrevermos este livro para os nossos leitores.

Daniela Serban

INTRODUÇÃO

PARTE 1

Quero dizer que este não é um livro para você ter mais tempo de vida, mas, sim, para você ter mais tempo na vida.

CLAUDIO ZANUTIM

Claudio Zanutim – Dia desses, estava eu no interior de São Paulo – na linda e aprazível cidade de Americana –, e, em um encontro, ouvi uma pessoa proferir a seguinte frase: "Você já percebeu como o tempo está passando mais rápido?".

Em milésimos de segundos (a uma velocidade 400 km/s), pensei: o tempo, desde quando se começou a mensurar, é e foi o mesmo: 1.440 minutos diários. Nada mais, nada menos. "Opa! Bate na madeira aí...". Compreendi que ele não sabia muito bem o que estava dizendo.

Creio que o que tenha mudado é a percepção e a boa utilização do tempo, afinal, o tempo é inelástico, e essa percepção equivocada e nada produtiva faz com que as pessoas tenham a impressão de um tempo que passa mais rápido. Mas é só percepção individual mesmo. Na verdade, as pessoas têm falsas percepções, sustentadas por suas crenças limitantes, que levam a pensamentos desse tipo.

Quando estamos envolvidos ou mergulhados em uma atividade em que o foco somos nós mesmos, nosso cérebro registra esses acontecimentos como muito bons, por isso temos a falsa impressão de que o tempo passa mais rápido. De forma inversa, quando estamos em uma atividade ou tarefa que nos causa desconforto, tipo ficar na fila do banco, a impressão que temos é a de que o tempo passa mais lentamente.

A ideia de escrever este livro aconteceu, em minha opinião, de forma contrária: eu apresento uma palestra que se intitula *1.440 minutos de vida por dia – o que você faz com eles?*, mas, normalmente, tem-se o livro primeiro e, depois, a palestra.

Para mim já existia uma vontade enorme de escrever sobre esse tema, porém, de forma diferente. Já li muito sobre a gestão do tempo, sobre gerenciamento do tempo, software do tempo etc., mas fui percebendo que as pessoas não gerem seu tempo, muito mais por *questões comportamentais* do que por questões técnicas ou ferramentais. **A boa gestão do tempo é a boa gestão dos interesses, das intenções que temos diante da vida e dos afazeres, e, ainda mais, das intenções legítimas que temos diante de tudo isso. Agenda é uma questão de prioridade e interesse.**

Assim, de nada adianta dar ferramentas se, para as pessoas, não fizer sentido a necessidade do gerenciamento **das intenções e das intenções genuínas e**, também, da procrastinação. Para toda pessoa que conheci mentoreando sobre produtividade, o que fez a diferença foi a percepção individual da necessidade imediata da mudança rumo a uma vida com mais significado.

É óbvio para as pessoas que um dia tem 24 horas, mas não é tão óbvio que tem 1.440 minutos, menos ainda que tem 86.400 segundos. Poucos de nós calculamos que são 168 horas semanais ou 10.080 minutos semanais. O fato é que, durante muitos anos aplicando treinamentos e palestras sobre esse tema em grandes empresas pelo Brasil e pelo mundo, fui percebendo que a maioria nem sequer se dá conta de que um dia (o seu dia) tem 1.440 minutos. Mais ainda: quando pergunto se elas sabem e se já pararam para pensar, mais de 95% das pessoas que comigo estão não se dão conta disso, tampouco importância, logo, não medem e, se não medem, não gerenciam. Quando eu falo que pessoas de alta performance e produtividade gerenciam suas vidas por minutos, aí então é que elas se mostram mais perplexas ainda.

Já ministrei essa palestra em várias empresas, para muitas pessoas, porém, certo dia, conversando com minha amiga Daniela Serban, da Integração Escola de Negócios, quando voltávamos de um cliente, contei-lhe sobre o tema e sua importância. Durante a conversa, muito proveitosa, surgiu a ideia de partilharmos este livro, discutirmos e discorrermos, de forma agradável, sobre o assunto, com foco no comportamento. Contudo, não será deixado de lado o tripé essencial de minhas palestras: provocação, reflexão e transformação. Esse pedido eu fiz à Dani de todo coração.

Neste livro, você vai poder acompanhar uma conversa entre a Daniela Serban e eu sobre o tempo; nosso convite é para que você se sinta em um café à mesa conosco, não só como **leitor ou leitora**, mas como participante dessa conversa. Assim, nossa expectativa é que você seja **provocado ou provocada** a algumas reflexões para que haja transformação no que tange ao seu gerenciamento do tempo com foco na produtividade, tendo em vista uma vida mais plena, mais integral e com mais significado.

Muito importante também é que, além de foco, este livro apresenta algumas metodologias com ferramentas e testes para apoiá-lo no processo de mudança. Além disso, perceberá que tudo o que você precisa para mudar é ter um *mindset* de aprendizagem por mais tempo e com maior frequência, em lugar de um *mindset* fixo. Tudo isso será capaz de oferecer muitos motivos para você agir, ou seja: motivação.

Desafie-se a se manter em sua de zona de conforto pensando de forma diferente e perceba que tudo tem mais a ver com você, com o que quer mudar em sua vida, do que de fato com tudo o que você irá ler neste livro.

Você será o protagonista. Nada muda se você não quiser mudar. Se a ideia é ser mais produtivo, menos procrastinador, então esteja preparado para mudança, pois este livro não trata somente de uma conversa sobre o tempo, mas sobre a vida.

Afinal, o que é o tempo – essa "entidade" que nos devora, implacável e impiedosamente?

Nosso entendimento sobre o tempo nos fez tratá-lo como um conceito adquirido por vivência, quase que indefinível em palavras. A ideia do tempo e sua concepção sempre foi muito discutida ao longo da história do mundo e ainda o é.

Quero fazer uma rápida reflexão sobre ele, *o tempo*, nesta introdução. Um filósofo chamado Parmênides (530-460 a.C.) afirmou que a realidade seria, ao mesmo tempo, indivisível e destituída do conceito de tempo. Já um de seus discípulos, Zenão de Eleia (505-? a.C.), foi um divulgador dos paradoxos sobre o tempo. Mas o paradoxo que considero mais expressivo é o de Aquiles.

No paradoxo em questão, ocorre algo bem legal: Aquiles persegue uma tartaruga e os dois iniciam o movimento em um instante determinado de tempo. Para cada distância percorrida por Aquiles, a tartaruga avançaria certa distância.

Veja só esta explicação: imagine que quando o corredor atingisse o ponto do qual a tartaruga partiu, ela já estaria a uma outra distância. Quando o corredor atingisse essa distância, a tartaruga estaria em outra posição, e assim por diante. Não seria, pois, possível ao corredor alcançar a tartaruga. Esse paradoxo tem solução!

Para mim, esse pensamento da época de Zenão é tão contemporâneo que remete ao da teoria das cordas. Sugiro pesquisar, já que só foi um *insight* que tive quanto a velocidade-espaço-tempo.

O conceito de tempo foi intencionalmente questionado por tal paradoxo. No caso de Aquiles e a tartaruga, Zenão procura provar que o movimento é impossível se o tempo puder ser subdividido indefinidamente em intervalos cada vez menores.

Nesta minha rápida e breve introdução histórica, trago Platão (427-348 a.C.), que afirmou que o tempo nasceu quando um ser divino (Deus, por minha conta aqui) arrumou a bagunça, ou seja, deu nova estrutura, deu ordem ao caos e ao universo, agora conhecido como multiverso. Para o filósofo, o tempo tem uma ordem originalmente cosmológica e este mundo é irreal.

A filosofia oriental parece ter sustentado que o tempo e o espaço são construções da mente humana.

Para Aristóteles, a noção de tempo seria intrínseca ao universo. Como a maioria dos pensadores gregos à época, ele não acreditava na ideia de um momento inicial da criação do universo, apresentada ao mundo ocidental pela tradição judaico-cristã, o que, para mim, faz mais sentido por causa do meu credo cristão e da crença no criacionismo e não no evolucionismo.

Quando analiso o tempo de maneira mais filosófica, penso em tempo cíclico ou não cíclico. Mais adiante, discorro um pouco sobre esse tema, quando Daniela e eu falamos sobre *cronos* e *kairós*. O tempo cíclico dos gregos deriva da ideia de perfeição, sempre presente em seu pensamento filosófico. Essa mesma ideia os induziu à escolha do círculo, uma figura perfeita, para a trajetória dos corpos celestes.

Em sua *Física*, Aristóteles afirma que "existe um círculo em todos os objetos que têm movimento natural. Isso se deve ao fato de os objetos serem discriminados pelo tempo, o início e o fim estando em conformidade com um círculo; porque até mesmo o tempo deve ser pensado como circular". Se você parar para pensar um pouco mais, verá e perceberá que, em nossa vida, há movimentos cíclicos, tanto bons como maus.

Outros pensadores, os estoicos – seguidores do estoicismo, linha de pensamento centrada no problema moral e cujo ideal supremo era atingir a felicidade pelo estado de alma em equilíbrio e moderação na escolha entre os prazeres do corpo e os espirituais –, tinham como crença que, se os planetas voltassem à sua posição original, que seria o início do tempo cósmico, o universo se reiniciaria, como se fosse um *reset* da máquina cósmica.

Trazendo um pouco mais para perto de nós, os maias, que habitaram a América Central, acreditavam igualmente em um tempo cíclico. A história se repetiria depois de um período de 260 anos, o chamado *lamat* dos maias, e, se pensarmos em nossa vida de forma integral, temos muitos e muitos momentos cíclicos, que, inclusive, podem se repetir de forma bem parecida e em tempos muito similares.

Não sei se você sabe ou tem ciência, mas a ideia de um tempo linear, sem retornos, parece ter sido defendida apenas pelos hebreus e pelos persas zoroastristas e, posteriormente, incorporada pelos cristãos. Estes introduziram a crença em acontecimentos únicos, como, por exemplo, a crucificação e a ressurreição de Cristo. Esses fenômenos não se repetem. Também o apocalipse descreve o fim de um mundo, indicando que haverá o encerramento de um ciclo que não se repetirá mais. Ou seja: não só eventos cíclicos, como também eventos não cíclicos.

No século IV, Santo Agostinho responde à indagação sobre o que é o tempo da seguinte forma: "Se ninguém me perguntar, eu sei; se o quiser explicar a quem me fizer a pergunta, já não sei". Discorreu certa vez sobre o tempo assim:

> Ouvi dizer, na voz de um homem instruído, que o tempo não é mais do que o movimento do Sol, da Lua e dos astros. Não concordei! Por que não seria antes o movimento de todos os corpos? Se os astros parassem e continuasse a mover-se a roda do oleiro, deixaria de haver tempo para medirmos as suas voltas? Não poderíamos dizer que estes se realizam em espaços iguais, ou, se a roda umas vezes se movesse mais devagar, outras, depressa, não poderíamos afirmar que umas voltas demoravam mais, outras menos?

Eis aqui mais paradoxos sobre o tempo!

Kant (1724-1804) – e olhe que esse filósofo nunca foi de fácil leitura para mim – pensou que o tempo, apesar de ser essencial como parte da nossa experiência, é destituído de realidade: "Tempo não é algo objetivo. Não é uma substância, nem um acidente, nem uma relação, mas uma condição subjetiva, necessariamente devida à natureza da mente humana".

Boltzmann, que era físico e viveu entre 1844 e 1906, atacou a visão subjetiva do tempo e as complicações introduzidas, de acordo com ele, pelos filósofos. Já para o nosso físico mais incrível (licença poética para o "nosso"), Stephen Hawking (1942-2018), o tempo tinha duas definições: o tempo real, medido pelos calendários, e o tempo imaginário; para ele, a história de nosso universo, quando mapeada via tempo imaginário, assemelha-se a uma casca de noz. Então, quero sugerir uma boa leitura para você: um livro dele intitulado *O universo numa casca de noz*.

Enfim, o tempo ainda não tem fim, diferentemente da vida, e as discussões a propósito do tempo, do nosso tempo, ainda serão longas por aqui.

Espero, sinceramente e de todo coração, que este livro possa contribuir muito com seu entendimento sobre o tempo e suas aplicabilidades, e as possibilidades de boa gestão de algo tão intangível e tão implacavelmente poderoso, para que você possa ter mais qualidade de vida. Espero também que esta leitura traga luz aos seus planos em sua jornada, para que você tenha uma vida abundante e integral.

Este livro não trata de felicidade, tampouco de milagres, e sim de qualidade de vida!

> Diz o professor Mario Sergio Cortella:
>> Felicidade não é alguém que, ao desejar, senta-se, repousa, relaxa e pode se deleitar. Há pessoas que dizem: "Um dia eu vou ser feliz". E eu digo: nunca o será. Afinal de contas, a felicidade é um desejo permanente, mas é uma circunstância provisória. Nenhum de nós é feliz o tempo todo; pois se o é, não é feliz, é tonto. Ora, a vida tem perturbações, tem percalços o tempo todo. A vida tem dificuldades, e uma pessoa que se coloca como alguém feliz de modo contínuo não entendeu a própria existência.

PARTE 2

Você já teve a experiência de parar tão completamente? De estar no seu corpo tão completamente, com todos os sentidos presentes? De estar tão presente na sua vida? O que você sabia e não sabia. Agora sinto cheiros, vejo cores, ouço a voz dos meus pensamentos. O agora não tem ansiedade, ele aceita, acolhe. Um momento no qual a vida simplesmente o agarra com todos os sentidos, sensações. E a vida, com toda sua potência, acontece!

DANIELA SERBAN, O AGORA

Daniela Serban – Sinceramente, nunca pensei que escreveria um livro. Não por não acreditar que conseguiria. Sempre gostei de ler, estudar, ensinar, aprender, mas o livro como projeto ainda não estava no meu radar, pelo menos pensando em curto ou médio prazo. Como disse o poeta cubano José Martí: "Há três coisas que um homem deve fazer na vida: plantar uma árvore, ter um filho e escrever um livro". Não gosto muito dessas generalizações, porém a escrita do livro era um sonho bem distante. Os outros dois eu já havia realizado. O filho, no caso, meus filhos gêmeos, e a árvore.

Um belo dia, em uma conversa bem despretensiosa, voltando de uma reunião, Zanutim comentou comigo que estava com a ideia de produzir uma obra sobre 1.440 minutos e explicou o que estava planejando. Achei bem interessante o assunto e não parei mais de pensar em ideias para o livro. Mesmo sem perceber na hora, fiquei bem empolgada com o assunto. Como tenho estudado muito nos últimos anos sobre comportamento, comunicação, *mindfulness*, qualidade de vida, *coaching*, comecei a relacionar todos esses assuntos com o tema *tempo*. Foi quando me pus a sugerir assuntos para ele escrever e, de forma bem espontânea, ele reagiu: "Por que você não escreve junto?". Considerou que essas ideias complementavam muito bem o que ele estava planejando.

Confesso que fiquei muito honrada com o convite e... topei o desafio!

Com isso, veio a frase – dele – para completar: "Comigo, projeto tem data de início e de término". Daí percebi – e me animei mais ainda! – que realmente não era uma ideia despretensiosa, não era um *brainstorming* para deixar o tempo passar. Seria, sim, algo sério, de pesquisa. Deveríamos escolher os conceitos, as histórias, as ferramentas, os depoimentos que iríamos incluir no livro de forma cuidadosa, tendo um propósito muito bem definido.

O que a princípio era um sonho, algo distante, aceitar o desafio significou incluir um bom tempo de dedicação semanal em minha agenda para torná-lo um objetivo tangível e finito. Para mim, é muito relevante poder escrever sobre o tempo, algo que nos fascina, nos intriga e nos amedronta também. Vivemos com essa angústia de não darmos conta de tudo aquilo que gostaríamos de fazer, ser e ter. Parece que a tecnologia veio para nos ajudar, mas, na prática, muitas vezes não é bem assim que acontece. Ela, com frequência, nos distancia, nos esconde, nos desumaniza.

Assim como eu, mulher, esposa e mãe, muitas das leitoras irão se identificar com as histórias, dores e alegrias de uma vida feminina, com tantos pratos para equilibrar. Estamos todos muito preocupados em fazer, não tanto em ser. Você irá constatar, caro leitor, que cada capítulo foi escrito com carinho e cuidado, pensando sempre em como podemos ser úteis para a sua vida. Durante todo o livro, tivemos em mente o propósito profundo de ajudar o **maior número de pessoas** possível quanto a uma vida com mais qualidade.

Hoje, olhando para trás, vejo, que este livro veio ao encontro de uma busca constante que sinto em fazer algo diferente, desafiador, que possa marcar e mudar para melhor a vida das pessoas, e a minha, inclusive. Juntamente com isso, o tema me entusiasmou, pois me considero uma pessoa bastante curiosa no sentido de conhecer o ser humano, desde a família até amigos, clientes e pessoas no geral. Percebo que todas as nossas inquietações têm como pano de fundo uma busca constante do ser humano pela felicidade. As boas lembranças da vida, as discussões com os colegas de trabalho que não nos compreendem bem, o cônjuge que cobra presença, os planos, os sonhos, os amores e as dores que compartilhamos. Queremos ser felizes.

O que escolhemos fazer com nossos 1.440 minutos diários impacta decisivamente quanto a qual caminho seguir rumo a uma vida feliz e leve.

PARTE 2

Escrever este livro também significa ter me dedicado a uma empreitada mais por "vontade" do que por "necessidade" e que envolve diversas das minhas atividades como mãe, filha, esposa, dona de casa e profissional de vendas. Traz muita alegria ter escolhido incluir no meu tempo este projeto! É grande a satisfação de criarmos este espaço para tocar em um dos temas que mais nos sensibiliza atualmente.

Não temos a pretensão de apresentar fórmulas mágicas, tampouco um manual para a organização da sua vida e da sua felicidade. Não podemos garantir que você vá resolver todos os seus problemas decorrentes de má organização do tempo ou de dificuldade em tomar decisões sobre o que fazer com ele no seu dia. O que pretendemos é que você se permita investir um tempo só seu para ler este livro e desfrutar dos benefícios que ele trará para sua vida. Um tempo para que possa analisar, refletir sobre como está o processo de escolha do seu tempo no seu dia, em sua semana, em seu ano, em sua vida.

Olhar tudo isso de cima, de fora, para enxergar muito mais longe e melhor. Avaliar, sob várias perspectivas, como está a qualidade de uso do seu tempo e o que poderia fazer diferente para ter mais sentido, viver no seu propósito, sentindo-se mais satisfeito, livre e feliz. Este livro nasce como um presente para você, que merece esse **tempo** só seu. Tenha calma ao ler. Não o faça com pressa. Desfrute deste livro, de cada linha, de cada palavra, de cada pensamento. Abra-se para o que ele tem a oferecer. Viva-o!

Desejo que você tenha coragem e disciplina para mudar o que perceber ser importante para sua vida e sua felicidade. O futuro começa agora!

Vamos juntos?

CAPÍTULO 1
VOCÊ JÁ REFLETIU SOBRE O TEMPO?

Algo incrivelmente maravilhoso aconteceu com o tempo no instante do Big Bang. O próprio tempo começou.

STEPHEN HAWKING

Claudio Zanutim – Prezada amiga Daniela Serban, a quem chamarei neste divertido e sério bate-papo, simples, respeitosa e intimamente de Dani, quero iniciar com algumas provocações.

Muitas vezes, ouvimos frases como "Se eu pudesse voltar no tempo, faria tudo diferente", "Ah, se eu tivesse outra chance...", entre outras afirmações, não é mesmo? O fato, porém, é que o tempo não volta, e este lance de falar que está trabalhando para recuperar o tempo perdido é um equívoco e um comando errado para o cérebro. O que você pode fazer é investir o tempo atual para recuperar um trabalho antigo.

Certa vez, em visita a uma fábrica, logo após a grande greve dos caminhoneiros no mês de maio de 2018, fato que atrasou demais vários processos em todo o Brasil e gerou grande perda de recursos, ao perguntar a uma colaboradora por que ela estava trabalhando dobrado, ela me respondeu:

"**É para recuperar o tempo perdido**".

Na verdade, ela não sabia o que estava falando, pois jamais iria recuperar o tempo perdido. O que ela estava fazendo era trabalho dobrado (tempo novo e inédito) para recuperar um trabalho que deveria ter sido feito no passado (trabalho antigo).

Algumas das principais dificuldades que identifico nas pessoas nos momentos de palestras, treinamentos e consultoria são *a **má gestão do tempo*** e ***a falta de disciplina para realizar as atividades cotidianas***, o que sempre acaba em desperdício de horas, semanas e até meses de suas vidas em coisas que nem sequer deveriam estar fazendo.

Em 2009, eu me aprofundei em um estudo para embasar meu livro *Como construir objetivos e metas atingíveis*[2] e, ao me aprofundar, notei que mais de 86% das pessoas não separam um tempo para planejar suas rotinas e agendas, para ter uma produtividade assertiva, ou seja, *elas não se organizam para realizar os seus propósitos*. Outro fato curioso é que 67% das pessoas que trabalham a disciplina atingem níveis maiores de produtividade antes do tempo esperado ou planejado, ou fazem com que, consequentemente, sejam mais felizes (nunca o tempo todo) e atinjam mais metas desafiadoras.

Percebi também um comportamento interessante: as pessoas se definiam como altamente ocupadas, com a agenda lotada de tarefas e retrabalhos, dizendo não ter tempo para nada na vida e também com

---

[2] Claudio Zanutim, *Como construir objetivos e metas atingíveis*, São Paulo, DVS, 2016.

meta nova toda hora para substituir uma meta antiga mal construída, mas não sabiam que não eram produtivas. *Confundiam ocupação com produtividade.* Fico muito feliz em poder utilizar pesquisas minhas feitas para outros livros na obra presente.

Pois bem, se você deseja mudar seu status, dar uma virada e gerir melhor seu tempo de vida diário, este livro é para você. A produtividade não deve ser uma meta, e sim um estilo de vida.

Daniela Serban – Zanutim, que de vez em quando chamarei de Zanuta ou Zan, meu amigo, acredito que, nesta parte inicial do livro, valha uma reflexão. Lembrando que, algumas vezes, ao longo das páginas, trarei exemplos mais comuns relacionados à mulher, com um olhar mais feminino, na questão vida e tempo.

Quando falamos em produtividade, que você acabou de mencionar, recorremos à palavra "produtivo", que, por sua vez, tem origem em "produto", do latim *productus*. Essa palavra em latim também pode significar "produzir, fazer avançar" ou então "produzido".

Nesse sentido, surgem as perguntas: Qual é o valor do seu tempo? O que você faz com seu tempo para que chegue ao final do dia e pense: "Nossa, hoje meu dia foi produtivo! Quanto eu avancei? Valeu o dia?". Ou seja, houve mais "produtos". O saldo foi positivo ao final do dia.

Quando vemos uma mulher em forma, bem-vestida, magra, musculosa, superbem cuidada, ficamos impressionadas (falando do ponto de vista feminino). Então, podemos pensar: "Nossa, ela tem essa natureza que a ajuda!", ou: "Poxa, ela deve ter muito dinheiro para se cuidar!", e por aí vão as elucubrações de nosso cérebro.

Poucas vezes paramos para pensar que ela certamente investiu um bom tempo de sua vida (e dinheiro, algumas vezes!) para fazer exercícios constantes, cuidar de suas roupas, cuidar da pele, do cabelo. Ou seja, priorizou isso em sua vida.

Essa beleza toda não vem pronta (claro que há pessoas naturalmente mais magras e belas), mas, na maioria das vezes, é construída, cuidada, cultivada. Isso leva investimento de tempo. Horas e horas de disciplina e dedicação. Então, quando olharmos para a mesma mulher da próxima vez, tentemos imaginar quanto de percentual do tempo diário ela está investindo em si mesma.

Para termos bons resultados, se for algo importante para a nossa vida, além de sonharmos com uma aparência melhor, temos de ter a disciplina para ir todos os dias na academia, mesmo no frio, com ou sem preguiça. Passar os cremes no rosto à noite, mesmo cansada e querendo dormir. E por aí vai.

Em 2015, eu estava com a sensação de que poderia cuidar mais dos meus filhos do que estava cuidando no momento, pensando na relação com a minha vida profissional. Tenho um casal de gêmeos que, neste momento (2020), estão com 9 anos. Trabalho em uma consultoria de educação corporativa, período integral, desde que os meninos tinham 1 ano de idade. Então, fiz um processo de *coaching* executivo (daqueles sérios, não dos que estão nas redes sociais hoje) para ajudar nesse processo de reequilíbrio da minha vida profissional x pessoal.

Ainda para mim a vida seguia departamentalizada e não de forma integral.

Assim, eu e minha *coach* na época, Sandra Berenstein Tudisco, criamos uma meta, e pude traçar meu plano de ação para atingi-la, sendo que o mais importante seria rever minha carga horária trabalhada. Após uma renegociação na empresa sobre minhas condições de trabalho, consegui reduzir de cinco dias trabalhados na semana para quatro – e teria um livre!

Como toda escolha é uma renúncia, não foram só ganhos. Tive de ceder em alguns outros pontos, porém, com essa mudança, senti que passei ter uma qualidade de vida bem superior, uma relação maior de *produtividade equilibrada com a vida.*

Nesse caso, quanto à produtividade, não se deve ter como parâmetro somente a expectativa do outro, e sim a nossa! Não estou falando para você fazer o que quiser, do jeito que quiser, como, por exemplo, pedir demissão e ficar com as crianças, sem ponderar as consequências das contas a pagar, de ficar desatualizado no mercado de trabalho ou até de conquistar uma realização profissional. Essa tomada de decisão impulsiva normalmente não é sustentável.

O que estou falando é de uma *produtividade que implique uma relação equilibrada à sua vida*, em que você considere não somente as metas que recebe da empresa em que trabalha, mas escolha ser produtivo em sua vida como um todo. Ter uma relação saudável e sustentável com você mesmo, em primeiro lugar, para poder estar com a família e os amigos, de corpo, alma e mente!

É algo como *ser diferente* e não somente *fazer diferente*; para isso, você precisa acreditar! Todo objetivo nasce de um sonho, como sempre diz meu amigo Zanutim.

Quem não sonha está morto.

Então, primeiro passo: tenha um sonho e a coragem de realizá-lo!

É um olhar diferente para sua relação com o mundo. Você vai alcançar e superar as metas porque tomou a decisão de realizar essa atividade e quer dar seu melhor naquele tempo que está investindo nela. É pensar diferente a cada momento para melhorar a relação de troca com o seu trabalho e conseguir superar os seus resultados.

Isso é algo que sempre tenho em meu radar. Quando meu cliente compartilha um desafio de seu trabalho para que eu o aconselhe, não o faço no automático. Penso, avalio o que é melhor para ele e, depois, faço as sugestões. Poderia ser mais rápido simplesmente repetir algo que já aprendi ou vi em outro cliente, mas paro, penso, cruzo informações que tenho com o que colhi do mundo daquela empresa e sugiro aquilo que faça sentido para ele, mesmo que, naquele momento, me dê bem mais trabalho.

Assim, o cliente percebe que criei algo especial, pensando no melhor para ele. Ganho a sua confiança e, consequentemente, ele escolhe comprar de mim. Com isso, eu foco não na quantidade de clientes e de propostas, mas, sim, no aumento da minha produtividade com qualidade. Menos quantidade de clientes, mais profundidade e resultados melhores.

A *produtividade equilibrada* envolve a interação de várias áreas da vida, em que uma alimenta a outra. A fé em Deus nos dá potência para momentos difíceis. A descoberta e o cultivo de um *hobby* aliviam momentos de tensão. Por exemplo: descobri na dança circular uma relação fantástica de produtividade equilibrada. Um espaço de tempo em que inicio com determinado humor, pensamento, comportamento, me modifico no processo (dança) e saio diferente, mais leve, com aprendizados que só a dança traz. Fluir com o grupo, mudanças de ritmo nos passos e na vida, partes da dança que são rápidas, outras, lentas, assim como é na vida. Isso para mim é produtividade.

Na neurociência, quando começamos uma nova atividade, a amígdala e o hipocampo atuam criando novas conexões cerebrais, e praticando-a por 21 a 28 dias, ela é consolidada em nosso cérebro. Então, precisamos insistir, ter disciplina com repetição se quisermos resultados diferentes. Já no aspecto de produtividade equilibrada, vale ampliar o olhar de indicadores e números para sua relação de troca com o mundo.

É curtir o caminho, viver o tempo e chegar lá!

Nessa troca com o mundo, vale compartilhar um exemplo. Tenho com meus filhos um projeto, o Mochila do Bem, que consiste em levar algumas doações dentro da mochila deles quando vamos aos parques, para entregá-las a crianças carentes que encontramos pelo caminho. Num feriado em família, estávamos apenas relaxando. Era dia de uma festa religiosa e fomos oferecer comidas típicas a uma família que não teria condições de comprar. Foi tão especial que senti que não só o dia, mas o feriado, fora bem produtivo. Além da troca, que ajudou uma família, veio a sensação de ter contribuído, de ter valido a pena!

Falando em produtividade equilibrada, o livro *Ikigai: os segredos dos japoneses para uma vida longa e feliz*[3] se debruça sobre os cidadãos de Okinawa, tidos como os mais longevos do planeta. Alguns valores desse grupo de pessoas: cuidar da alimentação, cuidar da pele ao tomar sol, aprender sempre, manter mente e corpo ativos, ter uma noite de sono bem dormida. Elas se comportam com atitudes positivas e com alta expressão emocional, cuidando de suas reações.

Uma atitude estoica, que quer dizer manter a serenidade diante das dificuldades, reduz o nível de ansiedade e equilibra as reações, muitas vezes utilizando o silêncio. Por último, cuidar para fugir do hedonismo e da satisfação momentânea. As tentações, em especial alimentares, levam a uma má nutrição tanto do corpo quanto da alma. Para que tudo isso se torne possível, todos eles têm algo em comum, sobre o qual falaremos um pouco agora, que faz muito sentido.

Ikigai: eles têm um propósito que os guia ao longo da vida, que os impulsiona a criar beleza e utilidade para a comunidade e para si mesmos. Você quer ser mais produtivo? Então encontre atividades em que seu propósito esteja relacionado a seus valores pessoais.

O escritor e produtor de televisão norte-americano Phil Cooke[4] propõe três perguntas para você descobrir se o que você faz está alinhado a seus valores:

O que é mais fácil para você? Se for uma pessoa muito criativa, não vá trabalhar numa área em que é exigido que você cumpra muitos processos, por exemplo. Atenha-se àquilo em que você é bom.

---

[3] Héctor García e Francesc Miralles, *Ikigai*: os segredos dos japoneses para uma vida longa e feliz, Rio de Janeiro, Intrínseca, 2018.

[4] Phil Cooke, *One Big Thing*: Discovering What You Were Born to Do, Nashville, Thomas Nelson, 2012.

O que você ama? O trabalho que você ama não é penoso. Faça tudo que puder para que, no futuro, você trabalhe no que lhe dá prazer. Se sente uma forte intuição lhe dizendo para fazer alguma coisa, vá atrás disso. Quando menos esperar, esse hobby ou atividade profissional experimental poderá se tornar relevante, próspero.

Nesse ponto, Marcus Buckingham, no livro *Descubra seus pontos fortes*,[5] explica a importância de saber diferenciar talentos naturais das coisas que você pode aprender. Nós, como seres humanos, somos bem adaptáveis e, com isso, conseguimos melhorar nossa performance em praticamente tudo. A questão é que, para ter bom desempenho, os talentos naturais vão ajudar muito. Então, se encontrar algo que ame e para o qual tem um talento natural, você praticará seu propósito de forma mais intensa, acrescentando a ele conhecimento e técnicas.

Outro aspecto facilitador para você fazer aquilo que ama, de acordo com o filósofo brasileiro Luiz Felipe Pondé no livro *O que move as paixões*,[6] é que "a **alegria** traz **potência**" e, nesse espaço de sentimentos bons, conseguimos produzir mais e com qualidade.

No *coaching*, esse lugar é chamado de *flow*, *estado de fluxo*, que, segundo a teoria de Mihaly Csikszentmihalyi, psicólogo húngaro, é um conceito que designa o estado de consciência em que mente e corpo se encontram em perfeita harmonia. Isso acontece principalmente durante a realização de atividades que deixam as pessoas felizes e nas quais podem dar o seu melhor. É aquele momento da vida em que você não percebe o tempo passar. Você está presente, na sua melhor versão, e tem uma intensa troca com o universo.

Por último, Cooke indaga: **O que tira você do sério?** Sabe aquilo que o deixa realmente irritado? Tire vantagem disso! Quem sabe seu propósito seja se dedicar com paixão para resolver esse problema?

Alguém que perdeu um membro da família por uma doença e ficou, com isso, muito sensibilizado, pode se mobilizar a abrir uma ONG e batalhar pela cura da doença, ou a outras ações do tipo. Exemplo disso é uma pessoa próxima a mim que faleceu de câncer

---

[5] Marcus Buckingham e Donald O. Clifton, *Descubra seus pontos fortes*: um programa revolucionário que mostra como desenvolver seus talentos especiais e os das pessoas que você lidera, Rio de Janeiro, Sextante, 2008.

[6] Clóvis de Barros Filho e Luiz Felipe Pondé, *O que move as paixões*, Campinas, Papirus 7 Mares, 2017.

do pulmão e cuja filha atua ativamente com arrecadação de fundos para pesquisa científica com o propósito de encontrar a cura desse tipo de câncer.

Na prática, pensando em uma vida produtiva, independentemente do que façamos, temos de manter esse olhar para dentro de nós, já que, continuamente, o mundo capitalista nos estimula ao consumo.

Em conversa com um consultor empresarial, de quem gosto muito, sobre propósito e dúvidas quanto a estarmos ou não no caminho certo, se o propósito pode mudar ao longo da vida, ele disse algo que me marcou bastante: quer ter certeza de que está no caminho certo do seu propósito? Então, pratique!

Faça ações relacionadas ao que acredita ser seu propósito para testar. Com coragem e determinação, você encontrará respostas e sentirá se esse é seu caminho ou se precisa fazer ajustes de rota. Assim caminha a humanidade!

E você, já sabe qual é o seu propósito? Está praticando?

Por último, algumas dicas que podem ajudar você a encontrar o seu propósito: ler livros ou assistir a filmes de pessoas com alguma história de vida marcante; fazer um processo de *coaching*; estudar, aprofundar-se nos assuntos que o apaixonam e, claro, meditar!

Com as ferramentas de planejamento e organização do tempo que partilhamos, você sentirá uma satisfação interna no percurso, tendo a consciência de ter *escolhido* fazer aquilo naquele momento da vida. Diz Mihaly Csikszentmihalyi: "Os melhores momentos de nossas vidas não são os tempos passivos, receptivos e relaxantes... Os melhores momentos geralmente ocorrem se o corpo ou a mente de uma pessoa são levados ao limite em um esforço voluntário para realizar algo difícil e que vale a pena".

Claudio Zanutim – Bem, Dani, sigo aqui com mais provocações, então. Quero fixar minhas argumentações no momento em que você cita o *Ikigai* e também quando fala sobre vida pessoal e profissional.

Creio que a ideia de vida longa esteja ligada a muitos fatores. Um deles é a própria vontade de viver e, nesse sentido, o Ernesto nos abençoou com seu prefácio elucidador. Outro é a alegria de viver e, terceiro, obviamente, a saúde. Definir a forma como vamos levar a vida é uma decisão. Nós escolhemos. Há muita gente deixando as pessoas escolherem por elas.

Em uma palestra, Abilio Diniz – o grande homem por trás do Grupo Pão de Açúcar por algumas décadas – disse: "Decidi começar a envelhecer aos 29 anos". Na ocasião, ele nos brindava com sabedoria e entendimento sobre a velhice *de* e *com* qualidade. Como essa palestra foi em 2018, ele estava com 81 anos de idade, em plena forma e atividade mental e física. Demais!

Outra reflexão que quero trazer é a questão cultural dos povos orientais e sua disciplina para ação e também para a "manutenção" da vida. Esse sentimento de estar vivo, essa percepção completa da vida que os orientais têm nos proporcionam, de certa forma compartilhada, a expectativa de um futuro melhor. Contudo, se pensarmos no tempo, esse futuro não existe.

O futuro é, em minha opinião – e para dá-la eu me apoio na neurociência que tanto estudo –, uma criação nossa cheia de elucubrações e imaginações acerca de um tempo que não existe ainda, de um tempo vindouro e de uma expectativa que beira a ansiedade. Como ele está em construção e sendo produzido no agora, então há vida pela frente, afinal, ainda não conheci ninguém que queira morrer já, hoje, neste momento! Claro que não estou considerando alguns estados de saúde mental debilitada, como depressão, por exemplo.

Vida é vida. Não acredito na departamentalização da vida: vida pessoal, vida profissional, vida social, vida acadêmica, vida familiar etc. Tudo bem separadinho, bonitinho, organizadinho. A vida é uma caixa de surpresas e, por mais preparados que estejamos, ela sempre nos surpreenderá de alguma forma. Tudo organizadinho demais, arrumadinho demais, departamentalizadinho demais é chato demais! Não haverá alegria ou felicidade em uma vida assim.

> Acho que a bolha em que vivemos nos faz perder a espontaneidade. Temos o dia inteiro programado, a viagem toda programada, o trajeto todo programado, e perdemos o imponderável, que é o mais legal e nos leva para o desconhecido. (Depoimento de Marta Gucciardi)

Contudo, há de se preocupar com a agenda. Quero dizer "pré-ocupar" a agenda para ser mais efetivo e aproveitar melhor "os tempos", a fim de não se preocupar demais com as coisas da vida. Digo sempre que, se você não tem agenda, alguém terá para você em seu lugar.

Nós temos 1.440 minutos de vida por dia; olhe, Dani, parece óbvio, mas muita gente não tem ideia disso ou sequer parou para pensar neles. Pude comprovar isso nas milhares de palestras e treinamentos que ministro pelo Brasil e pelo mundo a respeito desse tema. Toda vez que eu pergunto sobre quem sabe ou quem mede o tempo, e peço para levantar uma das mãos, não raras são as vezes em que ninguém levanta provando que sabia ou que controlava esses 1.440 minutos. Assim sendo, não percebe que a alta produtividade está diretamente ligada à capacidade de gestão desses minutos.

Logo, a vida de uma pessoa de alta performance, que deseja ter foco, concentração e estado de presença (como você verá no Capítulo 13) e atingir metas mais desafiadoras, é **medida por minutos**. Quer um exemplo?

Recentemente, uma pesquisa do IBGE mostrou que as pessoas que vivem no século XXI atingem, em média, 75,5 anos. Levando em conta essa estatística, imagine que, desses 75,5 anos, você durma 8 horas por dia (o que é comum para pessoas de média performance). Significa dizer que você passará cerca de 25 anos em cima da cama, dormindo (claro que exagero, pois nem sempre as pessoas começam a medir seus minutos tão cedo na vida; adolescentes então, nem se fale).

Suponhamos também que você tome dois banhos por dia, sendo cada um deles de 20 minutos, um pela manhã cedinho e outro à noite, antes de dormir. No final dos 75,5 anos, você terá passado quase 2,8% da sua vida embaixo do chuveiro. Já pensou? Sua vida pode estar indo pelo ralo e você nem percebeu!

Veja bem, não estou dizendo que você não deva dormir ou tomar banho, mas, quando conhece esses números, você pode passar a **gerenciar melhor o seu tempo**. Incrível, não é mesmo?

Ou seja, ao ter acesso a esse cálculo, você poderá listar o que é imprescindível, preferencial, urgente e desnecessário (tomadores de tempo), e aplicar seu tempo de fato em situações relevantes, porque, **se não tiver uma medição, você também não terá uma gestão.**

Se ao chegar em casa depois do trabalho você quiser tomar um banho de 1 hora, não tem problema nenhum. Vá, entre no chuveiro (dica: leve junto seu/sua companheiro/a) e relaxe o tempo que desejar, mas lembre-se da gestão. Saiba que perto de 2,8% da sua vida estará indo "para o ralo", literalmente, se tomar 40 minutos diários de banho.

Em suma, um dos principais **recursos na hora de gerenciar o seu tempo é saber medir**. É justamente aí que muitas pessoas se perdem e acabam afirmando ou justificando não ter tempo para realizar seus propósitos de vida e depois querem correr atrás do tempo.

Você conhece alguém que vive dizendo "Ah, eu não tenho tempo", "não realizei porque não deu; o meu tempo é curto", entre outras desculpas? Ou será que **você mesmo** é essa pessoa? A falta de gerenciamento, se posta na ponta do lápis, aponta resultados significativos.

Certa ocasião, eu estava em uma das maiores companhias de bebidas do mundo, falando sobre os **1.440 minutos de vida diários** e como as equipes poderiam ser mais produtivas e performar melhor. Lá pelas tantas, o supervisor do setor me disse que, muitas vezes, utilizava apenas "9 minutinhos" a mais por dia em suas reuniões matinais, as quais deveriam ser de 30 minutos. Ou seja, ele utiliza, na realidade, 39 minutos.

– Pois bem, vamos fazer uma conta rápida – propus a ele.

– Nove minutinhos? Vamos lá: 9 minutos a mais por dia, 45 minutos a mais por semana, o que dá 3 horas a mais de reunião por mês. Se você tem uma média de dez vendedores em cada reunião, significa dizer que são 30 horas, já que você toma 3 horas por mês de cada um, certo? Isso daria então 360 horas por ano se multiplicarmos direto por 12 (arredondando aqui para ficar mais fácil o raciocínio).

Suponhamos que cada vendedor faça cinco visitas por hora. Isso significa dizer que seriam 1.800 visitas por ano que não foram efetuadas. Faz sentido?

Se assumirmos que cada visita gere R$ 200,00 em vendas e que todas se materializam, significa dizer que o custo anual (falta de faturamento) de "9 minutinhos" seria de R$ 360.000,00.

Então eu disse para ele:

– Isso se trata apenas de sua equipe. Agora imagine que você tenha mais dez supervisores e um gerente. Significa que os "9 minutinhos" chegaria a representar uma falta de faturamento para essa gerência de R$ 3.600.000,00 por ano.

Claro que aqui fiz as contas de forma arredondada e **assumindo** sucesso em todas as situações, mas, se considerarmos que somente 50% seriam efetivos, já teríamos um custo anual de improdutividade nesse setor (falta de faturamento) de R$ 1.800.000,00.

Terminei essa exposição falando para o grupo em sala: "Imaginem o impacto da improdutividade se pensarmos em toda a companhia". Frequentemente, as pessoas mencionam o tema *bater metas*, mas não medem nem gerenciam o tempo, um dos recursos essenciais para se atingir metas desafiadoras. Isso exige disciplina, constância e foco nos detalhes.

Daniela Serban – Zanutim, quero fazer uma intervenção agora. O raciocínio sobre a perda de faturamento nas reuniões que excedem o tempo previsto é uma forma bem consciente e racional de má utilização do tempo.

Nesse caso, é importante ter cuidado para trabalhar essa percepção de "perda de tempo" se o foco estiver apenas no tempo *cronos* (você saberá logo adiante sobre tempo), que é o tempo do relógio.

Então, o líder deverá comunicar de forma bem clara, logo no início da reunião, o quanto é importante cuidar do tempo e das contribuições individuais para que haja produtividade.

Porém é importante o líder estar conectado ao clima da equipe e, caso precise, investir um tempo extra para reforçar o valor do time como seres humanos que têm sentimentos e necessidades, independentemente do tempo *cronos*.

Dito de forma clara e transparente: isso ajudará bastante no atingimento e na superação de metas.

O liderado, sentindo-se respeitado, valorizado como pessoa, com espaço para uma comunicação sincera e cuidadosa, irá para reunião com muito mais motivação e poderá, eventualmente, até fazer menos reuniões em termos quantitativos, mas que, seguramente, serão mais efetivas e converterão muito mais vendas.

Claudio Zanutim – Sim, Dani, mas a boa notícia nesse sentido é que você poderá mudar de patamar, sair do *estado de inércia para o modo realização* se aplicar a metodologia de *gerenciar o seu tempo e manter a disciplina*.

Claro que, para alterar esse estado de estagnação para a condição de execução, você terá de **trabalhar** seu *mindset*. No livro *O segredo*, a autora Rhonda Byrne[7] diz que "a vida não está acontecendo para você; ela está respondendo a você". Sempre digo, inclusive, que é importan-

---

7   Rhonda Byrne, *O segredo*, Rio de Janeiro, Sextante, 2015.

te trabalhar a disciplina de começar o seu dia, pois o restante dele até o fim poderá estar diretamente ligado à forma como você o iniciou.

Acorde cedo e levante com calma. Sorria. Dê um bom-dia para o dia. Faça um alongamento e alguns exercícios rápidos. Faça 1 minuto de meditação e respire fundo. Tome um copo d'água gelada, leia umas quinze páginas de um livro de que goste, leia a Bíblia e tome um bom banho frio. Assim, a forma como você inicia o seu dia vai determinar como ele será. São 30 minutos iniciais que farão toda a diferença.

Logo, sua mentalidade tem o poder de limitar ou de impulsionar você a conquistar níveis mais elevados e, para modificar seu *mindset*, na maioria das vezes, essa empreitada exigirá grande esforço de sua parte. Todavia, os resultados serão recompensadores.

Se quiser saber um pouco mais sobre *mindset*, pelo *QR Code* a seguir você tem acesso a uma *playlist* que fiz falando a respeito disso e do seu poder, e como você poderá se perceber por todo o espectro.

Daniela Serban – Então, Zanutim, se a mente está respondendo, logo temos uma ação que gera uma reação. Qual é a ação que você está gerando na sua relação com trabalho, família e amigos que acarreta as atuais consequências? Você já pensou no que o impede hoje de atingir seus objetivos e metas, e viver uma vida plena?

De acordo com a Dra. Carla Tieppo e os estudos atuais sobre neurociência, "o cérebro é plástico, ou seja, tem capacidade de criar novas conexões neurais; as pessoas é que resistem à mudança, porque ela traz uma dor afetiva".

Por exemplo, temos um caminho conhecido para ir ao trabalho todos os dias e outros caminhos desconhecidos possíveis. Qual o cérebro se sente mais confortável em escolher? O caminho conhecido. Será, porém, que o novo caminho pode ser mais rápido? Para isso o cérebro terá de investir energia para pensar, e isso remete a essa dor afetiva do novo e do esforço para gasto de energia; mas, na prática, se o novo caminho for mais rápido, podemos escolher mudar nossos comportamentos.

Quando precisamos mudar, o cérebro entende que uma situação nova pode indicar "perigo" e se sente "ameaçado", então prefere ficar onde está, para nos proteger, se assim permitirmos. Isso vem desde o início da criação do *homo sapiens*, há aproximadamente 2 milhões de anos, quando o nosso cérebro tinha a função básica de sobrevivência por meio dos comandos de ataque ou defesa.

Para sermos mais produtivos e superarmos essa resistência da mente, o cuidado seria de criar experiências emocionais positivas (mesmo que sutis), para nos motivar a mudar e dar ao cérebro mais sensação de segurança. Falaremos como adiante.

Por exemplo, até hoje não consegui mudar meu *mindset* de sair da zona de conforto de comer bem e ter satisfação com a comida, para entrar logo num regime transformador e me alimentar com o que realmente preciso para viver. Consigo atingir várias metas relacionadas à minha profissão, família, lazer, mas, para essa, ainda preciso encontrar a motivação e os benefícios tangíveis com a mudança a ser conquistada. Assim que decidir, vou incluir no meu plano de metas para tornar meu objetivo realidade e, aí sim, ninguém me segura!

É muito curioso como o funcionamento do cérebro nos encanta e, ao mesmo tempo, nos amedronta. Trata-se de um dos principais órgãos do corpo, tão poderoso quando falamos de 86 bilhões de neurônios e 30 trilhões de sinapses em constante atividade, mas tão pequeno quando comparado ao cérebro de alguns animais, como o da baleia, que pode chegar a 9 quilos, enquanto o nosso, em média, não passa de 1,2 a 1,5 quilos. É o rei da nossa selva, que dá as regras do jogo da vida.

Uma série de perguntas vem à nossa cabeça quando pensamos no cérebro e suas imensas possibilidades de mudança. É ali que estruturas e conexões responsáveis por comportamentos como altruísmo, empatia e religiosidade se alojam. Simplificando, temos três cérebros: um emocional, um racional e outro social, integrados pelo sistema nervoso.

A neurociência aparece, então, para estudar esse sistema nervoso, que investiga a funcionalidade da mente e do comportamento humano a partir da complexidade da construção do nosso cérebro. Ela consegue ser a base para vários outros estudos, como sobre **a inteligência emocional**, o *coaching*, a psicanálise, a psicologia positiva e outras *soft skills*. Sendo essa a base, o estudo da neurociência traz tangibilidade para os demais.

Onde nossos comportamentos e emoções estão sediados? Podemos fazer uma relação interessante entre a psicanálise, criada pelo Sigmund Freud, e o cérebro na neurociência. A amígdala é a parte do cérebro que sedia as emoções. O superego (nossa capacidade de censura) e o ego (nossa vida diária, identificada por meio da razão) podemos encontrar no neocórtex.

Aí vem uma pergunta: quanto nossas emoções estão nos ajudando a ganhar eficácia e produtividade para gerenciarmos a vida, o nosso tempo?

Claudio Zanutim – Dani, sei que você sabe e quero destacar uma observação muito importante: as pessoas não gostam de modificar um comportamento, ou adquirir, ou gerar um novo; a mudança causa muito desconforto para o cérebro e para o corpo. Mark Twain disse que "a gente não se liberta de um hábito atirando-o pela janela: é preciso fazê-lo descer a escada, degrau por degrau". Você já ouviu o ditado popular: "Ninguém muda da noite para o dia"? Eis uma grande verdade.

Sei que você sabe, Dani, mas quero destacar aqui que alguns estudos, **principalmente da área da neurociência**, comprovam que um comportamento (seja ele qual for) leva de 21 a 28 dias para se modificar, ou seja, nenhum hábito, mentalidade ou conduta se transforma de uma hora para outra, mas por meio da perseverança **e da força de vontade; logo, gerir o tempo tem a ver com mudança de hábitos e de condutas**. Deixe-me contar a você uma coisa.

Eu sou corredor. Já faz tempo que pratico corrida e gosto muito desse esporte, entretanto, quando comecei a correr, levei cerca de 21 dias para começar a me habituar ao novo comportamento saudável. Com a mentalidade não é diferente. Para que eu chegasse ao nível corredor e participasse de algumas maratonas, foi difícil. Precisei me esforçar, perseverar e não desistir, mas, depois, meu *mindset* foi se adaptando aos novos hábitos, e a vida começou a me dar outros tipos de resposta. Se você viu a *playlist* de vídeos sobre *mindset*, já entendeu por que falei que ele foi sendo adaptado. Foi criado ou desenvolvido um novo sistema neural em mim e, claro, eu não saí correndo 42 quilômetros um mês depois. **Minha primeira maratona eu fiz após dois anos de treinos e corridas menores.**

Sabe, Dani, vejo muita gente desistindo da produtividade ou da melhoria de performance porque quer mudar radicalmente um comportamento da noite para o dia. Se você deseja iniciar uma metamorfose na vida, além de poder gerenciar melhor o seu tempo, acesse meu clube https://clubedevendasenegocios.com.br/, lá você poderá encontrar uma planilha incrível, para dar o primeiro passo. Investimento baixíssimo em favor da sua vida, veja lá. Pode acessar também pelo *QR Code* a seguir. Nele você encontra a lista completa, basta procurar pela planilha e baixar.

Depois que receber em seu e-mail a planilha, você precisará da senha para editá-la, que é: ***claudiozanutim***

Nela você construirá a sua rotina e agenda, a fim de começar a gerenciar seu tempo. É muito simples. Basta preencher as linhas e começar a medir o seu tempo.

Daqui a um, dois ou três anos, você vai desejar ter começado hoje.

Quero compartilhar com você o que li em um artigo no qual Alessandra Vieira Fonseca[8] escreve que gestão do tempo é utilizar um sistema que ajude a adquirir controle sobre as horas do dia, para que possamos equilibrar as funções que desempenhamos, satisfazendo nossas necessidades e cumprindo nossas responsabilidades.

De acordo com Quinello e Nicoletti,[9] a gestão do **tempo** visa assegurar a pontualidade na conclusão das atividades, e relaciona-se diretamente com o término do projeto e com os recursos despendidos. Para isso, é necessário definir as atividades, especificando detalhadamente o que será realizado. A partir da definição das atividades, determina-se o sequenciamento das mesmas e estima-se a duração de cada uma delas, considerando os recursos disponíveis.

---

8   Alessandra Vieira Fonseca, Gestão do tempo, *Consulta RH: Coaching e Treinamentos Gerenciais*, [s.d.]. Disponível em: <https://docplayer.com.br/654591-Alessandra-vieira-fonseca.html>. Acesso em: 29 abr. 2020.

9   R. Quinello e J. R. Nicoletti, *Gestão de facilidades*: aprenda como a integração das atividades de infraestrutura operacional de sua empresa pode criar vantagem competitiva, São Paulo, Novatec, 2006, p. 119.

Pronto, você já entendeu que possivelmente desperdiça **tempo** e energia em coisas irrelevantes, e decidiu iniciar uma mudança de mentalidade a fim de não perder mais tempo. Nesse momento, pensamentos sabotadores podem surgir dizendo: "Tentei baixar a planilha, mas não consegui", "Depois eu faço", "Vou pensar nisso outra hora", "Trabalhei a semana inteira com planilhas e agora quero apenas relaxar", entre outros impedimentos mentais, mas não se deixe vencer. **Chega de procrastinar, chegou o momento de você pôr em prática, vamos lá? Esse momento é seu, quem decide mudar é você.**

Quero dar uma dica aqui: *crie uma rotina, sempre!*

A esta altura, você já deve ter adquirido, via *QR Code*, a planilha, não é mesmo? Dessa forma, chegou a hora de elaborar sua rotina, pois *quem não tem rotina não consegue construir sua agenda ou seus compromissos. Lembre-se de que agenda é uma questão de prioridade, alimentada por intenções, e intenções genuínas. Trata-se da diferença entre aquilo que sai da sua boca e o que realmente você quer mudar de forma profunda.*

O primeiro passo é estruturar sua rotina e, depois, a agenda. Para estruturar uma rotina, é importante começar pelo começo, ou seja, faça uma lista de coisas imprescindíveis em sua vida e que não podem deixar de ser feitas todos os dias. **Tarefas diárias e repetidas, como, por exemplo, o tempo que investe dormindo, comendo, fazendo xixi, fazendo cocô etc.** Depois, indique o tempo que você crê utilizar em cada uma. Normalmente essa lista fica nas necessidades fisiológicas e de segurança. Caso não saiba o que são essas necessidades, sugiro pesquisar um pouco sobre a pirâmide hierárquica de Maslow.

Só depois de construída essa lista é que você deverá entrar nas tarefas que são preferenciais no seu dia a dia. Ah! Informação bem confortável para você: se conseguir cumprir de 70% a 80% da sua agenda, você já será **um vencedor**. O interessante é que a planilha o ajudará a medir seu desempenho.

Quero lhe dar aqui um exemplo muito poderoso de rotina. Certa vez, eu estava em uma grande empresa de telecomunicações fazendo parte deste trabalho magnífico de apoiar as pessoas na melhoria contínua e de vida, e fiz um teste no *flipchart*. Convidei uma das pessoas para fazermos juntos a rotina, que é tudo que eu considero imprescindível e repetitivo em nossas agendas.

Comecei, então, a revisar com ela o tempo de sono, banho, maquiagem, troca de roupa, café da manhã, almoço, café da tarde, jantar, entre outras coisas que, para ela, eram repetições diárias e, portanto, imprescindíveis em sua agenda. Pasme! Totalizaram **9 horas e 42 minutos**! Logo, pequenas melhorias na rotina já poderiam gerar a ela mais tempo. Coisas do tipo:

- Dormir 30 minutos a menos; isso daria 3,5 horas a mais de vida acordada na semana;
- Três minutos a menos de banho, o que daria 21 minutos a mais de vida na semana;
- Almoço de meia hora e não ficar jogando conversa fora depois ou fofocando daria mais 3,5 horas de vida na semana.

Consegue imaginar quantas coisas poderiam ser feitas? Até mesmo aquele curso de inglês que, na maioria das vezes, as pessoas falam que não têm tempo para fazer. **Ou mesmo para desfrutar aquele momento de ócio, de estar mais com os filhos, com a família. Muitas outras coisas que ficam para trás porque não se gerencia o tempo.**

Daniela Serban – Nossa, Zan, agora você me fez lembrar o momento em que comecei a fazer minha planilha da rotina. Descobri nessa análise que perdia muito tempo da semana sabe com quê? Fazendo escova lisa no cabelo. Semanalmente, eram 90 minutos. Por mês, 360 minutos, ou 6 horas. Por ano, 72 horas, ou 9 dias de trabalho, além do custo financeiro de R$ 50 por semana ou R$ 2.400 anuais. Era o impulso de que precisava para deixar meu cabelo natural. Adorei resgatar meus cachos! Economia de tempo e de dinheiro.

Investir tempo e estabelecer na agenda um horário por semana para organizar essa lista de atividades me ajudou muito, desde pensar se tenho gasolina para meu deslocamento, passando por fazer o cardápio da família e comprar os itens de supermercado e sacolão, ou ainda planejar quem leva e traz as crianças da escola e todas as atividades daquela semana.

Daí, também nesse caso, são várias as listas: a minha e a dos meus filhos. Cada um com sua rotina semanal, algumas fixas e outras que mudam de semana em semana. Como sou eu quem pilota essas agendas, elas precisam se conversar. Meu marido participa, porém eu fico com o olhar do todo.

Claudio Zanutim – Na hora de desenhar sua rotina e agenda para a segunda, terça, quarta, quinta e sexta-feira, sábado e domingo, deixe alguns espaços para os *gaps*, que são nada menos que *horas vagas e flexibilidades* para os compromissos que surgirem de repente, que é o que chamamos de *urgências* – uma visita à casa da sogra, da mãe, ou até mesmo uma reunião de última hora, entre outros imprevistos.

Lembre-se de que toda transição exige disciplina e paciência. Dessa maneira, faça delas suas aliadas e, em pouco tempo, você **usufruirá** dos seus resultados.

Daniela Serban – Falando nisso, Zanutim, eu mesma comecei a praticar essa metodologia e a utilizar algumas ferramentas depois que decidimos escrever o livro. Melhorei muito a gestão do meu tempo e a produtividade, e, com isso, a qualidade de vida. Aliás, vou falar nisso também nos próximos capítulos com mais detalhes.

Claudio Zanutim – Para finalizar, então, quero convidar você, leitor, a fazer este rápido exercício de reflexão que aqui segue.

Pense em qual é o percentual de tempo que você dedica a cada pergunta dentro do quadrante. Tente não pensar no percentual total no sentido de ajustar para 100%. Vá escrevendo e inserindo o percentual aleatoriamente, e pense na semana e não em um dia. Pense, também, em minutos e não em horas. Depois, ponha ao lado o *ranking*. Você perceberá rapidamente que: ou deu tempo a mais, ou a menos.

Lembre-se de rever quanto tempo de vida (em minutos) você tem disponível por semana. Não faça o teste pensando em um dia, **mas, sim, em uma semana.**

Situação	Percentual	Ranking
Seu trabalho		
Seus deslocamentos		
Sua família		
Sua saúde		
Seu sono		
Seu lazer e diversão		

Situação	Percentual	Ranking
Seu aperfeiçoamento pessoal		
Seu planejamento de vida		
Seus relacionamentos		
Sua espiritualidade		
Suas preocupações		

Tabela 1 – Tempo de dedicação a atividades

Você deve ter atribuído um valor significativo às *preocupações*. Mas a preocupação é o maior dano que a nossa mente pode nos causar, uma atitude negativa que consome energia e tempo inutilmente; acabamos sofrendo mais pelo fato de estarmos preocupados do que com a causa da preocupação em si.

As preocupações em nossas agendas geram consequências muito importantes, como a *indecisão*, pois ressalta o lado negativo das coisas, **dificultando nossas ações**; levam à interrupção de tarefas e, consequentemente, à perda de tempo. Separei a palavra *preocupação* para dar ênfase ao sufixo "pré". Muitas vezes, se não todas, estamos preocupados com algo desnecessário, e isso está ligado à ansiedade excessiva.

Você sabia que as pessoas que se preocupam em demasia se tornam incapazes de alcançar suas metas desafiadoras e beiram a mediocridade em grande parte do tempo?

Preocupação também gera tempo perdido, pois a maioria de nossas preocupações desaparece sem que tenhamos de fazer algo para isso. Portanto, preocupar-se é perda de tempo. Quanto mais nos preocupamos, menos conseguimos realizar. A preocupação excessiva gera hábitos inadequados, pois se torna um mau hábito e nos aprisiona, afetando a nossa saúde.

Esse rápido exercício é muito impactante. Eu o aplico há mais de três anos em empresas e vejo a surpresa das pessoas ao terminá-lo. Sabe por que isso acontece? A maioria das pessoas não param, para dedicar tempo a si mesmas!

Assim, antes de terminar essa reflexão, quero sugerir que você pare agora, que está com muitos *insights*, e preencha seu plano de desenvolvimento individual (PDI). Escreva pelo menos duas ações que pretende realizar nos quatro quadrantes que compõem a matriz. Isso é muito importante, pois essas ações poderão compor seu plano de ação para você começar a trabalhar seu processo de mudança no sentido de uma vida mais produtiva e integral.

Importante, aqui, é que **seja muito sincero com você mesmo.**

Começar a fazer	Parar de fazer
Continuar fazendo	Gerenciar o que estou fazendo

Tabela 2 – Prévia para o plano de ação

Daniela Serban – Para concluir este capítulo, confesso, caro leitor, que me enquadro nesse grupo que o Zanutim acaba de mencionar, o que gasta tempo em demasia com preocupações. Quando respondi a essa planilha, tomei um choque! Esse item entrou como terceiro na minha lista.

Quanto tempo perdido! Ao perceber isso, me veio um *insight*. Por que não trocar esse tempo de preocupações por planejamento? Se a preocupação tem a ver com algo que posso transformar em atividades a serem feitas, ótimo. Se posso fazer algo a esse respeito, maravilha. Então, com base nessa reflexão, precisamos ter humildade para analisar se temos como planejar algo sozinhos ou em conjunto para resolver a questão. Confiança para irmos em frente com o que acreditamos que pode ser resolvido e fé para que a questão que não depende de nós, nem de outras pessoas, tenha seu próprio encaminhamento.

A preocupação normalmente mora num limbo no qual nada fazemos, e também não liberamos nossas energias para algo produtivo. Com isso, trabalhei (e trabalho) minha mente, meus pensamentos, com a seguinte frase: "Se eu continuar investindo minhas energias pensando nisso, vai resolver?". Caso seja positiva a sua resposta, tudo vira planejamento. Caso seja negativa, é conseguir deixar para lá e focar no que pode ser resolvido, para fazer algo no que eu tenho influência, ou delegar a quem tenha.

Ufa, que alívio! Vamos nessa também?

DICAS DOS AUTORES

Livros

- *Propósito: a coragem de ser quem somos* – Sri Prem Baba.
- *Ikigai: os segredos dos japoneses para uma vida longa e feliz* – Héctor García e Francesc Miralles.
- *O que move as paixões* – Clóvis de Barros Filho e Luiz Felipe Pondé.
- *Descubra seus pontos fortes: um programa revolucionário que mostra como desenvolver seus talentos especiais e os das pessoas que você lidera* – Marcus Buckingham e Donald O. Clifton.
- *O propósito maior* – Phil Cooke.

Filme

- *A teoria de tudo* (2014) – Direção: James Marsh. Com Eddie Redmayne, Felicity Jones.

Ferramenta

claudiozanutim.online/vip

CAPÍTULO 2
O QUE É O TEMPO?

O tempo passa em meio a momentos que fazem um dia monótono. Você perde tempo gastando as horas de modo descuidado.[10]

PINK FLOYD, "TIME"

---

10   Tradução livre. [N.A.]

Claudio Zanutim – Dani, creio que o Capítulo 1 tenha sido bem provocador. Não sei se você sabe, mas o tempo é apontado por Agostinho como a própria vida da alma ou do espírito que se estende para o passado ou para o futuro. Teólogo e filósofo, Santo Agostinho ao se questionar, disse em suas *Confissões*: "Que é, pois, o tempo?". Acreditava que o tempo ia além, simplesmente, das horas do relógio.

Nosso corpo não possui um relógio interno que marque com precisão os minutos da vida. Nossa experiência de tempo é subjetiva. O ritmo do tempo pode acelerar ou desacelerar dependendo de variáveis como as nossas emoções e os níveis de atenção. Como bem dito pelo nosso prefaciador, viajando no sentido contrário.

Costumo dar alguns exemplos em minhas palestras e um deles aqui está. Imagine a seguinte cena: você está desfrutando de um filme extraordinário e que você ama; certamente o tempo parece voar. Alguns minutos, porém, preso no trânsito podem fazer com que o tempo pareça interminável e muito maçante. Isso nada mais é que a nossa percepção sobre o tempo.

Uma vida plena depende da nossa capacidade de escolher livremente entre saborear o momento e adiar a gratificação.

Os cientistas acreditam que as pessoas experimentam o tempo em unidades distintas, uma série de momentos presentes em que o cérebro costura um fluxo aparentemente contínuo. Produzir esse fluxo é um elemento essencial para cultivar o seu senso do "eu" – o ego, que lida com os momentos e as experiências do fluxo irregular do tempo. Como resultado, a percepção do eu é parte integrante do ritmo subjetivo do tempo, que acelera quando você "se perde" em uma tarefa interessante e que se arrasta quando você se concentra demais em si mesmo.

Uma coisa que tem de ficar bem clara para nós é que a percepção do tempo é algo íntimo, mas, como as agendas são compartilhadas em nossas vidas, ou seja, não vivemos sozinhos em nossos mundos, temos o desafio constante de fazer as adaptações para ser mais efetivos.

Gilles Deleuze, filósofo francês que faleceu em 1995, trabalhou em uma distinção entre dois regimes temporais: *cronos* e *aion*. Seguindo a tradição estoica (estoicismo é um movimento filosófico que surgiu na Grécia Antiga e que preza pela fidelidade ao conhecimento, desprezando todos os tipos de sentimentos externos, como a paixão, a luxúria e demais emoções – pensamento filosófico criado por **Zenão de Cítio**), a esse respeito Deleuze afirmou que *cronos* é basicamente o tempo do presente vivo, o tempo dos corpos e suas misturas, o tempo dos estados de coisas. *Aion*, por sua vez, seria um tempo que inclui um passado e um futuro ilimitados, o tempo do sentido e não do sentir. Cuidado!

Pensando bem, quando pensamos na palavra *tempo*, logo nos vêm à mente imagens como relógios, calendários ou eventos da natureza, como sol, chuva, calor ou frio, não é mesmo? Entretanto, o tempo não se resume apenas a esses fenômenos.

Daniela, existem três formas ou maneiras para se definir e compreender melhor o tempo, que também se refere a algumas divindades gregas, e que eu gostaria de discorrer por um período para que possamos discutir.

A primeira que quero trazer é o *cronos*: representa o tempo cronológico, o tempo dos relógios, calendários e estações. Trata-se da medição do tempo. Cronos, na mitologia grega, foi filho de Urano (Céu) e de Gaia (Terra), e o mais jovem da primeira geração de titãs. Depois casou-se com Reia, e seu poder perdurou até ser derrubado pelos filhos Zeus, Poseidon e Hades.

Dani, creio que o tempo seja tão poderoso, esse tempo conhecido e chamado de *cronos*, que é capaz de nos engolir de tal maneira, que, às vezes, nem nos apercebemos. No caso da mitologia, só para ressaltar, Cronos comia os próprios filhos, tamanha era sua capacidade devoradora e "desumana". E este Cronos, na mitologia romana, era chamado de Saturno, só a título de curiosidade.

O conceito de *cronos* não está relacionado unicamente ao modo como levamos a vida ou à forma como utilizamos o nosso tempo, mas à maneira como o tempo do relógio avança e você não pode fazer nada para impedi-lo. Trata-se daquele tempo que passa e não voltará mais. Ainda que tente parar o tempo, você jamais terá poder para tal. Isso não passa de ficção, vista em filmes como *O efeito borboleta*. Logo, o tempo que você tem para agir, escolher e fazer o melhor é hoje e agora! **O futuro é construído no presente.**

Existe um pesquisador e psicólogo chamado Marc Wittmann, que surgiu em minha vida assim que iniciei as pesquisas para este livro. Ele analisa as mais variadas descobertas científicas sobre a experiência subjetiva do tempo, concentrando-se em questões como: Quanto dura o momento presente? Como o cérebro sintetiza uma série de momentos distintos em um fluxo contínuo? Por que o tempo parece se mover mais rápido e mais devagar em diferentes situações?

Quero compartilhar com você uma observação de forma resumida a propósito do tempo *cronos*, que é o momento presente que dura 3 segundos, de acordo com pesquisas do mesmo Wittmann. Veja que coisa extraordinária!

As pessoas parecem experimentar o fluxo do tempo em "unidades temporais" que duram de 2 a 3 segundos. Quando as pessoas falam do momento presente – o agora –, elas se referem a essa pequena janela de percepção. Os mecanismos do cérebro fundem esses momentos em um fluxo de tempo aparentemente contínuo, semelhante ao modo como um filme produz um fluxo contínuo de movimento a partir da projeção de uma série de imagens estáticas. A "memória de trabalho" – ou "memória de curto prazo" – desempenha um papel importante na manutenção da aparência de um fluxo contínuo de tempo, formando uma "ponte" entre quadros perceptivos de 3 segundos. A memória de trabalho funciona em conjunto com a memória de longo prazo para manter a função do ego.

Há algumas ideias essenciais de seu livro intitulado *Felt Time: the Psychology of How We Perceive Time* [Noção do tempo: a psicologia de como percebemos o tempo],[11] que quero compartilhar com você. Os indivíduos se orientam principalmente em relação ao futuro ou ao presente, e pessoas com "orientação para o presente" preferem a gratificação imediata. Já as pessoas com "orientação para o futuro" adiam a gratificação caso a espera leve a uma recompensa maior.

Um viés futuro oferece benefícios materiais, mas saborear o presente torna a vida significativa, e a percepção do presente provavelmente dura de 2 a 3 segundos, pois nossa memória de curto prazo ajuda a sintetizar esses momentos em um todo contínuo percebido.

Os músicos e poetas, normalmente de maneira instintiva, constroem a sua arte em componentes de tempo de 2 a 3 segundos, e a maioria das pessoas comuns relata que a vida parece passar mais rapidamente à medida que envelhecem, e creio que isso esteja diretamente ligado ao que falo muito. Quando jovem, o tempo tem preço; depois dos 40, o tempo tem valor. Isso pode ser porque, com o tempo, as pessoas encontram menos experiências inteiramente novas capazes de capturar toda a sua atenção.

---

11 Marc Wittmann, *Felt Time: the Psychology of How We Perceive Time*, Cambridge, The MIT Press, 2016.

Para finalizar essas ideias essenciais, Wittmann pontua que a meditação da atenção plena (*mindfulness*) é um método que você pode utilizar para aprender a apreciar melhor as suas experiências no momento presente. Abordaremos esse assunto mais adiante.

Na mitologia grega, Cronos era o rei dos titãs e o grande deus do tempo, mas de um tempo considerado destrutivo, pois, em sua fúria e impiedade, ele devorou os próprios filhos, restando somente Zeus, que foi salvo por sua mãe, Reia, que o escondeu em uma caverna chamada Creta.

Visto como o tempo invencível, que rege os destinos e que a tudo devora, o Cronos continua querendo nos devorar. Isso explica a sensação de que 24 horas por dia parecem ser pouco (o tempo que nos engole). Todavia, cabe a nós estarmos atentos para gerenciar o nosso tempo e não permitir que ele nos destrua ou nos devore em nossos empreendimentos, em nossas vidas.

Vimos que muitas pessoas costumam dizer: "Se eu pudesse voltar no tempo faria tudo diferente", "Ah, se eu tivesse outra chance...", mas o fato é que o tempo *cronos* não volta nem para!

Logo, entender como utilizar o seu tempo atual se faz grandemente necessário, a fim de evitar arrependimentos no futuro por desperdiçar seu tempo com ações irrelevantes, escolhas erradas ou inércia. Se você deseja otimizar o seu tempo com a finalidade de atingir suas metas, em vista de uma vida melhor, mais feliz, o tempo é agora. O amanhã não existe.

Gosto de pensar que o amanhã é uma projeção esperançosa de nossos pensamentos e planos, mas de fato ele não existe, e sobre ele não se tem controle. Só nos resta mesmo imaginá-lo e guardar a nossa fé e esperança no porvir **e continuar planejando com a sabedoria que Deus nos deu.**

Daniela Serban – Pois é, Zanutim. Quantas vezes nos pegamos com nossas agendas cheias, com compromissos de trabalho, de família, com questões de saúde, que seria o tempo *cronos*?

Corremos para cumprir uma agenda cheia de obrigações a todo momento. Quantas vezes nos pegamos pensando: "Nossa, o tempo está curto! Falta-nos tempo"?

Isso pode ser considerado um paradigma da escassez do nosso cérebro. Será que precisamos de tudo isso? Precisamos encher nossas agendas de compromissos? Ou conseguimos ser mais, ter uma *produtividade equilibrada* com menos?

Possuir uma casa maior é sonho de muitas pessoas, mas será que nos ocorre que, quando tivermos uma casa maior, teremos de investir mais tempo e dinheiro para mobiliá-la, limpá-la, fazer sua manutenção, renová-la e mantê-la financeiramente (seguro, IPTU, condomínio, segurança da rua)?

Mais à frente falaremos sobre estratégias para organizar melhor nossas agendas e fazer o que é necessário e importante. Escolher melhor o que entra nas nossas atividades diárias.

Claudio Zanutim – Sabe, Dani, só um parêntese aqui. Desculpe entrar assim em sua reflexão, mas quero contribuir. Em 2013, quando cruzei minha planilha financeira com minha planilha de tempo, vi que não fazia mais sentido ter tantas coisas. Logo vendi meu carro e passei a andar de transporte público, Uber e táxi. Passei a economizar dinheiro e a ter mais tempo, 30%, para fazer outras coisas. Uma delas foi ler e escrever mais.

Pouco depois, em 2016, no momento em que eu pintava o portão de casa, e na época morava em um sobrado gigante, tive outro estalo em minha mente: vi, senti e entendi que não fazia mais sentido eu ser o zelador daquela casa (tenho muitas habilidades manuais, de eletricista a encanador). Muito tempo da minha vida ia naquilo. Foi então que decidimos, eu e minha esposa, Kátia, vender a casa e morar de aluguel em um apartamento menor. Ela também começou a ter bem mais tempo para fazer outras coisas. Passamos a curtir mais os nossos filhos **e a nós mesmos, e estar mais juntos. Ela, inclusive, decidiu cursar outra faculdade, a de psicologia.**

Por isso que escrever este livro e falar sobre produtividade da vida, e não do capital, tanto me instigou e me gerou felicidade.

Daniela Serban – Zanutim, estamos superalinhados nesse aspecto. Penso que precisamos tomar cuidado para não cair na armadilha de nos autodesafiar com metas e objetivos muito agressivos e ficar com a agenda cheia de atividades que nos angustiam constantemente para "dar conta", em vez de ter prazer no caminho. Esse será outro quebra-cabeças que iremos desvendar neste livro. Eu me questiono com frequência sobre no que é que vale a pena investir meu tempo.

O filósofo sul-coreano Byung-Chul Han, no livro *Sociedade do cansaço*,[12] cita duas mudanças comportamentais pelas quais estamos passando em função da atual sociedade do desempenho. Fala sobre como ameaças que antigamente eram imunológicas (tínhamos medo de vírus e bactérias que se alastraram em epidemias, matando milhares de pessoas) perduram ao longo do tempo, visto o momento que vivemos de pandemia no mundo diante de um vírus que não tem vacina, e também de como a violência interna ganhou espaço.

Segundo minhas pesquisas, temos muitos depressivos em nossa sociedade. Creio que necessitemos de certo cuidado ao nos superdesafiar a propósito do tempo e de sua produtividade. Nossa ideia, neste livro, é que a vida seja gostosa, prazerosa, com autorrespeito e muita conversa com as pessoas envolvidas nos seus projetos! Parece simples, mas não é. Acredito piamente que a vida deva ser assim, integrada, ou seja, como diz meu caro amigo aqui: "não departamentalizada".

Você terá vontade de desistir algumas vezes, mas não o faça. Siga em frente. Você vai conseguir!

Para atingir minhas metas na área comercial, preciso sobrecarregar minha agenda com telefonemas e reuniões? Ou posso planejar, analisar, levantar dados sobre quais clientes valem a pena eu investir mais tempo e que trarão melhor resultado?

Sabe aquele famoso método 80/20? Então, 80% do meu resultado está em 20% dos meus clientes e, consequentemente, do meu tempo. Isso é estratégia. Isso é qualidade de atuação comercial. Menos volume, mais resultados. Mais *produtividade equilibrada*. Mais qualidade de vida para eu cuidar dos meus filhos, fazer uma atividade física, ler um livro, sair com meu marido, e por aí vai.

Claudio Zanutim – Sim, creio que o grande desafio que temos em nosso tempo de vida seja desenvolver a habilidade de lidar com várias áreas de forma equilibrada. Se é que dá.

Agora que estamos nos aprofundando sobre a questão do tempo, quem nunca teve a impressão de que os dias passam depressa e que 24 horas por dia até parecem poucas diante de tantos compromissos?

---

12 Byung-Chul Han, *Sociedade do cansaço*, Petrópolis, Vozes, 2015.

A boa notícia é que, a partir de agora, você poderá refletir sobre como tem utilizado seus 1.440 minutos por dia de vida e mudar se for preciso e você quiser. Afinal, você não é obrigado a nada, e ninguém manda em você.

Quero deixar aqui duas perguntas para você refletir um pouco, utilizar seu sistema 2 (você verá mais a respeito desse tema no Capítulo 13) e funcionar melhor. Você já pensou em trabalhar seus comportamentos para gerenciar melhor o seu tempo? Sabia que a forma como você lida com o seu tempo tem ligação direta com seus resultados?

A produtividade está diretamente ligada a *mudanças de comportamento*. Tem a ver com crenças, valores, mitos e alegorias que temos e/ou desenvolvemos durante a vida, muito mais do que com ferramentas de gestão e de controle de tarefas. Claro que as ferramentas e as tecnologias nos ajudam muito, mas, se não mudarmos comportamentos, nada mudará.

Vamos, então, para a segunda forma ou maneira de pensar o tempo, que é o *kairós*. Ele simboliza o tempo oportuno, conhecido também como *o tempo de Deus*. Eu, porém, gosto de trabalhar a forma como o tempo de Deus, para cada um de nós, representa os ciclos da vida. Assim, cada um de nós tem o seu *kairós*. Podemos estar em *cronos* iguais, mas nunca em *kairóses* iguais ou idênticos.

Chegamos agora a um ponto crucial, o *kairós*. Este tempo, ou percepção de tempo, se refere a tudo aquilo que você faz com o seu tempo oportuno (atual). Além de representar o tempo de Deus em algumas literaturas ou casos que já li, o *kairós* simboliza também, ou preferencialmente, o tempo individual de cada um, e essa definição (de tempo individual) é a que mais gosto e com a qual mais simpatizo. Trata-se de um tempo que não pode ser medido em dimensões iguais para todos, como é feito no tempo *cronos*. O *kairós* é *aquele que, para você, é um tempo (momento), e para mim, outro (ciclo).*

Repare como nós estamos no mesmo *cronos*, mas em *kairóses* completamente diferentes. Às vezes, isso ocorre até mesmo dentro das próprias famílias, dos mesmos relacionamentos e da mesma vida, trabalho ou empresa. Daí o grande desafio de se ser e de se ter família!

Estamos no mesmo calendário, mas em momentos de vida diferentes. Em situações assim, até a comunicação, o diálogo e a convivência podem entrar em conflito se não tivermos essa noção de *dimensões kairóses diferentes em cronos iguais*. Em casa, neste momento, temos dois adolescentes, consegue imaginar?

Daniela Serban – Sim, certamente. Sabe, Zanuta, entendo que isso muitas vezes acontece porque esse tempo está relacionado ao nosso propósito. O que nos move e nos leva a lugares diferentes uns dos outros. O que eu escolho fazer que é importante para mim? Essa escolha, como bem diz Mario Sergio Cortella, está pautada em nossos valores e princípios.

Com a sedimentação dos nossos valores, como garantir a integridade da nossa vida e dos queridos, promover a sinceridade das relações interpessoais, a lealdade ao próximo? Cuide do seu jardim para que as borboletas venham.

É um tempo registrado pelas conquistas, que ficam, independentemente do tempo *cronos*, como ser promovido para uma função que você sempre almejou, casar-se com alguém que você ama, concluir uma faculdade, realizar uma viagem muito sonhada.

Nesse sentido, suas escolhas conduzem à vida que você quer, afinal, a vida é feita de escolhas, e pessoas mais humanizadas tendem a escolher melhor, pois pensam de forma coletiva e agregadora, e muito menos egoísta.

Claudio Zanutim – Dani, faz muito sentido o que você falou, mas agora quero acrescentar mais uma forma ou maneira de pensar o tempo, que é o tempo *aion*: tempo dos céus ou tempo divino, representado pela eternidade (o tempo que não se pode medir).

No livro mais antigo que existe, a Bíblia, está escrito: "Mas, amados, não ignoreis uma coisa, que um dia para o Senhor é como mil anos, e mil anos como um dia" (2 Pedro 3:8). O tempo *aion* representa justamente isso: o tempo divino. Uma noção que jamais teremos é sobre o tempo de Deus e seu *kairós*.

Não caberia, neste momento de nossa conversa, toda a complexidade do tempo *aion*, mas vale frisar que *cronos* e *kairós* são filhos de *aion*, representado pelo tempo eterno (passado, presente e futuro). **Ah! Não na mitologia grega: como descrevi anteriormente, nela Cronos gera Zeus.**

Outro exemplo fantástico e histórico podemos encontrar no livro de Gênesis, que diz: "E havendo Deus acabado no dia sétimo a obra que fizera, descansou no sétimo dia de toda a sua obra, que tinha feito. E abençoou Deus o dia sétimo, e o santificou; porque nele descansou de toda a sua obra que Deus criara e fizera" (Gênesis 2:2,3).

Quero abrir um parêntese aqui e trazer umas curiosidades antes de fechar minha fala.

Não sei se sabe, mas os babilônios, um povo que viveu entre 1950 a.C. e 539 a.C., na Mesopotâmia, foram os primeiros a marcar a passagem do tempo. Ao construírem o relógio de sol, dividiram o dia em 12 partes e depois em 24, que são as horas que usamos até hoje.

Creio que sirva a título de curiosidade comentar que os países orientais mantêm calendários bem diferentes do nosso aqui no Ocidente. A Índia segue um calendário baseado no ciclo lunar, com o ano zero equivalente a 79 d.C. Já para os chineses, o ano tem 354 dias, e a medição do tempo é lunissolar, ou seja, considera o movimento da Terra em relação ao Sol e à Lua. Para não perder a sincronia com o ciclo solar, a cada 8 anos mais 90 dias entram no calendário. E este quero dedicar a você, minha amiga: o calendário dos judeus também é lunissolar. Os meses têm 29 ou 30 dias e, para compensar os dias perdidos em relação ao ciclo solar, acrescenta-se um 13º mês em alguns anos.

Pronto! Parênteses fechado.

Nós entendemos o sétimo dia citado em Gênesis pela medição do tempo *cronos*, ou seja, por causa do relógio e do calendário, mas não entendemos como funciona esse movimento divino, uma vez que mil anos são como um dia para Deus, e um dia como mil anos. É algo que não temos como medir.

Nossa vida é marcada por esses três tempos e quero resumir que, enquanto *cronos* quantifica, *kairós* qualifica, e *aion* "atemporiza".

Daniela Serban – Bem interessante, Zanutim, essa citação do Gênesis. Tirando o enfoque da citação religiosa, mas, olhando para questão dos ciclos, temos algo relacionado a trabalho *versus* descanso. Após 6 dias de trabalho, no sétimo descansou, encerrando o ciclo do trabalho para que as pessoas se renovem no descanso. Só assim podem começar um novo ciclo. Assim a vida segue. Precisamos de ciclos. Com o término, podemos comemorar a conquista, nos libertar daquilo que já não faz mais sentido ou aprender com o processo. O início de um novo ciclo traz esperança, renova.

O ciclo do bebê se encerra quando ele anda; da menina, quando menstrua e "vira mocinha"; da namorada, quando casa e se torna esposa; da vida, quando morremos, e da morte, quando o novo neto nasceu. E assim vai. Essa sensação de finitude nos situa no tempo, nos amedronta e nos renova. Daí vem a frase: "Nada como um dia após o outro" ou "Vamos viver um momento de cada vez".

Complementando com uma outra abordagem, do ponto de vista psicológico, temos o *tempo lógico*, idealizado pelo psicanalista Jacques Lacan. No paralelo com *kairós*, é um tempo no qual o pensamento se desencadeia. Ele inclui o presente, o passado e o futuro. Por exemplo, Rosana precisa de 30 minutos para contar sobre seu último aniversário, e Patrícia, de 3 minutos. É isso. Cada um tem seu tempo. Incomparável, subjetivo, individual.

Claudio Zanutim – Creio que devamos utilizar o tempo a nosso favor, e agora que nós dois estamos mais inteirados sobre o tempo, talvez você esteja se perguntando: como perceber e trabalhar o *kairós* para me transformar em um profissional excepcional ou em um ser humano melhor?

A resposta é bem simples, porém nada simplória: interessa treinar a sua mente para identificar o tempo oportuno (*kairós*) para trabalhar melhor a qualidade de vida, em seguida, modificar tudo aquilo que não está legal ou precisa ser aprimorado em sua caminhada. É sobre não perder mais tempo, uma vez que ele não volta. É sobre dar mais qualidade ao tempo que já é quantitativo por sua natureza.

Em suma, vai depender totalmente de você querer, querer mudar. Por que eu digo assim "querer, querer"? Porque só "o querer" pode fazer com que você não desista e invista disciplina e constância suficientes para mudar. Você vai desfrutar de vários testes e provações neste livro que o apoiarão no sentido de perceber, verificar e compreender alguns *gaps* que poderá trabalhar em termos de mudança de comportamento para se desenvolver em seu *kairós* e ser mais produtivo no *cronos*.

Acredito que toda vez que estamos diante de situações que podem sugar o nosso tempo, devemos fazer as seguintes perguntas: Isso é mesmo importante agora? Será que realizar determinadas ações é necessário nesse momento da minha vida (tempo)?

Refere-se a questionar-se sobre o seu tempo e entender o que você pode fazer de diferente para atuar de maneira mais produtiva e com alto desempenho. Quer um exemplo de que, às vezes, nós mesmos não nos damos conta?

Certo dia, um amigo convidou-me para correr (treinar) na USP (Universidade de São Paulo), em um sábado pela manhã. Ligou-me na sexta-feira e eu aceitei (fiz a merda de não dizer "não!"). Como não fiz perguntas e não parei para pensar em dizer um NÃO bem assertivo, utilizei um baita tempo de minha agenda desnecessariamente e conto por quê.

Costumo sair, para correr sozinho, do meu prédio diretamente para a rua, portanto, o cálculo de utilização do tempo é bem menor para eu correr 7 quilômetros. Já para ir à USP, tive de buscá-lo – com o carro da minha esposa, obviamente – na casa dele, o que já levou 20 minutos. A seguir, mais 20 minutos de deslocamento para USP, depois mais 50 minutos de treino; ainda encontramos dois amigos dele lá, o que nos tomou mais 30 minutos de conversa. No final, tive de levá-lo para casa e só depois voltar para a minha. Percebe?

Um treino meu costuma ser de 50 minutos, mas nessa ocasião, só por não ter feito aquelas duas perguntas, consumiu perto de 160 minutos. Ou seja, mais de três vezes.

Claro que a manhã foi boa, o lugar de treino era incrível, mas dei esse exemplo para mostrar e provar o poder das perguntas para si mesmo na melhoria da própria performance de gestão dos 1.440 minutos. Portanto, sempre fique alerta!

Ah! Só para compartilhar com você, em relação a grupos de WhatsApp, vivo perguntando para mim mesmo se devo fazer parte deles ou não. Esse momento de perguntas e de reflexão é bem significativo, pois vira e mexe me leva a sair de alguns deles que não servem para nada, que só fazem fofocas.

Tais reflexões nos auxiliarão a reconhecer o estilo de vida que escolhemos ter e os resultados que vamos obter no futuro por meio das escolhas que fazemos hoje. O futuro começa já, agora!

Logo após a leitura destas três próximas perguntas, convido você a uma rápida pausa para reflexão. Se puder, pegue um lápis e responda nas linhas em branco.

Será que você não atinge suas metas de vida por gastar energia em situações que poderiam ser executadas em outro tempo de sua vida?

___

___

___

___

___

O QUE É O TEMPO?

Que você não encontra tempo suficiente para realizar seu propósito porque se dedica a atividades que só subtraem em vez de acrescentar resultados à sua vida?

___

Será ainda que, ao refletir e entrar em contato consigo mesmo, você não vai reconhecer que desperdiça tempo demais com coisas vãs?

___

Pensou? Refletiu?

Continuemos.

Chegou a hora de gerenciar o seu tempo *cronos* para levar um *kairós* melhor e mais gratificante, e deixar um legado para o tempo *aion*. Alguns especialistas acreditam que olhar para o tempo *kairós* é como sair do "piloto automático" e administrar com inteligência aquilo que podemos fazer com ele, a fim de obter melhor desempenho e melhor qualidade de vida.

Quando me permito sair do modo mecânico da minha mente, do meu sistema 1 (se você quiser saber um pouco mais a respeito, leia *Rápido e devagar*, de Daniel Kahneman[13]), e conhecer melhor aquilo que ando fazendo do meu tempo, refletindo mais sobre o assunto utilizando meu sistema 2, começo a ter ações mais efetivas (eficiência + eficácia).

Ou seja, encontro tempo de qualidade para realizar aquilo que realmente importa nesse momento (tempo) ou, como diria Domenico De Masi ao mencionar o ócio criativo, não sei ao certo se estou estudando, trabalhando ou me divertindo, pois encontrei prazer naquele tempo e executo as atividades de forma produtiva, a ponto de não discernir se meu trabalho é mesmo um ofício ou uma diversão.

A dica aqui é sobre estimular você a analisar a sua vida e encontrar no tempo *kairós* razões para criar oportunidades a partir dessa linha de autoanálise. Sua carreira, resultados, metas e performance dependem desse entendimento. Se você deseja atingir suas metas e realizar seu propósito, que tal começar a pensar de forma integral?

Ter acesso ao conhecimento sobre o tempo fará com que você liste o que é imprescindível, preferencial, urgente e irrelevante. Dessa forma, você poderá aplicar seu tempo em atividades e situações que de fato façam sentido com o seu propósito, afinal, se você não tiver uma medição, também não terá uma gestão.

Viajamos no tempo para entender alguns conceitos que são importantíssimos para a gestão dos seus 1.440 minutos diários, um assunto que ainda dará muito "pano para manga" nos próximos capítulos.

Daniela Serban – Falamos aqui em produtividade, sucesso, e acredito que é muito bom pensar em como aproveitar o tempo e o resultado disso com um olhar mais humano. *Time* não é só *money*... O que isso significa?

Que temos sonhos, expectativas, sentimentos, frustrações e tudo mais que o espaço mundano nos proporciona. Existe um impulso pelo controle de nossas vidas, e temos, muitas vezes, a insatisfação ou o amor como mobilizador.

A mente humana em seu estado normal produz *dukkha*, termo páli empregado no budismo, que pode ser traduzido como sofrimen-

---

[13] Daniel Kahneman, *Rápido e devagar*: duas formas de pensar, Rio de Janeiro, Objetiva, 2012.

O QUE É O TEMPO?

to, insatisfação ou tristeza. Essa condição humana é positiva quando nos move para o alcance de nossos sonhos. As grandes conquistas da nossa civilização foram impulsionadas, muitas vezes, por esses sentimentos, que acabam funcionando como uma mola propulsora para o futuro, mobilizando o presente. Obras da literatura, da música, das artes, tecnologia, novos produtos, serviços, as grandes invenções que marcaram a nossa história, nascem dentro desse cenário. As maiores invenções advieram de épocas de guerra ou pós-guerra.

Santos Dumont, depois de ter voado com balão em Paris, quis inventar uma solução dirigível e com propulsão; após muitas tentativas e vários fracassos, criou o 14-Bis, transformando, assim, um sonho em um objetivo tangível.

Vivemos atualmente, março de 2020, uma pandemia mundial em função do vírus SARS-CoV-2, causador da doença covid-19. Já são milhares de mortes e enfermos, vítimas desse vírus, assombrando atualmente nossas vidas. As pessoas de todo o mundo foram convocadas a viver em confinamento, para evitar a contaminação, por tempo indeterminado. Milhões e milhões de pessoas respeitando a ação de um ser invisível. Escolas com aulas em casa, a maioria dos trabalhadores atuando em *home office*, se é que suas empresas **não** tiveram de fechar as portas. Comércio suspenso faz parte da nossa rotina atual.

Medo, angústia, ansiedade, incerteza sobre o futuro são as palavras de ordem. Cenas que até hoje conhecíamos por meio de filmes como *Epidemia* ou *Contágio* passam a ser bem mais reais do que gostaríamos e imaginaríamos. Assim como já passamos por elas em outros momentos, pandemias e epidemias vêm e vão embora. Ninguém sabe quando, porém irão.

Tenho muita convicção de que, ao passarmos por essa fase, muitos novos serviços e produtos serão inventados, novas relações interpessoais, políticas, formas de educar os alunos serão estabelecidos. Tudo será diferente. O digital, que já era presente, veio com tudo. E para ficar. Falando em um assunto assim mais profundo, vale a pena olhar um pouco mais para nós mesmos.

Onde está a vida? Onde tudo isso começa? Para onde vai? Em tempos em que as redes sociais são uma das maiores fontes de comunicação, influência e reconhecimento das pessoas na atualidade, como está o contato com o nosso "eu" interior?

Às vezes, tenho a impressão de que algumas pessoas marcam encontros com amigos e colegas apenas para ter o que postar nas redes sociais. Não porque de fato gostam, sentem saudades, querem compartilhar momentos especiais e verdadeiros com aquelas pessoas, mas porque só desejam ter o que mostrar para os outros e conseguir várias "curtidas" em suas redes sociais.

Diz Leandro Karnal: "Estamos prestando tanta atenção nas imagens que não estamos vendo mais nada". Quando paramos para pensar qual foto iremos postar, não estamos vivendo o momento presente. É o que cada vez mais vemos em todos os lugares por onde passamos, nos aeroportos, restaurantes, passeios, ruas: pessoas tirando fotos a todo momento. Clicando demais e vivendo de menos.

Daí você volta para a vida real e o que acontece?

Frustrações, raiva, insegurança? É isso que ele cita. Cai como uma luva para mim, pois sempre que começo a pensar: "Poxa, poderia tirar uma foto com esse grupo de amigos", muitas vezes não é para ter um registro deles comigo, para eu ver no futuro e ficar feliz, relembrar aquele momento especial, e sim para postar nas redes sociais e tentar obter as famosas "curtidas".

Então, realmente percebo que as "curtidas" são o futuro, a expectativa, e não o que estou vivendo aqui e agora. Ou seja, estou perdendo a qualidade daquele momento presente porque, além de pensar em que foto ficaria melhor, também vou acompanhar as curtidas ao longo do dia... uau, quanto tempo perdido!

Tecnicamente, essas sensações do reconhecimento na web existem, aumentam nossa ocitocina, hormônio que dá sensação de prazer, e acabamos inconscientemente querendo repetir a dose. Pegando o gancho com o assunto do tempo que viemos abordando até aqui, a única certeza que temos é sobre o presente. Diz Eckhart Tolle em *O poder do agora*[14]: este é o único tempo que temos disponível.

Voltando ao assunto da era pós-covid-19, creio numa mudança radical nos valores pessoais. A humanidade evoluirá. Lamento que isso traga tanto sofrimento, perda de vidas, mas teremos um ganho em termos de espiritualidade, presença, relações interpessoais. O universo clamou por uma parada. Os recursos naturais e o meio ambiente estavam muito sobrecarregados. A cada 40 segundos, uma pessoa morria de suicídio no mundo. Com as pessoas sendo obrigadas a vi-

---

14 Eckhart Tolle, *O poder do agora*: um guia para a iluminação espiritual, Rio de Janeiro, Sextante, 2010.

ver no confinamento, a noção de tempo mudou por completo. Quem escolheu viver sozinho terá vivido com intensidade essa fase. Isso também vale para a família, que terá um tempo maior para convívio, troca, entendimento. Após essa fase, a noção de tempo irá mudar radicalmente. Perceberemos que, por meio dessa vivência, será possível curtir mais os momentos que a vida nos proporciona, nos cobrar menos, vivermos mais na vulnerabilidade de nosso ser; que somos capazes de gastar bem menos, de dizer mais "nãos" e de viver com mais qualidade. O coletivo e o meio ambiente ganharão muita força e terão novas oportunidades para se reinventar.

Por falar sobre o tempo, vale uma reflexão aqui. O que estamos fazendo com ele? Qual o estado de presença nas nossas relações pessoais, nas nossas atividades profissionais? Já que a vida existe no agora, qual é seu grau de consciência, entrega do seu momento atual? O que faz você estar presente? Como está a qualidade de seus pensamentos? Quanto você está, de fato, ouvindo seu interlocutor naquele momento, com a mente e o coração abertos?

Entendo e acredito que não é fácil estar presente com uma vida tão cheia de estímulos constantes, tanta demanda externa vinda de todos os lados. Eu me considero uma pessoa aberta, que faz novos relacionamentos com muita facilidade. No meu trabalho, acredito que só posso ter excelentes resultados (como tenho!) porque ouço verdadeiramente meus clientes, estou de fato presente para oferecer o que tenho de melhor para eles, não pensando somente em termos comerciais, mas numa relação de confiança e troca muito positiva para ambos os lados.

Para isso, cultivo bons pensamentos, por meio dos quais acredito que posso ajudar meus clientes, que tenho excelentes soluções para eles e que farei de tudo para lhes entregar o melhor. Creio que posso contribuir, de forma individualizada, com cada um, para seu sucesso dentro da empresa. Tenho clientes de todos os estilos, preferências, interesses. Esforço-me para ouvi-los com atenção (pois amo meu trabalho) e só assim consigo atendê-los com excelência. O sucesso deles é o meu sucesso.

Sabemos que, em 47% de nosso tempo mental, pensamos sobre o passado ou planejamos o futuro, ou seja, não estamos presentes, fora o fato de que, em média, temos de 50 mil a 60 mil pensamentos por dia e que cerca de 95% desses pensamentos são fruto dos pensamentos do dia anterior, e assim sucessivamente; então, imaginem quanta energia e tempo são perdidos com pensamentos que não fazem sentido para o único momento de vida que temos, que é o nosso presente.

Ufa! Convido você a parar um pouco aqui e reler esses últimos parágrafos.

Tomou um choque? Pois é. Por isso o mercado dos psicólogos, neurologistas, psiquiatras, pessoas que trabalham com o desenvolvimento humano, e nós, da área da educação de adultos, crescemos a cada dia. Como dizia Buda: "Somos o que pensamos. Tudo o que somos surge com nossos pensamentos. Com nossos pensamentos fazemos nosso mundo". Os pensamentos nos impulsionam para os comportamentos.

Como está a qualidade de seus pensamentos? Eles estão alinhados com seu propósito, valores, metas e objetivos? Prem Baba[15] fala em seu livro *Propósito* que todos e cada um de nós viemos para este plano com uma missão, um propósito a ser realizado, e encontrar esse propósito tem a ver com ouvir essa vontade interior.

No livro *Let Your Life Speak*, Parker J. Palmer[16] diz que deveríamos deixar nossa vida falar a nós, e não dizer à vida o que vamos fazer com ela. Isso, para mim, tem a ver com um chamado apaixonado e compulsivo.

Esse chamado começa com uma curiosidade ou vontade (eu gostaria de tentar isso...), e, de repente, estamos vivenciando nosso propósito. Um chamado não é um caminho fácil, e é por isso que muitas pessoas não o conhecem.

Tememos o *esforço, o risco e o desconhecido*, então muitas pessoas escolhem ficar na zona de conforto em que estão ou seguem a demanda do mundo, não as suas. Depois acham que perderam tempo.

E você, no que quer pensar quando rever sua vida? Atingiu seus objetivos? Viveu seu tempo intensamente?

Steve Jobs, cofundador da Apple, se fazia uma simples pergunta todas as manhãs, ao acordar: "Se hoje fosse o último dia da minha vida, eu gostaria de fazer o que tenho planejado para hoje?". Se a resposta fosse não por vários dias, então teria de mudar alguma coisa. Isso pode dizer muito sobre propósito e sobre ampliar nossa consciência diariamente. Estamos vivendo conectados ao que é importante para

---

15 Sri Prem Baba, *Propósito*: a coragem de ser quem somos, Rio de Janeiro, Sextante, 2016.

16 Parker J. Palmer, *Let Your Life Speak*: Listening the Voice of Vocation, San Francisco, Jossey-Bass, 1999.

nós? Caso não tenhamos essa certeza, o que poderíamos fazer de diferente para nos experimentar no eventual propósito a ser descoberto?

Claudio Zanutim – É por essas e outras que costumo dizer o seguinte, Dani: o futuro começa hoje, começa agora. Só será possível aproveitar melhor o tempo de vida que resta se esse tempo for mais de qualidade do que de quantidade. Como você já pôde ler, nossas conversas e reflexões são provocativas no sentido comportamental, pois as ferramentas e testes a que você terá acesso aqui são mais para autoconhecimento. Afinal, quanto mais você se conhece, mais se potencializa e mais se aproxima das metas que decidiu ter ou criar para si.

E você, o que está fazendo da sua vida? O que está fazendo hoje é bom, verdadeiro e necessário?

Creio que as respostas a essas perguntas devam estar com você, assim, sugiro parar, refletir e responder para si mesmo.

DICAS DOS AUTORES

Livro

- *Rápido e devagar: duas formas de pensar* – Daniel Kahneman.

Filme

- *Antes de partir* (2007) – Direção: Rob Reiner. Com Jack Nicholson, Morgan Freeman. *O efeito borboleta* (2004) – Direção de Eric Bress e J. Mackye Gruber. Com Ashton Kutcher, Amy Smart.

Vídeo

- *Hoje tudo deve ser registrado e não vivido* (2017) – Canal Saber Filosófico no YouTube. Com Leandro Karnal. Disponível em: www.youtube.com/watch?v=AWf_lPe7uO8

Ferramentas

- *Google Agenda*
- *Trello*
- *Monday*

CAPÍTULO 3
O TEMPO E SUAS CARACTERÍSTICAS

És um senhor tão bonito
Quanto a cara do meu filho
Tempo, tempo, tempo, tempo
Vou te fazer um pedido
Tempo, tempo, tempo, tempo.

CAETANO VELOSO

Claudio Zanutim – Você sabia que pode trabalhar seu *mindset* (modelo mental) para gerenciar melhor seu tempo e, consequentemente, ter uma vida melhor? (Espero que você tenha assistido aos vídeos no meu canal.) Você já pensou no que faria com o tempo inflexível do relógio diante de seus compromissos, que são completamente prepotentes? Já pensou que vida boa é a que faz sentido para você?

Daniela Serban – Opa! Já quero entrar nessa conversa, Zanutim. Vale ressaltar a "prepotência" dos compromissos. Vivemos em um tempo no qual somos bombardeados diariamente por e-mails, ligações, redes sociais, uma gama de urgências e circunstâncias que ganham uma força incrível!

Nesse caso, faz-se ainda mais relevante criarmos estratégias para nadar contra essa maré, escolhermos o que de fato é essencial, importante para nós. Vivermos justamente o que você acabou de mencionar: "Vida boa, que faça sentido para nós".

Um procedimento simples, sobre o qual discorreremos mais à frente, é saber dizer "não" para parte desses contatos pelos quais somos acessados. Outro é criar uma disciplina para a manutenção desse fluxo de contatos e relacionamentos.

Conheço pessoas que só entram em seus e-mails e mensagens instantâneas em determinados horários do dia ou que não estão presentes na rede social constantemente para não perder tempo. Vale pensar nessas alternativas também! Depende do direcionamento de nosso *mindset* para esses assuntos.

Claudio Zanutim – Isso mesmo, Dani. Aliás, quero desafiar você, leitor, e insisto: se não acessou o *QR Code* para assistir aos vídeos sobre *mindset*, este é o momento que você deve ir ao Capítulo 1 e fazê-lo.

Pois bem, voltemos. Diversas discussões acerca do tempo têm origem grega e surgiram na Idade Média. Platão e Santo Agostinho, os grandes pensadores e pioneiros no tema, afirmaram que é complexo estabelecer uma definição para o tempo; para eles, não há criatura capaz de mensurar o tempo. Entretanto, muitos filósofos tentaram, e é sobre isso que quero conversar com você, Daniela, e também com o leitor.

Estamos trilhando um caminho fascinante, cujo tema principal é o tempo. Como disse já, nós temos 1.440 minutos de vida por dia para realizarmos nossos propósitos, além de existirem três maneiras de compreendermos o tempo: Cronos, Kairós e Aion.

É surpreendente como *cronos*, o tempo que passa e não volta mais, e *kairós*, representado por tudo aquilo que fazemos com o nosso tempo oportuno (atual), estão relacionados com o que vou falar agora.

Os tempos

Ao longo de nossa existência, devemos aproveitar ao máximo o tempo que temos disponível. Sabemos que o tempo que passa não volta mais e que correr atrás do tempo é uma ilusão, uma vez que não possuímos o poder de fazer o calendário ou o relógio retroceder ou, simplesmente, caminhar em nosso ritmo, como vemos nos filmes ou desenhos animados. Dessa forma, o controle remoto do filme *Click*, com Adam Sandler, não fez tanto sucesso à toa; quem nunca sonhou em mudar algo que aconteceu no passado? Com o controle remoto do filme, isso é possível, mas o nosso filme é diferente. Graças a Deus, pois quem assistiu ao filme sabe o horror que é ou seria dominar esse tempo. Para trás ou para frente, sempre será perigoso e triste. Creio que, a cada dia, isso gera preocupações desnecessárias: quando "olhamos" tanto para o tempo passado como para o tempo vindouro.

Pensando em como posso auxiliar as pessoas no atingimento de suas metas, na realização do propósito e numa vida mais integral, separei algumas explicações sobre o tempo e como utilizá-las para você se tornar uma pessoa de sucesso. Seu sucesso!

Daniela Serban – Zanutim, só um momento antes de você continuar, por favor. Quero falar sobre esse assunto, "pessoa de sucesso". Neste instante, permito-me detalhar um pouco mais o que defendemos neste livro.

Entendemos que o sucesso é sua percepção da felicidade na vida, pelo seu atendimento das necessidades e desejos. Não estamos aqui para definir "pessoa de sucesso" como um presidente da multinacional x, um famoso youtuber y ou um esportista medalhista z. Claro que, se algumas dessas posições forem significativas em sua vida, leitor, saiba que nós o apoiamos! Porém, o que realmente desejamos é que você acredite na possibilidade de transformar seus sonhos em realidade por meio da melhor gestão do seu tempo e, assim, se permitir uma vida melhor que a atual.

Claudio Zanutim – Boa observação e intervenção, Dani. A próxima característica do tempo que quero trabalhar ou demonstrar é o *tempo inelástico*. O que fazer com o tempo do relógio, que é inelástico (sem elasticidade; inflexível; rígido), diante de seus compromissos, que são extremamente elásticos? Já pensou em como adaptar as 24 horas do dia para realizar compromissos tão exigentes?

O fato de não encontrarmos tempo suficiente para todas as nossas tarefas acaba tornando muitos de nós em procrastinadores. Fui um procrastinador por muitos anos, de modo que gostaria de ter acessado, nesse período, os conhecimentos que estou compartilhando aqui. O importante, contudo, é que descobri a procrastinação como um hábito que pode ser mudado. Basta força de vontade, coragem e disciplina.

É verdade: o tempo "voa" sem que nos apercebamos, daí nos transformarmos em proteladores crônicos, como explica a psicanálise. Em resumo, nada menos que pessoas com os mantras do tipo "amanhã eu farei" ou "agora não dá tempo".

Daniela Serban – Uma dica muito boa que aprendi para essas ocasiões, diga-se de passagem, é a seguinte: tem algo para fazer? Então inclua-o em sua agenda, não só com data, mas com horário, o que torna a chance muito maior de realizar o que precisa. Não deu para fazer na data em que tinha previsto? Não desista! Mude a data e mantenha o compromisso.

Adotei essa prática em minha vida há menos de um ano e os resultados têm sido muito positivos. Recomendo!

Claudio Zanutim – Sabemos que é impossível prorrogar a duração de um dia, que é sempre de 24 horas, mas dizem os budistas: "A vida só é possível se você se concentrar em uma tarefa por vez". Em outras palavras: não podemos prorrogar as 24 horas para 30 horas por dia, por exemplo, mas podemos usufruir cada minuto com assertividade quando sabemos aplicar o nosso tempo.

Daniela Serban – Até para evitar retrabalho, que é muito comum quando não estamos concentrados no momento presente ou quando realizamos mais de uma tarefa por vez. Inclusive, retomando o contexto da neurociência, é importante frisar uma informação sobre o cérebro: a fim de obter qualidade, ele está estruturado para realizar uma tarefa por vez.

Claudio Zanutim – Dessa forma, para adaptar suas demandas, atividades e compromissos elásticos em um tempo inelástico, o primeiro passo é executar uma coisa por vez. Se você estiver com sua família, por exemplo, esteja com sua família! Se você for ler uma notícia em seu celular, leia, pois tem gente que "naufraga" na internet em vez de navegar! Se for responder a uma mensagem, responda à mensagem! Na hora em que for se alimentar, alimente-se! O segredo das pessoas de êxito é realizarem uma tarefa por vez, focarem em um momento (tempo) que não voltará nem se estenderá.

Lembre-se: sucesso ou êxito é uma percepção individual; cada um tem a sua, na medida que deseja.

Daniela Serban – Atualmente, com essa exposição toda que vivemos nas redes sociais, nossa percepção de felicidade para a vida é, muitas vezes, influenciada de alguma forma pelo que vemos no que o outro posta.

Diante daquilo que vemos, imaginamos como deve ser a vida dos vizinhos e achamos que eles vivem sempre sorrindo e unidos. Também a percepção de felicidade, apesar de individual, é influenciada frequentemente pelas expectativas de nossos pais, familiares, cuidadores em geral. Sabe aquela história que o filho do médico se formou em medicina, era superinfeliz e, certo dia, abandonou a profissão e virou cantor?

Quantas famílias, com boas intenções (claro), incentivam demasiadamente os filhos a continuarem na profissão dos pais e eles, por pressão, aceitam e passam a vida infelizes!

Vale pensar se esse é seu caso. No que, de fato, você acredita que o faz feliz, do fundo do seu coração? Mesmo que você tenha uma voz interior que diga o que gosta de fazer, muitas vezes ela é silenciada pelo o que você acha que *deve* fazer. Essa mensagem do "devo fazer" vem de aprendizados do mundo externo.

Ouça mais a sua voz interior e permita-se experimentar nesse espaço. Não precisa ser nada brusco, definitivo, mas permita-se! Se gosta de cozinhar, mas não tem coragem de empreender, faça em paralelo com sua profissão para se experimentar e ganhe, sim, dinheiro com isso. É um retorno do seu trabalho.

Quem sabe até esse novo *hobby*, essa experiência, permita a você se relacionar com seu trabalho atual com outros olhos, lhe dê energia para produzir ainda mais e melhor onde está? Permita-se fazer, porém, uma atividade por vez.

Claudio Zanutim – Para que você consiga gerar mais resultados e atingir suas metas de vida, adote o comportamento de focar a atenção em uma única atividade. Você conseguirá, desse modo, planejar melhor a agenda, chegar no horário combinado em sua reunião (e sem tomar multas de trânsito!), ouvir o outro e negociar com muito mais assertividade!

Nos mosteiros da China, os budistas dizem que a distração é um dos venenos do espírito. Eles ensinam que, ao subir uma escada, por exemplo, é importante chegar inteiramente a um degrau e, antes de subir para o próximo, se perguntar: "Por que eu vim até aqui e o que desejo alcançar com esse movimento?".

Portanto, somente após refletir sobre o real motivo de se movimentar é que você deve ir em direção ao próximo degrau. Subir as escadas vagarosamente parece perda de tempo, não é mesmo? Mas esse é um ótimo exercício para entender que o seu tempo é inflexível. Por isso, escolher atividades e entender o motivo para executá-las é primordial nesta jornada chamada vida.

A neurociência já comprovou que todas as vezes em que a nossa atenção é desviada para qualquer outra tarefa que não aquela que estamos fazendo, levamos cerca de 15 minutos para resgatar a concentração. Para evitar tanta distração, é necessário foco e disciplina.

Sugiro sempre a utilização de uma ferramenta consagrada em alguns desses casos para apoiar a melhoria da organização, a matriz de Eisenhower, que leva esse nome de batismo por causa de um general do Exército americano, que foi também o 34º presidente dos Estados Unidos, Dwight David "Ike" Eisenhower (1890-1969), tendo governado de 1953 até 1961.

A matriz de Eisenhower é um jeito fácil de definir como priorizar suas tarefas de modo que as mais importantes não sejam deixadas de lado pelas que aparecem de repente ou que são urgentes. A ideia é que todas as suas tarefas possam ser distribuídas em quatro quadrantes, com dois eixos: um de importância e outro, de urgência. Esses quadrantes recebem um valor de 1 a 4 baseado em sua prioridade.

O TEMPO E SUAS CARACTERÍSTICAS

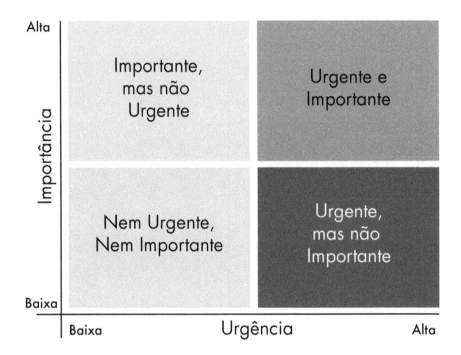

Figura 1 – Matriz de Eisenhower

Fonte: *Como construir objetivos e metas atingíveis*[17]

Então, faça a sua agora, se quiser.
Você não "tem de..." nada. Faça se quiser.

---
17   Zanutim, op. cit.

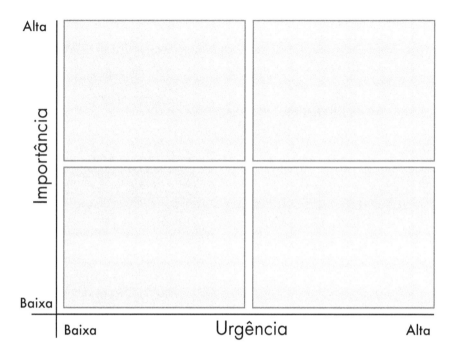

Figura 2 – A sua matriz de Eisenhower

Daniela Serban – Neste momento, tenho uma provocação um pouco diferente sobre os tempos entre os degraus: a pausa e sua importância. No espaço entre um degrau e outro é que temos o ganho; conseguimos olhar para dentro, perceber onde estamos, o que nossa intuição, pensamentos e sentimentos dizem e aonde queremos chegar.

Na pausa, há espaço para o inconsciente se manifestar e, consequentemente, muitas possibilidades podem aparecer. Portanto, viva a pausa! Na pausa, há o silêncio que, como diz Eckhart Tolle em seu livro *O poder do silêncio*,[18] desperta a dimensão da calma, lugar onde a criatividade e as soluções dos problemas são encontradas.

Claudio Zanutim – Uma tarefa de cada vez é a chave para um profissional obter alto desempenho e atingir suas metas. Pense nisso antes

---

18 Eckhart Tolle, *O poder do silêncio*, Rio de Janeiro, Sextante, 2016.

de prosseguir para o próximo tópico. A ideia é que todas as suas tarefas possam ser distribuídas em quatro quadrantes, com dois eixos: um de importância e outro de urgência. Esses quatro quadrantes recebem um valor de 1 a 4 baseado em sua prioridade. Então minha provocação é para que você dê um tempo na leitura e faça a sua matriz conforme essas orientações.

Tempo limitado

Para cada indivíduo, o limite do tempo é a duração da própria vida. É interessante como a história esclarece muitos pontos. É verdade que o tempo que temos para realizar é limitado e, como diz a música, "Temos tão pouco tempo!".

Daniela Serban – E, na prática, cada minuto vivido é 1 minuto a menos que temos de vida. Ufa! Pode chocar um pouco, mas acho que vale a pena ampliarmos essa consciência. Só com essa sensação mais forte de finitude é que percebemos o real valor da vida e, assim, passamos a escolher com mais propriedade nossas ações nos 1.440 minutos diários.

Claudio Zanutim – Dessa forma, levando em conta que alguns de nós têm a percepção equivocada de que o nosso tempo é curto, como você pode utilizá-lo a fim de focar em algumas coisas importantes, como a sua carreira, o atingimento de metas, o aumento de suas receitas, sua vida em família, sua espiritualidade etc.?

Será que as demandas que você executa diariamente realmente são importantes para esse momento da sua vida? Você poderia excluir algumas ou realizá-las de forma mais simples? Será que a energia que você está investindo nesse empreendimento em que está envolvido trará resultados em longo prazo? Pensar em tais questionamentos pode levá-lo a entender o que anda fazendo com o seu tempo e, então, mudar.

Para responder a essas perguntas, porém, você precisa parar de ler agora e refletir um pouco, fazer um exercício mental e, por fim, registrar no papel seus pensamentos e atitudes. Fazer perguntas certas é extremamente importante, ainda mais quando as perguntas são feitas a si mesmo.

Tempo perecível

O historiador Leandro Karnal, certa ocasião, disse: "Estamos em um mundo líquido, com um tempo líquido". Eu diria mais: estamos em um tempo altamente perecível, de modo que cada segundo não utilizado ou desperdiçado é um tempo que não voltará!

Karnal, como sábio que é, bebeu da sabedoria do professor Zygmunt Bauman, sociólogo e filósofo polonês falecido em 2017. Ele escrevera muito sobre nossa sociedade, tempo e amor líquidos. Não que ele concordasse com isso, mas aí já é discussão para outro café, almoço ou jantar.

Daniela Serban – Isso mesmo, e buscando um exemplo dentro do mundo corporativo, podemos pensar nos assentos de avião. Quando não vende um assento em um voo, a companhia aérea não recupera o tempo (nem o dinheiro) desse *gap*. Da mesma forma ocorre quando, em uma despedida, você não fala o que está em seu coração para a pessoa que está partindo ou quando não brinca com seu filho durante a infância.

Claudio Zanutim – Você deseja ser uma pessoa bem-sucedida, de alto desempenho, dona de resultados extraordinários? Então precisa considerar a possibilidade de um tempo de vida integral, o seu tempo com competência, e, se ainda não o faz, hoje é o dia de começar! Inclusive de perdoar ou abraçar alguém com quem você perdeu contato há tanto tempo (desperdiçado com a falta de...).

Tempo irrecuperável

O tempo é o único recurso que você não pode recuperar de nenhuma forma. Por isso, é muito importante que você gerencie seus 1.440 minutos de vida por dia para se tornar uma pessoa melhor. Tal atitude o ajudará a priorizar as atividades e rotinas que são essenciais.

Descobri que grandes profissionais, como atletas e executivos de sucesso, além de pessoas com alto desempenho, consideram o tempo como um bem precioso. É possível perder grana, levar uma empresa à falência ou perder o crédito e se recuperar, mas, em relação ao tempo, não! Se você tem dúvidas sobre isso, sente-se com algum idoso e bata um papo sobre a vida. Você verá!

O TEMPO E SUAS CARACTERÍSTICAS

A dica deste tópico é a seguinte: se você tem uma tarefa para resolver em 2 minutos, elimine-a de uma vez, sem embromação! Percebo que muitas pessoas procrastinam em coisas que levariam menos de 2 minutos para realizar, o que cria uma grande bola de neve de tarefas não efetivadas. Aí sempre vêm com as frases: "Nossa, como o tempo tem passado rápido!", "Não consigo fazer tudo que eu gostaria de fazer!", "Não tenho tempo para nada!".

Daniela Serban – Aliás, Zanutim, você comentou comigo sobre essa dica há um tempo e eu passei a prestar atenção no tempo previsto para cada atividade que aparece em nossa vida. Com isso, percebi que vivo muitas situações dessas, as quais duram menos de 2 minutos. Aprendi, também, que vale outro cuidado. Por exemplo: caso você esteja no meio de alguma atividade, termine-a antes de partir para a outra. Senão, a lista de tarefas inacabadas aumentará! Ufa! Fácil não foi, mas muito importante, sim!

Claudio Zanutim – Pessoas de visão procuram resultados imediatos na hora de gerenciar seu tempo e, para acelerarem um novo projeto, empreendimento ou tarefa, adotam a seguinte mentalidade: "Vou tratar logo do que tenho a fazer, pois, assim, ganho tempo". Ou seja, faça imediatamente aquilo que você deve fazer e tenha mais tempo para viver!

Se você quer que uma coisa seja feita, dê para quem não tem tempo, pois, se a aceitar, é porque a pessoa incluirá na agenda e lhe entregará a tempo. Essa é uma frase que costumo dizer com frequência, e não será diferente aqui no livro.

Tempo irreversível

Claudio Zanutim – Nada mudará em sua carreira, em sua vida e em seus resultados se você não mudar. Posso lhe apresentar diversos métodos para você se transformar numa pessoa bem-sucedida, mas, se você não optar por aplicar a mudança em seu comportamento, nenhum funcionará.

Daniela Serban – É normal sentir medo da mudança e de errar, ou da imperfeição.

Claudio Zanutim – Olhe para dentro e seja sincero. Caso ainda queira mudar e não esteja conseguindo, pense: o que o impede de fazer? Medo, pensamento de escassez, necessidade de sentir segurança, falta de foco? Uma vez identificado o principal motivo, você terá um grande primeiro passo para a mudança!

Daniela Serban – Muitas vezes, escolher alguém a quem confidenciar seus medos, crenças limitantes pode ajudar você a desabafar e permitir-se entrar num processo de mudança. Essa pessoa pode ser um parente, cônjuge, psicólogo, amigo ou até um líder religioso.

Às vezes, nem você sabe por que não consegue mudar ou sair daquela questão que sempre volta na sua vida. Conversando, sendo ouvido, você conseguirá reorganizar as ideias na mente e certamente isso ajudará a evoluir com sua questão.

Resgate a coragem que você já possui, o seu propósito, e permita-se praticar, que você aperfeiçoará as técnicas. Após identificar o motivo, procure práticas para fortalecer o ponto a ser melhorado. Por exemplo: eu tenho trabalhado a competência "coragem". Então, toda vez que percebo que estou com medo de alguma coisa (no meu caso, não estou me referindo a saltar de paraquedas, mas, por exemplo, a falar com alguém com quem tenho um conflito mal resolvido), vou lá e faço para me desafiar. Estou adorando a experiência!

Sou praticante de ioga e percebi, há algum tempo, que apenas não tinha feito a invertida (posição de cabeça para baixo e pés para o alto) porque estava com medo de cair com as costas para cima e me machucar. Então, aprendi a técnica para cair com segurança e me desafiei a tentar a posição. Caí, sim, mas do jeito que me ensinaram, e foi bem divertido! Depois de algumas tentativas sem sucesso, consegui finalmente ficar na tal posição. Apesar de ser um exemplo simples, eu me senti mais corajosa!

Claudio Zanutim – Eu acredito que, a esta altura, o leitor já compreendeu que não é possível voltar no tempo nem inverter seu sentido ou direção; não há possibilidade de retornar à etapa anterior ou ao segundo que acabou de passar. Aliás, que tal listar o que é imprescindível e preferencial em sua rotina e dedicar-se apenas a isso? Lembre-se de que eu elaborei uma planilha de rotinas para você organizar suas ideias!

Além dela, você pode se utilizar destes pontos fundamentais e práticos para aplicar na sua organização, afinal de contas não dá para pensar e melhorar produtividade e efetividade da utilização dos 1.440 minutos de vida sem ser mais organizado.

A produtividade começa com a organização do espaço físico e, também, livrando-se da bagunça digital com arquivos, e-mails e downloads desnecessários. Certa vez, eu estava com uma pessoa trabalhando seus conceitos e crenças sobre desempenho melhor de vida, e eis que ela abre o computador e me apresenta sua área de trabalho. Um espanto! Havia umas 60 pastas e atalhos. Quase não se podia ver o papel de fundo da tela.

Entre todos esses pontos fundamentais está o fato de que ninguém tem mais tempo que o outro. Todos temos os mesmos 1.440 minutos por dia. Então, aprenda a escolher.

Daniela Serban – O que, aliás, não é nada fácil, pois toda escolha implica renúncia. E você, está se sentindo pronto para escolher fazer algumas renúncias?

Claudio Zanutim – Planejar como usar seu tempo da mesma maneira que planeja os seus gastos, usando um "orçamento de tempo", é tarefa imprescindível. O que não se mede não se gerencia, como já dissemos. Saiba diferenciar e priorizar tudo o que é urgente e imprescindível do preferencial. Seja o mais produtivo possível e abandone rapidamente a procrastinação. Você lerá um pouco mais a respeito no Capítulo 4.

O que você faz precisa ajudá-lo a conseguir o que quer. Alinhe suas atividades com seus objetivos e metas, e assim terá mais foco e menos distrações. Defina metas claras e específicas, com datas para realização, e saiba que meu livro *Como construir objetivos e metas atingíveis*[19] poderá auxiliá-lo nessa tarefa. A vida bem organizada lhe permitirá conseguir mais tempo para ousar, arriscar e testar.

Tempo equitativo

Todo mundo dispõe do mesmo tempo, certo? O tempo equitativo é justo, equivalente, imparcial e igual para todos. É curioso como inúmeras pessoas conseguem realizar e conquistar resultados extraordinários, enquanto outras têm tanta dificuldade para realizar

---

19 Zanutim, op. cit.

algo. Uns dizem que se trata de sorte, outros, de privilégios, mas o fato é que quem quer corre atrás dos seus objetivos, concorda? Salomão, o rei mais sábio que já existiu, disse em Eclesiastes 9:2: "Tudo sucede igualmente a todos; o mesmo sucede ao justo e ao ímpio, ao bom e ao puro, como ao impuro".

Em treinamento pelo Brasil afora, percebi que pessoas com alto potencial sabem oportunizar cada segundo e não lamentam a sorte alheia, pois, para elas, tempo também é dinheiro, e elas são as únicas agentes responsáveis por sua sorte. Digo que a sorte é o encontro da oportunidade com as nossas competências, habilidades e com as pessoas certas, no momento certo.

O que você acha de mudar sua rotina e buscar aquilo que as pessoas de sucesso conquistam? O sol nasceu para você também, e as oportunidades estão aí, para todos que desejam aproveitar cada uma delas. Cabe mencionar, novamente, que a percepção do sucesso tem medidas diferentes para as pessoas, porque elas são diferentes.

Neste livro, desejo que você encontre (caso ainda não tenha encontrado) a percepção de sucesso na caminhada do seu tempo de vida. E se eu não puder ajudar o leitor, você poderá, Dani!

Daniela Serban – Assim espero, Zanutim. Este é nosso desejo: que você, leitor, olhe para dentro, para seu propósito, e voe muito alto!

Tempo pessoal

Claudio Zanutim – Você sabia que seu cérebro, no período da manhã, trabalha com capacidade máxima? Estudos comprovaram que, durante as primeiras horas do dia, temos mais energia para realizar as atividades. Parece mito, mas acordar cedo traz a vantagem de sair na frente dos demais, dos que permanecem dormindo ou não levantaram da cama ainda.

Bem, sabemos que cada um utiliza o tempo à sua maneira, o que justifica o termo "tempo pessoal", para se fazer o que bem entende. Todavia, ainda que algumas pessoas produzam mais no período da noite ou da tarde, na parte da manhã é que a energia para produzir se potencializa.

O TEMPO E SUAS CARACTERÍSTICAS

Quero, inclusive, encorajar você, leitor, a fazer este rápido teste para você saber um pouco mais sobre o seu cronotipo. Segundo o Instituto Internacional de Melatonina (IiMEL), da Universidade de Granada, na Espanha, cronotipo é a predisposição natural que cada indivíduo tem para sentir picos de energia ou cansaço, de acordo com a hora do dia.

A ciência vai nos dizer e ensinar que o cronotipo é a sincronização dos chamados ritmos circadianos – ciclo fisiológico de aproximadamente 24 horas, ou seja, 1.440 minutos, que ocorre com os seres humanos principalmente. É por isso que algumas pessoas são mais ativas durante o dia, outras, durante a tarde, e outras ainda, à noite.

A melatonina, hormônio que também induz o sono, é responsável por administrar essa energia. Ela é liberada no escuro e determina em que momento do dia estamos mais despertos e, portanto, somos mais produtivos. Inclusive, se você precisa, às vezes, tirar uns cochilos durante o dia de trabalho para produzir melatonina, fique à vontade! Clique aqui ou leia o *QR Code* para saber mais: claudiozanutim.online/seuperfil.

Nosso ritmo biológico pode se tornar um grande parceiro se for conhecido e mais respeitado. Nossos fluxos de energia determinam, em grande parte, os níveis de capacidade de utilizar o tempo em nosso favor com maior efetividade. Segundo os fluxos de energia, podemos trabalhar seis graus de efetividade do uso do tempo:

1. **Grau ótimo.** Esse é o período de tempo em que há rapidez de raciocínio, *insights* criativos, capacidade de síntese e de concentração, clareza de expressão. Passamos apenas algumas horas do dia nesse grau, daí a importância de sabermos quando ocorre para aproveitá-las ao máximo em atividades que exigem essas condições.

2. **Grau bom.** O raciocínio é claro, a expressão verbal é fluente, porém a capacidade de concentração tende a ser menor do que no grau ótimo.

3. **Grau médio.** Há boa energia para trabalho que não exija concentração ou esforço intelectual. É neste nível que passamos a maior parte do dia.
4. **Grau baixo.** Período de tempo em que há energia para trabalhos rotineiros que não requerem concentração, como trabalhos manuais e outras atividades em que o grau de atenção pode ser pequeno ou nulo.
5. **Grau de transição.** Qualifica-se pela semissonolência. Embora haja algum contato com o meio ambiente, este é mantido de forma generalizada e tende a não ser registrado pela memória. É o período que antecede o sono, quando as coisas que se passam à nossa volta parecem distantes e borradas.
6. **Grau de sono.** Período em que se dá o desligamento da realidade que nos cerca. É o tempo de repouso.

Uma informação bem importante aqui é que nós passamos por todos os níveis e, diante do nosso cronotipo, somos e temos quatro tipos, porém temos um que se sobressai e um secundário influenciador.

Espero que tenha gostado do teste e que ele possa trazer mais luz ao seu autoconhecimento e desenvolvimento, a fim de que você possa perceber seus maiores e melhores tempos de alta potência de ação.

É claro que não se trata somente de cronotipo, há outras coisas e ações para melhorar a produtividade. Quero chamar a atenção aqui, neste momento, para você perceber como se faz necessário criar ambientes favoráveis para uma maximização de performance.

- Criar uma cultura corporativa em que se tenha consciência das tarefas mais importantes, pois, quando tudo é prioridade, não existe prioridade. Um fluxo de tarefas e uma agenda organizada colaboram para o desempenho e para o estado de *flow*.
- Horários de trabalho flexíveis. Nem todos os colaboradores "funcionam" no mesmo horário. Esta sugestão leva em conta as várias gerações que compõem o quadro de colaboradores nos ambientes organizacionais.
- Saber dizer não aos colegas. Às vezes, é necessário entrar em uma sala, fechar a porta, desligar as notificações de mensagens em geral e baixar a cabeça para se concentrar na tarefa, sem interrupções.

- Originar formas de aliviar o estresse e proporcionar treinamentos para uma mente saudável aos profissionais é fundamental.
- Oferecer *mindfulness* na empresa, incentivar a prática de exercícios físicos e uma alimentação saudável.
- Estimular os profissionais a tomarem decisões, promovendo programas de liderança, independentemente do cargo.

Daniela Serban – Isso é tão sério e atual que as empresas já têm adotado cada vez mais o horário flexível para seus colaboradores. Somente no período de 2017 a 2019, houve um aumento de 192% na quantidade de empresas que adotam essa política. Isso é um indicador dos bons resultados das empresas com essa nova escolha, sem falar que para o colaborador é incrível, em especial pensando no tempo de deslocamento casa-empresa.

E você, já refletiu sobre qual parte do dia se sente produzindo em seu máximo potencial? Vale dar uma atenção para o seu ritmo.

No livro *O milagre da manhã*, Hal Elrod[20] defende uma sequência de práticas matinais para potencializar seu dia:

– Ficar alguns minutos em silêncio ou meditar.
– Ler, todos os dias, em voz alta, uma lista de coisas que realmente quer para a sua vida.
– Visualizar os resultados que você quer atingir: criar toda a cena na sua mente, com detalhes das pessoas, situações, falas e lugares.
– Realizar exercícios físicos durante alguns minutos ou por 1 hora.
– Ler algum texto ou livro e escutar em resumos na forma de podcast.
– Escrever algo como se fosse um diário.

Essa sequência toda requer um tempo disponível diariamente. Mais à frente exemplificarei como organizo essa rotina matinal no meu caso. Acho que vale cada um tentar avaliar o que se encaixa em seu estilo, ritmo, momento de vida.

---

20 Hal Elrod, *O milagre da manhã*: o segredo para transformar sua vida (antes das 8 horas), trad. Marcelo Schild, Rio de Janeiro, BestSeller, 2016.

Claudio Zanutim – Como estou falando aqui sobre algumas alterações e características de nosso corpo e mente na busca por melhor performance, uma alteração corporal que aumente a capacidade do corpo de manter suas proporções características de movimento e repouso maximiza a "potência de agir" e promove, em paralelo, na mente, uma modificação que aumenta a "potência de pensar".

Na parte 2 da Ética de Baruch Spinoza (1632-1677) – artesão e filósofo holandês –, podemos entender que a passagem de uma potência menor para uma maior é o "afeto de alegria". Uma afecção que reduz tanto a potência do corpo de manter as proporções de movimento e repouso quanto a potência de agir, e promove, em paralelo, na mente, uma diminuição da potência de pensar.

Corpo e mente estão altamente integrados: corpo são, mente sã.

Em sentido contrário, a passagem de uma potência maior para uma potência menor é o "afeto de tristeza", este ultrapassa as proporções de movimento e repouso dos corpos que compõe o corpo humano e destrói o próprio corpo e a mente, o que conhecemos como morte.

Nós, seres humanos, nos esforçamos para ter alegria, isto é, um aumento da potência de agir e de pensar, e tendemos a nos opor ao que nos causa tristeza, ou seja, àquilo que diminui nossa capacidade de manter as proporções de movimento e repouso características de nosso corpo. O esforço por manter e aumentar a potência de agir do corpo e de pensar da mente é o que Spinoza chama de "desejo" (*conatus*).

Assim, não quero tratar neste livro sobre felicidade, mas, sim, de qualidade de vida, gerenciando melhor o tempo, que é nosso recurso irrecuperável, para sermos mais produtivos e, de vez em quando, desfrutarmos de momentos felizes, afinal, como diz Cortella: "Quem é feliz o tempo todo não é feliz, é tonto".

Para finalizar, deixe-me contar mais uma história a propósito de produtividade, 1.440 minutos e efetividade da utilização do tempo diante de mudanças comportamentais significativas. Claro que o *kairós* é de cada um.

Fiz parte de um grupo de empresários que trabalham via *network* chamado (Business Network International (BNI), que cultiva um lema (quase um mantra), que diz o seguinte: "Enquanto a concorrência dorme, nós já estamos trabalhando". As reuniões se iniciam às 7 horas da manhã em ponto. O café da manhã, às 6 horas. Logo, os frequentadores acordam às 4 ou 5 horas da manhã para chegar a tempo.

Nessa época, só havia dois grupos no Brasil. O BNI foi trazido para cá por intermédio de uma pessoa incrível e competente, Marcos Martins; o primeiro grupo, com nome bem óbvio e peculiar, Gênesis, e o segundo, com um nome mais incrível ainda: Next.

Eu fazia parte do Next, e nós trabalhávamos arduamente para fazer a *network* funcionar de forma profissional. Aprendi muito naquela época e tive contato com uma outra pessoa incrível, Ivan Misner, que creio ser o papa do *network* efetivo e profissional.

O fato maior, porém, que quero trazer aqui é que eu tive de conhecer mais ainda sobre o meu cronotipo e a minha capacidade de potência, e em quais momentos do dia isso ocorria. Realmente, às 5 horas da manhã eu nunca fui uma potência, mas, com disciplina e foco, consegui fazer grandes mudanças e aumentar minha potência de agir.

Assim, com esse exemplo, quero encorajar você a medir melhor o seu tempo, a se conhecer mais ainda, a saber quais seus picos de potência de ação e, daí, partir para as mudanças necessárias de comportamento, a fim de obter mais qualidade de vida e ser mais produtivo.

Daniela Serban – Zan, tem uma outra história que vale a pena contar neste momento. Os autores Benjamin Spall e Michael Xander escreverem o livro *My Morning Routine*,[21] no qual entrevistaram mais de 250 pessoas bem-sucedidas para entender como é a rotina matinal de cada uma. A partir disso, concluíram haver três hábitos comuns entre elas: escrever, pela manhã, uma lista de ações para o dia, meditar e praticar atividade física, logo cedo, que é mais importante.

No meu caso, tenho uma rotina bem acelerada pela manhã, porque, além de me arrumar, tomar meu café, cuido de acordar meus filhos, preparar o café deles e aprontá-los para a escola. Tudo isso sem mal ter acordado de fato.

Aprendi, em minhas leituras e cursos, sendo um deles o já mencionado, que podia reorganizar minha rotina para aproveitar melhor essa primeira hora do dia, acordando 30 minutos mais cedo, para meditar, cultivar bons pensamentos, respirar e, assim, conseguir acordar de fato. E assim fiz.

---

21 Benjamin Spal e Michael Xander, *My Morning Routine*: How Successful People Star Every Day Inspired, Nova York, Portfolio, 2018.

Hoje consigo conduzir essa primeira parte da manhã com muito mais leveza e tranquilidade. Incluí, logo após deixar os filhos na escola, uma atividade física. Assim, passei a iniciar meus dias com muito mais vigor, energia e disposição.

Claudio Zanutim – Dani, quero terminar esses meus pensamentos dizendo que, se a sua intenção é ser uma pessoa de realizações, verdadeira acumuladora de vitórias e metas atingidas, então empregar o seu tempo pessoal em exercícios físicos, boa alimentação e cuidados com a mente são atitudes fundamentais para tanto, em particular nas primeiras horas do dia, para a potencialização dos resultados.

Sou simpático à prática de *mindfulness* ou atenção plena – que, para mim, tem outro nome: oração e contemplação. O *mindfulness é* um estilo de vida que se propõe a reconectar os circuitos cerebrais e emocionais no aqui e agora (tempo oportuno, ou *kairós*). Costumo gerenciar o meu tempo pessoal com um tripé de controle da distração para evitar perdas. Minha rotina, por exemplo, é me exercitar, me alimentar bem e dormir por 5 ou 6 horas; depende do dia e da minha agenda. Não é fácil, não. Escrevendo aqui pode parecer fácil, mas não é. Luto e discuto todos os dias comigo mesmo, afinal, o cérebro é preguiçoso, e o corpo, vagabundo.

Por escolher esse estilo de vida, trabalho em favor do meu tempo e da vida que tenho pela frente, além de me beneficiar com os resultados que conquisto dia após dia.

William Shakespeare disse: "Desperdicei meu tempo; agora, o tempo desperdiça a mim".

Lembremo-nos do que disse Cazuza: "O tempo não para!".

O TEMPO E SUAS CARACTERÍSTICAS

DICAS DOS AUTORES

Livro

- *Em busca de sentido: um psicólogo no campo de concentração* – Viktor Frankl.

Filme

- *Click* (2006) – Direção: Frank Coracci. Com Adam Sandler, Kate Beckinsale.

Vídeos

- *A vida que vale a pena ser vivida em tempos líquidos* (2016) – Canal Saber Filosófico no YouTube. Com Leandro Karnal. Disponível em:
- *A vida que vale a pena ser vivida em tempos líquidos* (2016) – Canal Saber Filosófico no YouTube. Com Leandro Karnal. Disponível em:

www.youtube.com/watch?v=dCdYwzuhuMU

Textos

- O poder do silêncio – parte 1 – Eckhart Tolle:

https://youtu.be/_f2rmnOytHs

77

- Número de empresas que adotam horários flexíveis cresce 192% em dois anos – Giovanna Maradei, *Época Negócios*:

epocanegocios.globo.com/Empresa/noticia/2019/08/numero-de-empresas-que-adotam-horarios-flexiveis-cresce-192-em-dois-anos.html

- Coronavírus: 8 dicas para se adaptar melhor ao trabalho em casa durante pandemia – Giuliana Vallone, *BBC News*:

https://www.bbc.com/portuguese/brasil-52012296

Ferramenta

- Planilha da gestão da produtividade:

claudiozanutim.online/matriz

CAPÍTULO 4
OS MATADORES DA PRODUTIVIDADE

Tudo tem o seu tempo determinado, e há tempo para todo o propósito debaixo do céu.

(ECLESIASTES 3:1, ANTIGO TESTAMENTO)

Claudio Zanutim – Você já se perguntou qual o impacto do tempo em sua vida? Como funciona a *distribuição do tempo* para sua família, seu emprego, seus relacionamentos, seu lazer, sua espiritualidade, suas finanças e sua saúde?

Não gosto de **departamentalizar a vida**. Prefiro compreender e entender a vida de forma completa, em que há momentos para todas as coisas: para nossos afazeres e prazeres, e para nós mesmos.

Você faz parte daquele grupo de pessoas que acreditam que 24 horas por dia não são suficientes? Fica falando toda hora que o tempo tem passado mais rápido? E aqueles papos de "Nossa, como seu filho está grande!"...? Se sua resposta ficar embargada e você perceber que não tem mais *tempo de qualidade* com sua família, que mal desfruta da companhia de seus filhos e que a sua saúde está indo para as cucuias por falta de cuidado, e que, além de tudo isso, ao analisar seus relacionamentos e carreira, enxerga a vida completamente desorganizada, atarefada e até mesmo procrastinada, então você está com problemas!

Não criemos pânico, porém. Sei como resolver a falta de tempo em sua vida e vou apresentar alguns *insights* para que você seja o protagonista dessa virada.

Daniela Serban – Nesse caso, vou então fazer uma pausa aqui. Você tocou num assunto valioso. Antes de pensar em técnicas, ferramentas, estratégias, entendo que temos de falar sobre algo ligado às nossas necessidades vitais, porque, sem isso, não conseguimos fazer mais nada: o cuidado com a saúde e, mais especificamente, com a alimentação.

Ponto importantíssimo. Platão (427-347 a.C.) disse: "Corpo são, mente sã". O corpo é nosso instrumento de vida. Nada de fora para dentro, mas estar bem de dentro para fora. Somente por meio do nosso corpo é que podemos realizar sonhos, trabalhar, viver.

O cuidado com o alimento que ingerimos, a água, nos ajudam a ter mais energia, bom humor e disposição. Prestar atenção no nosso corpo, se sentimos alguma dor, é sinal para nos cuidar e ir ao médico. E você, está se cuidando nesse sentido? Está com alguma dor no momento? Espero que tenha feito ou que faça algo a respeito.

Dica. Insira na agenda: ligar para o médico no dia tal, hora tal.

Existem muitos estudos que comprovam que o excesso de glúten no organismo é maléfico para o cérebro e raiz de inúmeras doenças inflamatórias e neurológicas. A maioria das pessoas não apresenta nenhum sintoma nem manifestação alérgica, mas, mesmo assim, padece as consequências em sua saúde. O açúcar é um dos grandes vilões da saúde na atualidade. Segundo matéria veiculada no site do doutor Drauzio Varella:

> A nutricionista Fernanda Pisciolaro, membro da Abeso (Associação Brasileira de Estudos sobre a Obesidade), explica que, antes de cair na corrente sanguínea, o açúcar passa pelo pâncreas, glândula que secreta insulina para quebrar a glicose e controlar a quantidade que irá chegar à corrente sanguínea. "Quando o alimento contém muito açúcar, a insulina encontra dificuldade para fazer seu trabalho e acaba deixando grande quantidade de glicose ir para o sangue", explica Pisciolaro.
>
> A endocrinologista Lívia Lugarinho, membro da Sociedade Brasileira de Endocrinologia, explica que, quando se consome muito açúcar, o corpo reage negativamente. "No começo, o pâncreas tende a produzir mais insulina para normalizar as taxas, mas depois ele começa a não dar conta de tanta demanda. A produção do hormônio da insulina começa a entrar em falência parcial, produzindo pouco hormônio, ou total, quando deixa de ser produzido. Se ela não funciona, a glicose vai em excesso para corrente sanguínea, o que resulta em diabetes", explica Lugarinho. As consequências do diabetes são muitas, entre elas problemas neurológicos, cardiovasculares, nos olhos e nos rins. Há ainda o risco de obesidade [...].[22]

Diversos estudos comprovam que nosso cérebro diminui com o tempo, e que três sessões semanais de atividades físicas, como caminhada, ciclismo, natação e corrida, já são suficientes para manter o tamanho do cérebro. Dicas simples, que funcionam.

Cientistas da Universidade Federal do Rio de Janeiro (UFRJ) conseguiram estabelecer uma relação entre os níveis de irisina – hormônio produzido pelo corpo durante exercícios físicos – e um possível tratamento para a perda de memória causada pelo mal de Alzheimer.

---

22   Tainah Medeiros, Males e benefícios do açúcar, *Site Drauzio Varella*, [s.d.]. Disponível em: <https://drauziovarella.uol.com.br/>. Acesso em: 30 abr. 2020.

O estudo, feito em parceria com outras universidades e institutos, publicado na revista *Nature Medicine*, mostra que a irisina trata de algo que não pode ser substituído por remédios, mas somente produzido por intermédio de exercícios físicos.

Se você faz parte do grupo de pessoas que diz não ter tempo nem dinheiro para se alimentar bem, podemos dizer que, hoje em dia, há várias opções para resolver essa questão. Só no Brasil, temos hoje mais de 850 feiras orgânicas disponíveis para uma alimentação mais saudável, sendo que várias delas oferecem a opção de entrega delivery.

Você pode estar neste momento pensando: "Poxa, orgânicos são caros!". Mas de quanto será sua despesa com médicos e remédios se você ficar doente? Alimentar-se com qualidade protege você de eventuais problemas de saúde. Por meio de aplicativos como Rappi, iFood e outros, conseguimos programar compras de supermercado e sacolão pagando uma taxa única de entrega mensal e ter acesso em casa a produtos de que precisamos para nos alimentar, a preços competitivos.

Assim, economizamos tempo de deslocamento ao supermercado ou sacolão, esforço em carregar as compras para o carro e deste para casa, além de comprar o essencial e não o supérfluo – uma vez livre da influência de ver os produtos nas gôndolas. Quantas vezes não compramos um alimento por impulso e não por necessidade? Por aplicativo, essas tentações são menores. Fiz essa experiência e recomendo você testá-la.

Claudio Zanutim – Dani, concordo com você em gênero, número e grau. Como sabe, sou corredor de maratonas e essa prática me obriga a exercícios regulares, boa alimentação e treinos que são longos, além de reforços musculares e fisioterapias. Corro maratonas, mas não sou maratonista. Costumo dizer que tenho duas metas em uma maratona: (a) chegar ao final e (b) chegar inteiro! Porque, no dia seguinte, preciso trabalhar.

Sabe, Dani, creio que a maior justificativa para cada negligência que temos nas diversas áreas da vida é sempre a mesma: a tal falta de tempo. Sempre dizemos: "Não fui à academia porque não tive tempo", "Não organizei aquela papelada entulhada em minha mesa porque não tive tempo", "Não brinco com meus filhos porque não tenho tempo, afinal de contas, preciso trabalhar", "Não me alimento bem porque não tenho tempo de ir ao supermercado", e por aí vai...

É uma lista infindável de **"eu não fiz porque não tive tempo"** e o mais curioso de tudo isso é que se trata de uma verdade. A maioria das pessoas não encontra tempo, pasme, ou se esconde atrás dessa frase... Qual é seu caso?

A procrastinação pode ser uma grande causadora desse tipo de desculpa. Ela é o diferimento ou o adiamento de uma ação. Para a pessoa que procrastina, isso resulta em estresse, sensação de culpa, perda de produtividade e vergonha em relação aos outros, por não cumprir com as suas responsabilidades e compromissos. A tendência à procrastinação parece ser uma característica comum dos seres humanos. Poucas são as pessoas que tomam uma decisão de imediato, assim que confrontadas com uma tarefa ou um problema.

A incapacidade de tomar uma decisão leva muitas pessoas a protelar, na esperança de que o problema se resolva por si só e a decisão se torne desnecessária. A tendência à procrastinação aparece principalmente quando a tarefa a ser realizada é muito difícil, complexa, longa ou desagradável.

Quais tarefas e atividades você costuma procrastinar?
Vou apresentar uma lista aqui e você vai fazendo a sua.
Tarefas:
- As que são emocionalmente desagradáveis: livre-se logo; faça primeiro.
- As que são muito chatas de fazer: delegue ou faça logo.
- As que não sabe fazer: pesquise, peça ajuda, busque referências e se aproxime rapidamente do assunto ou tema.
- As que acha que não consegue fazer: comece pelo começo, pela parte que achar mais fácil.
- As que são inúteis: está na hora de negociar melhor.
- As que devo aprender com o passado: sempre bom para não repetir erros.
- As que podem apontar minhas falhas e me expor: a exposição é uma boa aliada para mudança.

As pessoas de maior sucesso são as que tratam o mais rápido possível das tarefas desagradáveis ou difíceis. Fazer o restante, depois, torna-se um prazer e fazer o que tem de ser feito, alternativa realista da qualidade.

Outra coisa para se livrar da procrastinação é eliminar a ilusão de que não se faz a tarefa por falta de tempo (mantendo-se ocupado). Muitas desculpas e *mimimi*. Também é importante controlar a priorização de atividades desnecessárias, mas preferenciais.

Para superar a procrastinação, faz-se necessário refletir sobre o preço que se paga por procrastinar: perda de oportunidades de se sair bem, de ser reconhecido como um bom profissional, e desgaste nos relacionamentos. Também devem ser feitas anotações das tarefas que estão sendo evitadas e identificar por que não gosta delas ou receia não conseguir fazê-las direito. Por fim, mais três pontos importantes para driblar a procrastinação e já mudar para o modo de maior efetividade e produtividade com qualidade de vida:

1. Identificar como o atraso pode prejudicá-lo.
2. Dividir as tarefas que você vem procrastinando em partes menores, mais controláveis, e estabelecer prazos curtos para concluir cada parte.
3. Conferir a conclusão e comemorar concedendo-se algum tipo de prêmio, como jantar em um restaurante que você já vinha querendo conhecer.

Outra causadora das frases de bloqueio do cérebro pode estar relacionada com a incapacidade de dizer não para um monte de tarefas e pessoas que entram no nosso caminho, e pelo acúmulo de coisas circunstanciais a fazer.

Certa vez, eu estava executando um projeto em uma empresa de médio porte na cidade de São Paulo e percebi na empresária uma falta de produtividade incrível. Eu me sentei com ela e a fiz observar seus gatilhos mentais de fuga da produtividade, o que a fazia procrastinar várias atividades sob sua responsabilidade. Um dos gatilhos era resolver problemas muito pequenos do dia e se envolver na produção para fugir dessa responsabilidade como diretora executiva. O fato é que ela mesma não percebia essa fuga nem quais eram os gatilhos mentais que a levavam àquilo.

Minha dica aqui é: faça sempre uma revisão em sua rotina de trabalho e veja se não está deixando o cérebro pregar uma peça em você. O nosso cérebro é preguiçoso e o nosso corpo, vagabundo, como sempre digo.

Daniela Serban – Zanutim, aqui acho que vale falarmos um pouco mais sobre essa incapacidade de dizer não para algumas tarefas e pessoas. Do ponto de vista psicológico e de acordo com a pirâmide de Maslow, essa dificuldade está ligada às nossas maiores necessidades da vida, que são as de nos sentirmos pertencendo e estimados.

Na base, de acordo com Maslow, estão as nossas **necessidades fisiológicas**, que seriam alimentação, sono, hidratação, sexo, seguidas por **necessidades de segurança**, que são, normalmente, ter um lar, o sentimento de segurança física e financeiramente, e com relação à família. Em terceiro lugar, estão as **necessidades sociais** (de amor e pertencimento), cujas relações humanas temos de manter em harmonia, como, por exemplo, nos sentirmos parte de um grupo, de um trabalho ou de um *hobby*, um clube, amigos ou família. Aqui entra a dificuldade de se dizer não da qual falamos. "Ah... Não vou dizer para meu chefe que não consigo entregar o relatório, senão ele vai dar mais atenção ao fulano que conseguir fazer".

Ou ainda há aquela situação em que uma turma de amigos o convidou para sair, mas você está muito cansado e sente que, se não topar, ficará mal com eles, que poderão não o convidar em uma próxima vez ou começar a falar mal de você. Daí você acaba indo, mesmo a contragosto. Eu me pego frequentemente com esse desafio de dizer não para algumas atividades que vêm para mim, até porque parece mais fácil dizer "sim, pode deixar que eu faço". Eu dou conta, mas nem sempre. Muitas vezes acabo sobrecarregada.

A quarta é a **necessidade de estima**, que se refere ao reconhecimento das nossas capacidades pelos outros e por nós mesmos. Aí, se digo não, também corro o risco de o outro não me reconhecer como digno, capaz, bom o suficiente. Você se identificou? Pense nisso ao receber uma tarefa que acha desnecessário fazer só para o outro reconhecer você como capaz e com poder. Pense se, de fato, ela agrega.

Por último, a **necessidade de autorrealização**, que está muito relacionada a viver o seu propósito, conseguir atuar no seu máximo potencial, que é onde queremos que você viva, cada vez mais, aproveitando as dicas e técnicas compartilhadas neste livro!

Convido você a avaliar se essa atividade que está entrando na sua vida é importante, se é necessário que você a faça ou se pode delegá-la. Ou se, simplesmente, você pode não aceitar. É uma atitude libertadora. Vale a pena esse tempo de reflexão – e de prática, claro.

1.440 MINUTOS • CAPÍTULO 4

Convido você a parar 1 minuto agora e pensar se há alguma atividade prevista para amanhã que possa delegar ou apenas dizer não.

Vamos? Pense e escreva aqui.

_____
_____
_____
_____
_____
_____
_____
_____
_____
_____
_____
_____
_____

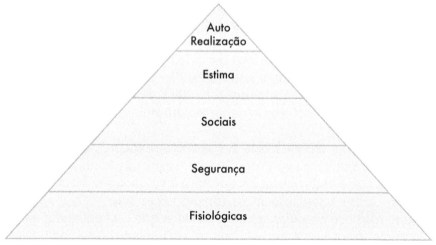

Fonte: Adaptado de Maslow

Claudio Zanutim – Dani, quando se tem uma agenda produtiva e com propósito bem definido, a capacidade de falar não é maximizada. Afinal, em quantas empresas você já trabalhou, quantos chefes já teve, quantos novos contatos surgiram e quantos se formam? O fato é que ninguém consegue se livrar de si mesmo. Quero dizer que cada um tem de viver e conviver consigo próprio até o final da vida.

Dizer não é uma questão de escolha, lembre-se de que cada sim que você dá para uma determinada tarefa, meta ou objetivo que não faz parte da sua agenda ou propósito fará com que você abdique de muitas outras coisas. Só temos 1.440 minutos de vida por dia, portanto, foco é imprescindível, e vida vivida por inteiro também o é.

Este momento em que estamos discutindo, refletindo e escrevendo a finalização deste livro é março de 2020. O mundo vive uma pandemia diante de um novo vírus, o corona. Para quem não tem discernimento sobre o que seja uma pandemia, quero oferecer três definições para que entenda a gravidade do problema que todos, no mundo todo, vivemos agora. Sei que um livro é atemporal e que este aqui também será, mas quero abrir parênteses para uma rápida reflexão que me vem à mente neste momento.

Existe uma situação intitulada de **surto** que é o título/nome dado para quando há um aumento repentino de número de casos de uma doença qualquer em uma dada região. Para que receba essa classificação, o aumento na ocorrência de casos deve ser maior do que o esperado pelas autoridades. Cabe aqui, a título de exemplificação, a dengue, que pode ser tratada como surto, pois ocorre em regiões específicas, como um bairro, por exemplo.

Outra situação são as epidemias que se caracterizam quando um surto acontece em diversas regiões. Diz-se uma **epidemia** em âmbito municipal quando diversos bairros apresentam uma dada doença. A epidemia em âmbito estadual se dá quando diversas cidades têm casos e a epidemia nacional, quando há casos em diversas regiões do país.

Existe, então, a **pandemia**, que é considerada o pior dos cenários entre os três que mencionei. Ela acontece quando uma epidemia se espalha por diversas regiões do planeta, como a que estamos vivendo agora, em 2020. O planeta em quarentena. Quem ler este livro no futuro terá de pesquisar sobre essa época na internet ou nos meios de comunicação. Ou onde a história tiver sido contada.

Dani, para que eu quis abrir esses parênteses aqui? Para que possamos refletir bem a respeito do tempo e de como nos planejamos para o amanhã, visto que você terminou sua fala com a provocação: "Convido você a parar 1 minuto agora e pensar se há alguma atividade prevista para amanhã que possa delegar ou apenas dizer não".

Quantas revisões de atividades, de momento de vida e de forma de viver teremos de fazer?

> Entre 1760 e 1946, a sociedade industrial desenvolveu-se de forma impressionante, mudando hábitos, formas de vida e de trabalho. A partir de 1946, com a criação do primeiro computador eletrônico, inicia-se a grande transformação que vivemos hoje do "Homo industrialis" para o "Homo digitalis", que não escreve, e sim digita em uma máquina. Com a proliferação e o progresso do computador móvel (*notebook*, *blackberry*, iPad), estamos progredindo para o "Homo mobilis" que hoje, a partir de qualquer lugar do planeta, pode se comunicar remotamente por voz, vídeo ou arquivos eletrônicos.[23]

Nossa forma de agir, de trabalhar, de pensar e de viver jamais será a mesma depois desses acontecimentos terríveis e globais. Aqueles que nos deixaram só farão parte de nossa memória, neste tempo em que as pessoas se apresentam como são, completas e por inteiro, num momento em que todas as máscaras caem, pois em tantas *lives*, gravações, reuniões *online* etc., a vida se mostra de verdade, como realmente é.

As relações de trabalho deverão, necessariamente, ser mais humanizadas. Chegamos mesmo ao tempo do H2H (*human to human*).

Para mim, não poderia haver momento mais oportuno para o projeto deste livro, e espero que ele seja importante para muitas pessoas, pois há tempos venho falando sobre ter uma vida única, integral e completa. Sem departamentalizações. E creio que o que estamos vivendo hoje fará com que todos nós possamos pensar, repensar, desaprender e aprender a reaprender como tratamos o tempo e os nossos 1.440 minutos de vida diários, para que a vida não seja pequena.

Dani, que valores virão agora? Que tipo de gente você e eu deveremos nos tornar?

---

[23] Marcelo Thalenberg, *Socorro, roubaram meu tempo!*, São Paulo, Érica, 2003, p. 26.

Desculpe, leitor e leitora, mas achei pertinente diante da fala da Dani fazer essa digressão, para que você, eu e a Dani possamos refletir muito bem sobre tudo o que estamos discutindo neste livro. Não se trata somente de gestão do tempo, mas, sim, de gestão da VIDA!

Fecho os parênteses.

Assim, quanto mais produtivo você for, melhor. Cuidado! Não estou dizendo que você e eu possamos viver sozinhos. Respeito ao bom relacionamento utilizando uma inteligência interpessoal é muito importante, como também a utilização da inteligência intrapessoal. As pessoas não estão mentindo quando dizem que não têm tempo para os filhos, o cônjuge, o trabalho, a espiritualidade, a saúde etc. Entretanto, ainda assim, *elas são as maiores responsáveis pela falta e pelo desperdício de tempo*, e o motivo é bem simples: dedicam-se a atividades irrelevantes, que roubam delas o tempo de qualidade e a energia com aquilo que realmente importa. Olhe só!

Você sabia que existem diversos matadores da produtividade espalhados por todos os cantos? Recentemente uma pesquisa da *CareerBuilder*, um dos websites de emprego mais visitados nos Estados Unidos, mostrou que matamos a nossa **produtividade** e que dispensamos energia em situações que não trarão resultados. Perdemos tempo em mensagens e em celulares, em grupos de WhatsApp, e-mails, notícias falsas, mídias sociais (no caso do Instagram, você pode verificar o tempo de navegação no seu perfil), pausa para fumar, colega de trabalho que passa para conversar, fofoca, internet, trânsito, conteúdo adulto, jogos online, mensagens pessoais, previsão do tempo, entre outras atividades.

Olhe só, Dani, em outro trabalho que apresentei como consultor, há bastante tempo, estive em uma empresa que se situava na Avenida Engenheiro Luís Carlos Berrini, em São Paulo. Nessa avenida, normalmente os prédios são muito altos e luxuosos. A empresa ficava no 32º andar de um desses prédios. O líder de um dos departamentos pediu que eu verificasse (fizesse um diagnóstico) do porquê dos atrasos na entrega dos trabalhos dos profissionais de seu time, quinze pessoas no total. Esse líder estava passando por maus bocados, pois tudo ficava atrasado, complicando as atividades de outras áreas e de outros times de trabalho.

Diversos eram os fatores responsáveis pelos atrasos. A equipe era submetida a várias horas extras e estresse constante, inclusive com discussões acaloradas. Por consequência, houve uma queda significativa no engajamento, no respeito e na confiança do time, o que, automaticamente, fazia com que os resultados não fossem satisfatórios.

Quero, porém, destacar um fator que chamou muito minha atenção à época e que, realmente, causava o maior impacto. Fiquei por uma semana observando o comportamento daquela equipe e fazendo meus relatórios. Percebi o seguinte: quatro membros eram fumantes e deixavam seus postos de trabalho para fumar, em média, quatro cigarros, cada um, por dia. Um trajeto longo até o fumódromo, que ficava no térreo do prédio, que, para completar, possuía aqueles elevadores inteligentes (oito, para ser mais exato), em que os botões dos andares são acionados com antecedência, de modo que, para cumprir todo o rito, inclusive uma parada rápida em determinado andar para pegar um cafezinho, consumia 15 minutos em média por pessoa, a cada vez.

Ora, 15 minutinhos não é nada, não é mesmo?

Então, vamos lá: 15 minutos por colaborador para fazer o trajeto completo de sair de seu posto de trabalho, descer, fumar, tomar café e voltar me levam à seguinte conta: 15 minutos vezes 4 saídas é igual a 1 hora por dia; multiplicado por 4 colaboradores é igual a 4 horas por dia. Continuando o raciocínio, 4 horas por dia multiplicadas por 5 dias da semana de trabalho é igual a 20 horas semanais, que, multiplicadas por 22 dias úteis, é igual a 88 horas mensais **a menos de trabalho.**

Obviamente, não tenho nada contra quem fuma ou deixa de fumar, mas, nesse trabalho, o impacto se mostrou grande, pois, arredondando, 25% do time era composto por fumantes. Como havia também uma sobrecarga sobre os outros 11 membros, o nível de **produtividade** era prejudicado. Afinal, os demais se sentiam injustiçados pelo tempo e pela quantidade de trabalho que tinham de entregar.

Assim, a procrastinação também virou uma grande vilã para o time. Esses dois pontos foram cruciais para a equipe perceber onde atacar o problema e conseguir melhorar a performance de entregas, o clima organizacional e as relações de trabalho. Interessante foi que, ao final da semana de trabalho e com os relatórios em mãos, o líder veio até mim e perguntou: "E agora, Zanuta, o que você acha que eu tenho de fazer?". Respondi a ele que, a partir de então, isso seria problema dele e não meu. Era preciso encontrar saídas e soluções justas, morais e éticas para fazer seu time trabalhar melhor e entender que *o que não se mede não se gerencia*, e que o importante é ter o foco na solução e não no problema – tudo isso era responsabilidade dele.

Fiquei sabendo, tempos depois, que uma das ações foi criar um espaço para fumantes no andar da empresa, outra, permitir xícaras de café nas mesas de trabalho, reduzindo significativamente o tempo desperdiçado com longos deslocamentos.

Daniela Serban – Essas suas experiências da consultoria me lembraram agora da cultura americana. Os profissionais americanos são fortemente focados em resultados, a ponto de mal perguntarem se está tudo bem com você para não se perder tempo em ouvir sua resposta. Cafezinhos com colega, raramente. Muitas vezes, até almoçam no próprio posto de trabalho ou sozinhos. Relacionarem-se com seus chefes, fazem pouco esforço. O lado positivo é que os americanos conseguem sempre sair no horário estabelecido. Hora extra, bem raro!

Estudos mostram que o brasileiro produz em 60 minutos o que o americano consegue em 15 e, falando em valores, aí a diferença aumenta. Segundo José Pastore,[24] presidente do Conselho de Emprego e Relações do Trabalho da Fecomércio-SP, o Brasil produz em termos de riqueza US$ 16,75 em 1 hora, enquanto o americano consegue US$ 67. É claro que a diferença de produtividade entre um e outro não está pautada apenas em questões relacionadas a comportamento. Existem outros fatores, como investimento em cultura e em equipamentos, mas esse não é o foco de nossa conversa aqui.

Como tudo tem os dois lados, o exemplo do Zanutim pode parecer um pouco rígido, racional inicialmente. Acredito que nossa ideia para o leitor não é hipnotizá-lo, e sim trazer um outro olhar, uma nova consciência sobre como temos usado o tempo, apresentando até uma abordagem um pouco caricaturada de certas situações, com o objetivo de fazer você pensar e se identificar com alguns exemplos, e perceber qual aspecto mais o incomoda e quais os impactos em sua vida. Queremos que você assuma o piloto desse poderoso avião que é **sua vida!** O tempo é como a água de um rio: uma vez que passou por ali, nunca mais será a mesma água naquele mesmo lugar.

Agora, trazendo um exemplo mais feminino e maternal, quantas vezes ficamos em dúvida se fazemos ginástica, brincamos com nossos fi-

---

[24] Vladimir Goitia, Brasileiro leva1 hora para produzir o que americano faz em 15 minutos, *UOL*, 19 mar. 2019. Disponível em: <https://economia.uol.com.br/noticias/redacao/2019/03/19/brasil-baixa-produtividade-competitividade-comparacao-outros-paises.htm>. Acesso em: 1 maio 2020.

lhos ou resolvemos aquele assunto do trabalho que acabou de entrar no WhatsApp? É claro que, se deixarmos para o coração escolher, iremos brincar com nossos filhos. Se for um dia, dois, tudo bem. E se todas as vezes que puder escolher, você optar por ficar com eles e não por atender às mensagens nem fazer ginástica? Então você não cuidará do seu pilar saúde nem do seu trabalho. Irá procrastinar pelo prazer imediato.

Uma das soluções que encontrei, sobre a qual o Zanutim discorre com excelência, é depois de você criar sua lista de atividades e prioridades, incluir o que está sendo procrastinado em sua agenda. Mesmo que seja uma academia que não tenha horário para ir, deixe isso na sua agenda programado com dia e hora . Crie esse bom hábito. Uma vez que você começar, após 21 dias de repetição, seu cérebro assumirá isso como algo aprendido, integrando-o à sua rotina. Horário para ficar com os filhos, também. Assim a tentação de não fazer o que você tinha se organizado para fazer diminui. Isso pode contemplar desde ir à papelaria com os filhos para comprar o estojo que prometeu, até ficar com eles em casa sem fazer nada. E bem longe do celular, de preferência.

Claudio Zanutim – Dani, olha só como é a percepção das pessoas. Vou contar outro caso aqui. Certa vez, ministrando uma palestra em uma gigante do setor de cosméticos, eu me dirigi a uma gestora que estava na sala e perguntei:
– Quanto tempo você desperdiçou no Instagram esta semana?
Ela respondeu:
– Acho que uns 15 minutos.
Nesse momento, pedi a ela que pegasse seu aparelho celular e entrasse no Instagram, fosse até seu perfil, clicasse nos três tracinhos superiores do canto direito e clicasse em sua atividade. Para seu espanto, o tempo apresentado foi bem superior: 1,5 hora, em média, por dia.

Incrível como a percepção do "achômetro" se distancia das medidas de acompanhamento e gerenciamento. Mais uma vez eu digo: *o que não se mede não se gerencia.*

O que acaba em uma bola de neve gigante é a **procrastinação**. Pronunciar essa palavra acaba por trazer certo incômodo, não é mesmo? Ninguém gosta de admitir que é uma pessoa procrastinadora. Se não adiássemos tanto as tarefas que são desagradáveis, que trazem certo medo do fracasso, atividades que estão extremamente desorganizadas ou que são enormes, que levam tempo para resolver e que supostamente podem trazer mudanças, nós seríamos verdadeiros **colecionadores de conquistas**. Lembre-se: o cérebro é preguiçoso e o corpo, vagabundo.

O fato é que muitos de nós ainda se parecem com os duendes Hem e Haw do livro *Quem mexeu no meu queijo?*, do autor Spencer Johnson.[25] Tememos as mudanças e permanecemos estagnados **adiando atitudes e decisões**, mesmo que isso custe caro. Fugimos das mudanças ao mesmo tempo que as desejamos.

Daniela Serban – Creio ser um grande conflito interno, hein, Zanutim? "Um navio no porto está seguro, mas lembre-se: nenhum navio foi feito para ficar lá. Seu destino é navegar!", disse William Shedd. Portanto, se quisermos evoluir, *bora* sair dessa zona de conforto!

Isso me faz lembrar os conceitos do psicólogo Senninger, que falou, em 1993, o seguinte:

Zona de conforto. É uma zona na qual nós encontramos confiança, tranquilidade para agir. Nosso cérebro adora, pois aqui nos sentimos seguros e só gastamos energia para casos de emergência. Aqui, normalmente, estão as ações que fazemos no piloto automático. Como, por exemplo, ir pelo mesmo caminho de casa para faculdade ou para o trabalho. Ou se sentar no mesmo lugar à mesa de jantar, manter a lista de alimentos conhecidos para consumir.

Zona de aprendizagem. Existe novidade nesse espaço, mas resistimos em viver certas experiências. Por exemplo, ser pai ou mãe pela primeira vez. Não existe manual nem fórmula. Vamos aprendendo a lidar com nossos filhos na prática.

Zona de pânico. Neste lugar, sentimos as sensações de que normalmente não gostamos: medo, apego, desconfiança, risco, dúvida. Quando decidimos casar ou nos juntar com alguém, estamos nesta zona de pânico.

Lembro-me de um amigo que estava namorando havia 5 anos, bem feliz, mas não tinha coragem de pedir sua amada em casamento. Ele tinha mil medos, como o de que o casamento tiraria sua liberdade, o de que cairia na rotina, e preferia manter a relação como estava. Precisou sua namorada convencê-lo de que poderiam seguir rumo a esse

---

25 Spencer Johnson, *Quem mexeu no meu queijo?* Uma maneira fantástica de lidar com as mudanças em seu trabalho e em sua vida, Rio de Janeiro, Record, 2002.

novo passo. Assim o fizeram e já estão casados e felizes há mais de 15 anos. Hoje, ele olha para trás e pensa: "Poxa, quantos medos desnecessários! Poderia ter sido tudo mais tranquilo".

Acrescento aqui a **zona de desenvolvimento**, em que vivemos o nosso propósito, os nossos sonhos. Alcançamos as metas e nos enchemos de alegria e satisfação. Este espaço nos impulsiona a evoluir e a rever a forma como vivemos, sempre!

Tenho uma grande amiga que advogava para grandes corporações, e defendia os interesses financeiros deles. Um belo dia, viveu uma crise moral e deu uma guinada de 360 graus. Conseguiu um emprego num cargo de liderança de uma ONG, e segue a vida muito realizada, do ponto de vista de propósito. Ela me contou que foi muito difícil o processo de tomada de decisão, até porque nunca havia trabalhado efetivamente nesse segmento, apesar de ter grande afinidade com o assunto. Seguiu a voz de seu coração, tomou coragem e, após 7 anos, ainda se encontra nessa ONG, exercendo atividades que impactam positivamente a vida de milhares de pessoas pelo mundo, muito satisfeita com sua mudança de rota.

É um caso que se enquadra bem nesta zona de desenvolvimento. Inspirador, não acha?

Fonte: Adaptado de Senninger

Claudio Zanutim – Como evitar ser um matador da produtividade? Organização e uma excelente administração do tempo devem andar juntas. A desorganização é perniciosa, e tudo o que é desorganizado consome mais tempo, até sua tela de computador com aquela quantidade caótica de ícones ocupando espaço visual.

Imagine você sendo uma pessoa produtiva, de alto desempenho, capaz de atingir suas metas? Esse é o sonho de todo mundo, não é mesmo? Para que isso aconteça em sua vida, você verá neste texto que algumas mudanças de comportamento podem otimizar o seu tempo e fazer com que você possa aproveitá-lo melhor, levando em conta que ele passa e não volta mais.

Para mim, é tão importante ressaltar essa questão de comportamento que quero compartilhar um trecho de um artigo que li para pesquisa deste nosso livro. A passagem foi retirada da pesquisa realizada por Maria do Carmo Ferreira Lima e Simone Batista Jesus:

> Após o final do período da experiência, foi possível averiguar que ferramentas para o gerenciamento do tempo podem apresentar bons resultados desde que utilizadas com seriedade e comprometimento. A ferramenta ajuda, mas a mudança comportamental deve partir do indivíduo, já que a questão do gerenciamento do tempo está muito mais ligada aos aspectos humanos do que à tecnologia. A participante realizou um grande esforço, principalmente no início, para transformar os hábitos antigos de acordo com as orientações que lhe foram passadas. A mudança no modelo de administração do tempo pode ser comparada a uma reeducação alimentar: a maior dificuldade não é saber o que deve ser feito, mas apresentar a determinação e afinco necessários para obter sucesso.[26]

Já entendemos que recuperar o tempo perdido é impossível, e que essa frase não passa de um equívoco e um falso consolo. Então, vamos

---

26 Maria do Carmo Ferreira Lima e Simone Batista Jesus, Administração do tempo: um estudo sobre a gestão eficaz do tempo como ferramenta para o aumento da produtividade e work life balance, *Revista de Gestão e Secretariado*, São Paulo, v. 2, n. 2, p. 121-144, jul./dez. 2011. Disponível em: <https://www.revistagesec.org.br/secretariado/article/view/48/109>. Acesso em: 1 maio 2020.

lá. O que fazer para ter energia após o trabalho e ainda ter tempo de qualidade com seus filhos, fazer uma corrida e cuidar da saúde, organizar aquele guarda-roupas, ir ao cinema com o cônjuge, frequentar um parque, valorizar a espiritualidade, entre outras atividades que melhorarão seu desempenho como um todo?

Reconheça e aceite a futilidade da procrastinação. A premissa para evitar a perda de tempo e conseguir realizar todas aquelas atividades que levarão você a um status de realização e conquistas inicia por você admitir que a procrastinação é fútil e que talvez ela faça parte de sua rotina.

Não podemos prosseguir sem antes trazer à consciência a confissão: "Eu sou um procrastinador!". Se for o seu caso, claro!

Admitir é o primeiro passo para uma mudança de comportamento. Conforme a Organização Mundial da Saúde (OMS), uma em cada quatro pessoas, sofre por não conseguir lidar com as responsabilidades normais da vida, por isso as adiam.

Olhe ao redor e veja como mal conseguimos apreciar uma refeição devido ao **engano da falta de tempo.** Entre os talheres, há as mensagens do celular, as fotografias do prato para as mídias sociais e o relógio que não dá trégua. Engolimos o alimento e saímos correndo outra vez. Corremos para continuar correndo e, depois, corremos para o trabalho, para casa. Corremos para os compromissos, corremos por uma vida toda. Claro que, nesse meio-tempo, deixamos para "o amanhã" muita coisa que poderíamos fazer hoje.

Por isso, admitir que somos "postergadores natos" é essencial para a cura desse estilo de vida matador.

Daniela Serban – Zanutim, nesse sentido, quando você fala em "não conseguir lidar com as responsabilidades", acredito que uma das questões centrais esteja mais relacionada aos pensamentos que o cérebro cria como medo e angústia de questões do futuro do que de fato com o que a pessoa está vivendo naquele momento presente.

Nesse caso, nadamos contra a corrente da pressa e da ansiedade de trazer o futuro para o presente, como se pudéssemos ter o poder de controle do tempo e dos fatos. Ledo engano! Que prepotência a nossa.

Para viver o presente, é preciso humildade para aprender com o momento. Entregar-se ao momento. Sem amarras do passado, sem cobranças para o futuro. Aceitar que o futuro não está sob o nosso controle e que, mesmo assim, ele pode ser muito bom!

Se prestarmos atenção quando esse movimento está acontecendo conosco (de voar com os pensamentos quando estamos no momento presente), sairemos desse "piloto automático" e começaremos a entrar em outro nível de consciência para a mudança. Por exemplo: quando estamos almoçando, prestamos atenção no sabor, nas cores e no cheiro da comida? No colorido do prato, na quantidade que colocamos de cada alimento no prato e na boca? Quantas vezes mastigamos a cada garfada? Alguém já parou para contar? Qual a temperatura da comida na nossa boca? Em que momento a comida é engolida?

Nosso cérebro demora 20 minutos para responder à sensação de saciedade e, quanto mais rápido e sem consciência comemos, mais quantidade ingerimos, e mais difícil será a digestão.

O momento da refeição é sagrado. Estamos nutrindo o corpo, que nos dará energia para produzir e ter disposição. Se não tivermos consciência da importância desse simples gesto, escolheremos alimentos que não nutrem o nosso organismo, comeremos mais do que precisamos e mais rápido. Ganharemos mais peso do que gostaríamos, e por aí vai.

Tente fazer essa prática da alimentação consciente: *mindful eating*. Algo simples, rápido. Pode ser experimentar com três garfadas alguma de suas refeições. Você vai gostar! Esse é só um exemplo de como vale a pena nos concentrarmos no que estamos fazendo, aceitarmos e acolhermos aquele momento presente na **vida**. Se criarmos esse hábito, teremos menos retrabalho, menos ansiedade (que vem do pensamento do futuro) e conseguiremos ser mais produtivos, com mais qualidade na relação com as pessoas, com o mundo, com nós mesmos.

Claudio Zanutim – Divida suas grandes tarefas em etapas – modelo Jack, o Estripador, por partes. É comum encontrar **profissionais proteladores** quando o assunto é resolver tarefas que são consideradas difíceis, **enormes** (demandam tempo), ou que estejam muito desorganizadas. Veja um exemplo: ao observar a sala de arquivo fora de ordem, Talita, a secretária, já sente cansaço e falta de coragem para organizá-la, então decide que começará essa tarefa somente no próximo dia. Contudo, no dia seguinte, ela olha novamente aquela baderna, se sente desmotivada e adia outra vez. Por fim, ela repete esse comportamento constantemente por meses.

Chegamos ao fim do ano e Talita ainda não arrumou o arquivo, mas agora ela se compromete que, no ano que vem, tudo será diferente, e faz promessas de mudanças, sem, contudo, nunca as realizar. Essa história lhe parece familiar? Segunda-feira eu começo, amanhã eu faço, mês que vem, ano vem ou talvez nunca...

Daniela Serban – Sabe, Zanuta, penso que, neste momento, vale a reflexão: que sentimentos, crenças limitantes e sensações internas fazem você procrastinar?

Nesse caso da Talita, será que ela pensa não ser boa para organização ou que aquela atividade é chata, e desiste antes de começar?

Nosso cérebro quer economizar energia, então a tendência é que as atividades que demandam mais esforço fiquem para depois. Esse exemplo dos papéis e arquivos é interessante para nos aprofundarmos na reflexão. Tudo começa com um papel, dois papéis, três, até virar uma montanha. Quando recebe um papel apenas, ela já pode olhar para ele e pensar onde será melhor guardar ou criar um novo espaço para arquivá-lo, e assim por diante. Com estado de presença, ela pode olhar para o papel, pensar onde organizá-lo e resolver o assunto. Se levar para o lado emocional, "onde devo guardar isso?", acabará desistindo e o monte só aumentará. Por isso, dividindo em etapas, resolvendo conforme o problema aparece, a pilha de papéis não irá aumentar.

Trazendo um outro aspecto desse exemplo ainda, a falta de organização, de acordo com a filosofia chinesa de organização de espaços, *feng shui*, atrapalha a circulação de energia, o que impede a criatividade nesse ambiente. Esse excesso de papel em desordem favorece a estagnação, o desânimo e a sensação de confusão.

O livro *Feng shui no trabalho*, de Darrin Zeer,[27] dá a dica de fazer pequenas pausas durante o dia e organizar aos poucos a papelada. Quando não souber o que fazer com aqueles papéis, deixe numa pasta "resolver depois". Com seu espaço organizado, além de economizar tempo para encontrar o que precisa, você ainda libera sua energia para o desenvolvimento.

Então, vamos nadar contra a maré e começar por etapas?

Claudio Zanutim – Tarefas enormes, difíceis e embaraçosas sempre trazem sensações de desmotivação, mas, se você executá-las por

---

[27] Darrin Zeer, *Feng shui no trabalho*: criando harmonia no ambiente profissional, Rio de Janeiro, Sextante, 2008.

partes, tudo fica mais fácil. John Maxwell, que, em minha opinião singela, é um dos maiores escritores sobre o tema liderança, apresenta uma teoria extraordinária para acabar com grandes tarefas: **a regra dos cinco**.

A regra dos cinco tem a finalidade de identificar as **cinco coisas mais importantes** do seu dia a serem executadas. Para você assimilar a regra dos cinco, John Maxwell propõe uma dinâmica de imaginação: imagine algumas árvores, as quais precisam ser derrubadas. Agora imagine que, com um machado, eu vá até a primeira árvore e dê cinco machadadas, depois, que eu vá até a segunda e dê mais cinco, e assim sucessivamente, até a última árvore. No dia seguinte, volto e dou mais cinco machadadas numa, depois noutra e repito todo o processo até a última árvore.

Quanto tempo você acha que levarei para derrubar todas aquelas árvores? Muito, não é mesmo? Se, porém, eu focar **em uma árvore por vez**, e não na multitarefa, certamente meus **resultados serão mais rápidos e produtivos**. Ambicionar solucionar a remoção de todas as árvores de uma só vez, além de prorrogar meus resultados, ainda traz grande desencorajamento (parece uma tarefa interminável). Por isso, cinco machadadas por dia na mesma árvore não são suficientes. É melhor derrubar uma de cada vez e por completo.

Execute por etapas e, quando menos perceber, você terá realizado tudo. Quando se sentir desanimado, procure exercitar-se, respirar fundo e relaxar.

Daniela Serban – Agora, deixando de lado o fato do exemplo antiecológico, pois dá um aperto no coração imaginar alguém dando machadadas em árvores até derrubá-las, a ideia de concluir uma atividade por vez me parece fazer muito sentido.

Pensando na minha atividade na área comercial, tenho esse hábito de, pela manhã, já organizar minhas ações prioritárias do dia. Isso me ajuda muito quando, no final do dia, analiso o quanto do planejado consegui concluir.

Assim, saio do furacão para o qual o nosso dia a dia nos puxa e consigo focar nas atividades imprescindíveis para eu ter sucesso na minha atividade, concentrando-me nas minhas metas. Gosto do exemplo de Mark Twain que diz que, para se chegar ao alto da escada, é muito importante prestar atenção em cada degrau da subida. Cada degrau é um tipo de atividade do seu dia, enquanto o topo da escada significa a meta do dia. Importante é prestar atenção em cada etapa da tarefa no presente para concluir.

Agora, uma dica prática e simples para o seu dia a dia que aprendi no workshop Search Inside Yourself, com Ana Caner: quando estiver um pouco "perdido" sobre o que fazer primeiro, após terminar a lista de atividades do seu dia, coloque as duas mãos na cadeira, concentre-se e avalie: o que devo fazer agora? Pense se terminou o que estava fazendo e qual seria a próxima atividade mais importante.

Outro exemplo que lembrei agora, de mãe, que cuida da **vida** escolar dos filhos. Começo de ano, uniformes, livros didáticos, material escolar, tudo isso e mais um pouco para organizar em pouco tempo e com recursos financeiros restritos. No início, eu não sabia por onde começar. Comparar preços, analisar prazos de entrega, tudo isso com férias de filhos no meio e trabalhando o dia todo. Comprava os itens mais baratos e mais convenientes, mas, no final, não concluía nenhum dos três assuntos. Tinha de voltar e comprar mais uma pasta, mais uma camiseta, mais um livro. Mudei a estratégia e vejo que faz sentido essa técnica que você menciona; nos últimos anos, depois de fazer a planilha de preços, termino de comprar todos os itens de material escolar, depois os livros e, por último, os uniformes.

Com isso, finalizo uma etapa de cada vez e concluo a atividade toda.

Claudio Zanutim – Trouxemos uma introdução no capítulo anterior sobre a prática do *mindfulness*, técnica de atenção plena e um tripé de boa alimentação, exercícios físicos e bom sono, como estratégia para nos revigorar, restabelecer. Além disso, se você deseja ser um profissional produtivo, a técnica do *mindfulness* é uma ótima aliada para a subida ao pódio, sendo a prática da meditação uma das principais responsáveis para isso.

Uma das práticas mais comuns para aliviar toda a desmotivação é a meditação, que não envolve religião ou espiritualidade, mas **respiração e atenção plena**. Por meio dela, você observa e treina sua respiração, de forma que todo o seu corpo reaja melhor contra a procrastinação que surge no dia a dia. Os exercícios físicos no geral melhoram a respiração e também são bem-vindos para todos aqueles que anseiam eliminar o desânimo e a desmotivação.

Daniela Serban – Esse assunto tanto me mobiliza que eu fui fazer uma formação de *mindfulness*, técnica que significa prestar atenção *intencionalmente* ao momento presente, sem julgamento, como diz Jon Kabat-Zinn em *Atenção plena*.[28] *Mindfulness* é uma tradução, feita pela primeira vez em 1921, de *sati*, da língua páli, que relaciona o estar consciente com atenção e com recordar. Em uma frase, significa *recordar e ter atenção para estar consciente*. O conceito de *mindfulness* é bem antigo.

A prática do *mindfulness* contempla meditação e técnicas de respiração, além de outras práticas para ampliar nosso estado de consciência. Com o tempo, melhoramos a capacidade de perceber nosso corpo, ouvir os pensamentos e estar no momento presente sem críticas, sem julgamentos.

Quando realizamos um esforço geral para praticar escolhas mais *mindful*, aumentamos o espaço de tempo entre um estímulo (seja um evento mental ou uma situação externa) e a resposta que damos a ele. Passamos a pensar mais antes de agir, e essa mudança de comportamento começa a aparecer após pelo menos 21 repetições, quando o cérebro entende e registra o novo caminho.

Vou contar aqui para você, caro leitor, um exercício que aprendi e gostei muito nessa formação. Realizei uma caminhada prestando atenção a quatro sentidos (olfato, visão, audição, tato). Nessa prática, não utilizei o quinto sentido, o paladar.

Escolhi um trajeto da padaria até o supermercado do bairro onde trabalho. A cada nova caminhada, observei novos sons (pássaros, carros, motos, helicóptero, poça d'água no chão), até cores de casas que não tinha percebido, a qualidade da calçada que pisava, o cheiro das damas-da-noite ou até mesmo da gasolina dos carros.

Topa escolher um caminho e praticar essa? Eu o desafio! Pode ser qualquer caminhada, algo simples, 2 minutos já valem, desde que você esteja sozinho e consiga se conectar aos seus sentidos.

Agora, falemos um pouco mais sobre meditação. Prática milenar, é excelente para ajudar a mente a fluir com mais facilidade. Daniel Go-

---

28 Jon Kabat-Zinn, *Atenção plena para iniciantes*: usando a prática de mindfulness para acalmar a mente e desenvolver o foco no momento presente, Rio de Janeiro, Sextante, 2019.

leman, em seu livro *A arte da meditação*,[29] diz que ela exercita a capacidade da atenção. Isso a diferencia de outros tipos de relaxamento que permitem que a mente se disperse. Com a atenção mais aguçada, o indivíduo consegue perceber mais facilmente sinais sutis do ambiente e das pessoas com quem se relaciona. Assim, conseguimos ampliar nossa capacidade auditiva com os interlocutores, perceber sinais ditos e não ditos, pondo-nos no lugar do outro mais profundamente. Quando paramos um pouco de ativar a mente, conseguimos que ela se reorganize.

Nesse momento você deve estar se perguntando: será que isso funciona?

Venha conosco e leia os casos a seguir.

Kim Soo-Nyung, uma coreana de apenas 17 anos, conquistou duas medalhas de ouro no tiro com arco (individual e por equipes) nos Jogos Olímpicos de 1988, em Seul. Quando indagada sobre seu treinamento, ela disse que a parte mais importante era meditar 2 horas por dia.

A apresentadora e empresária americana Oprah Winfrey pratica meditação pelo menos uma vez ao dia por 20 minutos; nos dias mais estressantes, duas vezes pela manhã e uma à noite.

Marc Benioff, CEO da Salesforce, adepto da meditação há duas décadas, é um grande defensor dessa prática. Em 2016, inaugurou uma sala em cada andar do seu prédio, em San Francisco, com o objetivo de estimular os funcionários a praticarem.

Lloyd Blankfein, presidente sênior da Goldman Sachs, disponibiliza sessões de meditação e *mindfulness* aos seus funcionários. Um líder do RH no banco prevê que, em breve, falaremos de *mindfulness* como qualquer outro exercício.

Esses são alguns exemplos que ilustram quão práticos e próximos da nossa realidade estão os benefícios da prática da meditação.

Claudio Zanutim – Intercale tarefas desagradáveis e agradáveis. Se já frequentou uma academia, você certamente notou como os exercícios pesados e leves caminham juntos. O *personal trainer* não aplica dois treinos pesados em dias consecutivos, mas intercala para que você atinja seus objetivos e não se sinta esgotado, levando ao abandono do treino.

---

[29] Daniel Goleman, *A arte da meditação*: aprenda a tranquilizar a mente, relaxar o corpo e desenvolver o poder de concentração, trad. Domingo DeMasi, Rio de Janeiro, Sextante, 2018.

O mesmo ocorre com as atividades desagradáveis e agradáveis. Se pudéssemos fazer somente aquilo de que gostamos, seria tudo mais fácil, concorda? Todavia, na realidade não é bem assim que funciona, e mesmo que estejamos com uma pilha de papéis para organizar (tarefa desagradável no meu caso), devemos executar isso sem hesitação. No dia seguinte, você pode se dar ao luxo de realizar uma tarefa mais agradável, e assim sucessivamente. Ou, em meio à realização das tarefas desagradáveis, intercalá-las com outras mais agradáveis.

Segunda Buda, a **vida** só é possível se você se concentrar em uma tarefa por vez.

Por fim, **pense nas vantagens**. Seu objetivo é se tornar uma pessoa com performance maximizada? Então chegou a hora de mudar seu *mindset* e seu padrão de comportamento para entender e aproveitar melhor o tempo *kairós* que lhe é oferecido agora.

Antes de finalizar este conteúdo, gostaria de deixar a frase do cantor Lulu Santos: "Tempo. É tão pouco o nosso tempo".

Desejo-lhe uma mudança de mentalidade e que você seja uma pessoa que alcance suas metas porque decidiu (escolheu) ser um campeão e fazer do seu tempo um tempo de qualidade.

Daniela Serban – O ótimo é inimigo do bom. Vamos, então, à ação? - Quantas vezes achamos que não sabemos o suficiente para falar o que pensamos numa reunião ou que não devemos fazer o que é importante para nós, pois não é o momento certo e acabamos desistindo ou postergando?

A maioria das pessoas e empresas não consegue suportar a incerteza e os riscos de se expor e passar vergonha ou sofrer rejeição, até ser ridicularizado ou perder algo. Estar em novos espaços nos deixa em posição de vulnerabilidade, o que muitas vezes é sofrido, e preferimos adiar essa sensação ruim que vem junto.

Porém, é só na exposição de nossas vulnerabilidades que conseguimos deixar as pessoas se aproximarem de nós, quebrar barreiras e aumentar nossa produtividade, evoluir.

Como diz Mario Sergio Cortella: "Só sei que nada sei por completo. Só sei que nada sei que só eu saiba. Só sei que nada sei que eu não possa vir a saber. Só sei que nada sei que outra pessoa não saiba. Só sei que nada sei que eu e outra pessoa não saibamos juntos".

Então, se nos juntarmos seremos mais fortes e cresceremos juntos.

Encontramos várias desculpas racionais, mentimos para justificar por que não fizemos aquela viagem tão sonhada, não mudamos de profissão, esperando o momento ideal que não chega. E não realizamos, deixamos de viver. Para caminhar por essa seara, temos de deixar o perfeccionismo de lado, nos preocupar menos com o que os outros vão dizer, nos amar, aceitar mais e **realizar**! Esse matador de produtividade, o de não aceitarmos nossas vulnerabilidades, dificilmente pode ser medido, mas atrapalha muito para alcançar os nossos objetivos, a nossa evolução. Ele também é conhecido como autoboicote, advindo de crenças limitantes. Preste atenção se, em algum momento, perceber que está sendo atacado por esses "bichinhos".

Eu mesma achei que não conseguiria desenvolver a habilidade de planejamento. Sempre fui muito boa para conciliar as situações conforme elas aparecem. Sabe aquela pessoa que é "ótima equilibradora de pratos"? Era eu. A cada dia, porém, apareciam mais pratos, e as quedas foram, e são, inevitáveis. Como quero crescer cada vez mais e, com isso, "segurar mais pratos", só encontrei uma saída para a produtividade equilibrada: incluir o planejamento em minha vida. Trabalhando na mudança de *mindset*, consegui inserir essa prática, com muita alegria... e esforço!

Não desanime, não. Aqui no livro, temos várias dicas, ferramentas e *insights* para você começar, já, a mudar o que for importante e fizer sentido para você. Permita-se repensar o que acha que não tem alternativa. Já presenciei, no mundo de consultoria, muitos clientes, líderes de vendas que, por medo de exporem fragilidades de negociação mediante suas equipes, não saíam para acompanhar suas vendas em rota e, com isso, ficavam longe da realidade dos vendedores.

Com isso, quem perde? Todos! O líder que não se desenvolve fomenta uma comunicação truncada. Sua equipe vende menos e a empresa também, consequentemente.

É preciso perceber a hora de se tomar decisões. Poxa, não sei se agora faço esse relatório de despesas ou se agendo minhas consultas médicas... Fico em casa lendo um livro ou saio com minhas amigas para uma *happy hour*? Troco de carro ou faço aquela tão sonhada viagem?

Tomamos dezenas de decisões por dia, algumas automaticamente, outras, pensadas. Há aquelas que nos deixam bem indecisos, e outras, bem felizes. Tudo isso é normal. O processo de tomada de decisão requer fazer escolhas, mas nem sempre isso é muito tranquilo. Como toda escolha é uma renúncia, ela vem acompanhada de emoções. Pensar no que é essencial e o que é importante no processo de escolha vai ajudar você a tomar uma decisão com mais segurança. Há uma dica que muito colabora nesse processo de tomada de decisão, que é analisar os pontos positivos e negativos da situação atual, e também para o novo contexto. Quando você põe isso no papel, já ficam mais claras as variáveis que envolvem essa definição. Exemplo: manter o emprego atual ou mudar para outra empresa.

Vantagens em ficar na empresa	Desvantagens em ficar na empresa	Vantagens na empresa nova	Desvantagens na empresa nova

Tabela 3 – Baliza para a tomada de decisão

Com essa reflexão, você conseguirá ter um panorama amplo da situação.

Para complementar a avaliação, o **autoconhecimento** pode ajudar no processo de escolha. Sobre essa questão, ficar ou não na empresa, você pode acrescentar itens na análise, como a possibilidade de licença-maternidade prorrogável para 180 dias, caso você esteja pensando em ter um filho. Ou, se você tiver um líder com quem se relacione bem, isso é um valor para você hoje.

Falaremos mais adiante sobre a possibilidade de se conhecer mais por meio do instrumento de personalidade chamado Big Five Work Place.

Em outros casos, vale a **definição de suas metas do ano** e, com isso, sua prioridade, como "este ano vou aprender a tocar um instrumento musical".

Também a **matriz G.U.T.**, que se refere a gravidade, urgência e tendência, ajuda bastante na escolha de qual caminho seguir. Essa ferramenta se encontra no livro *Como construir objetivos e metas atingíveis* do Zanutim.[30] Veja lá. Afinal de contas, como em *Alice no País das Maravilhas*, "para quem não sabe aonde quer ir, qualquer caminho serve", não é?

Então, aproveite ao máximo as ferramentas e dicas que compartilhamos neste livro, para que você possa viver mais e de modo mais produtivo.

Claudio Zanutim – Antes de finalizar este capítulo, quero desafiá-lo a parar agora e fazer este rápido exercício de reflexão e autoconhecimento.

Este material a que você terá acesso, e o qual compartilho aqui, foi desenvolvido em uma das escolas em que ministro esse curso de 1.440 minutos, que é a Integração Escola de Negócios. Trata-se de um material autoexplicativo, portanto, leia com muita atenção antes de responder.

Autodiagnóstico de administração do tempo

Instruções

Assinale **V** se a afirmação for VERDADEIRA em sentido genérico, e **F**, se a afirmação for FALSA em sentido genérico. Insira V ou F dentro do espaço em branco no final de cada afirmativa.

---

30 Zanutim, op. cit.

Afirmativas

1. Tenho algumas dificuldades em cumprir prazos e/ou compromissos. ( )
2. Com razoável frequência, vejo-me explicando novamente instruções ou informações já prestadas anteriormente. ( )
3. Diante de duas tarefas de igual importância, costumo escolher a mais agradável para fazer primeiro. ( )
4. Envolvo-me com tarefas que outros poderiam ou deveriam fazer. ( )
5. Um dia sem novidades ou emergências costuma ser mais cansativo. ( )
6. Costumo perder o interesse em projetos, ou trabalhos, ou negociações que demoram a concluir-se. ( )
7. Às vezes, tento compartilhar decisões ou pergunto outras opiniões, mesmo quando já tenho informações para agir. ( )
8. Envolvo-me com tarefas já concluídas a fim de tentar aperfeiçoá-las. ( )
9. Raramente tenho tempo de fazer um plano para as atividades do dia seguinte. ( )
10. Frequentemente interrompo tarefas para tratar de algo mais urgente que surge de momento. ( )
11. Em geral, prefiro não tomar uma decisão se esta envolver muitos riscos. ( )
12. Muito do meu tempo é gasto corrigindo o trabalho dos outros. ( )
13. É comum eu ver-me obrigado a fazer muitas tarefas ao mesmo tempo. ( )
14. Meus colaboradores e/ou colegas nem sempre entendem as informações ou instruções que dou. ( )
15. Tenho certa tendência para adiar tarefas que não sejam urgentes. ( )
16. Às vezes, sinto-me perdido em meu departamento ou área de trabalho. ( )

17. Corrijo meu próprio trabalho com frequência por equívocos na execução anterior. ( )
18. Às vezes, surpreendo-me em situações de dispersão ou pensando em outras coisas. ( )
19. Soluciono problemas independentemente de saber ou não o que os causou. ( )
20. Tenho dificuldades em pôr em prática a solução de problemas mesmo quando essa solução já está clara. ( )
21. Acho que é uma perda de tempo tentar prever problemas futuros. ( )
22. Gosto de ficar pensando sobre o que vou fazer após o trabalho ou no final de semana. ( )
23. Tento resolver os problemas à medida que eles vão surgindo. ( )
24. Se passar uma tarefa para alguém significar ter de dar longas explicações, prefiro executá-la eu mesmo. ( )

Tabulação das respostas

No quadro abaixo, faça um círculo em torno dos números das questões que você assinalou como verdade. Somente como VERDADE.

Coluna I	Coluna II	Coluna II	Coluna IV
01	02	03	04
05	06	07	08
09	10	11	12
13	14	15	16
17	18	19	20
21	22	23	24
Total de questões assinaladas:	Total de questões assinaladas:	Total de questões assinaladas:	Total de questões assinaladas:

Tabela 4 – Exercício de reflexão e autoconhecimento

Fonte: adaptado de Integração Escola de Negócios

OS MATADORES DA PRODUTIVIDADE

Muito bem, após esse passo, você vai verificar que o número maior indicará seu estilo dominante na **tabela 5**. Cuidado! Estamos falando de estilo dominante e não único estilo, ok? Nós temos os quatro, mas sempre há um que se sobressai, portanto, mais uma vez eu digo: quanto mais você se conhece, mais você se potencializa.

Coluna I	Coluna II	Coluna III	Coluna IV
Bombeiro	*Fora de foco*	*Indeciso*	*Centralizador*
Caracteriza-se por decisões rápidas, trabalhando na base do dia a dia. Normalmente, não tem plano de trabalho. Por causa disso, passa a maior parte do seu tempo "apagando incêndios", em vez de antecipar e evitar o desenvolvimento de problemas futuros. Costuma encarar as crises como supostamente inevitáveis. Por causa da natureza "emergencial" do seu dia, esse tipo de pessoa trabalha sob muita pressão e está sempre diante da necessidade de tomar decisões de momento, muitas vezes sem as informações necessárias. Prefere trabalhar assim pois, não raro, sente-se ocupado e contribuindo.	Tenta fazer muitas coisas ao mesmo tempo e termina não fazendo bem nenhuma delas. Seu foco de atenção muda rapidamente de uma tarefa para outra. Consequentemente, é raro terminar aquilo que começa. Falta-lhe a autodisciplina de permanecer na execução de uma determinada tarefa por um período mais longo de tempo. Sua mesa ou pasta está sempre repleta de trabalho para ser feito. As informações que transmite a seus colegas ou subordinados costumam não ser claras. Sente-se sem tempo para dar explicações. As informações raramente estão à mão.	Em geral, não gosta de tomar decisões. Sempre que possível, tenta envolver outras pessoas para ajudá-lo a tomar decisões ou as adia o máximo possível, por sentir insegurança na sua execução. Tem medo do risco. Frequentemente, vê-se na situação de trabalhar sob pressão. Tem dificuldades em entender as causas dos problemas e tenta, quase sempre, tratar dos sintomas.	Este é o tipo que gosta de fazer tudo por si próprio. Costuma ser perfeccionista e gosta de ver se cada detalhe está correto. Não tolera erros dos outros e tende a considerar as pessoas incompetentes. Não gosta de treinar ninguém. Portanto, gasta mais tempo "fazendo" do que "administrando".

Tabela 5 – Respostas para o exercício de reflexão e autoconhecimento

Fonte: adaptado de Integração Escola de Negócios

Neste outro exercício, você vai poder perceber melhor como anda sua gestão dos 1.440 minutos de **vida** diários ou 10.080 por semana.

Gestão do tempo

Assinale as mesmas questões que você respondeu *verdade* no primeiro bloco do exercício.

Questões		Sintomas desperdiçadores de tempo
01	09	( ) Planejamento inadequado
05	21	( ) Administração por crise
13	17	( ) Pressa – ações sem base em informações
02	14	( ) Comunicação ineficaz
06	10	( ) Tarefas inacabadas
22	18	( ) Falta de concentração
11	07	( ) Indecisão – medo de falhar
03	15	( ) Procrastinação – adiamentos constantes
19	23	( ) Dificuldade em diagnosticar problemas
04	24	( ) Falta de delegação
16	20	( ) Controle inadequado
08	12	( ) Perfeccionismo

Tabela 6 – Sintomas desperdiçadores de tempo

Fonte: adaptado de Integração Escola de Negócios

Se você assinalou apenas UM número numa mesma linha, anote **1** entre os parênteses: (1).

Se você assinalou DOIS números numa mesma linha, anote **2** entre os parênteses (2).

O sintoma assinalado com **1**, de alguma forma, está presente em seu modo de administrar o tempo.

O sintoma assinalado com **2** está fortemente presente.

Nas frases de sintomas a seguir, transcreva **1** ou **2** para sua melhor análise de influência. Se não tiver nenhuma questão assinalada em determinada linha, não perca tempo lendo esse sintoma. Passe para o próximo assinalado.

Muito bem, se você chegou até aqui, comemore, pois já está quase acabando. Não desanime não! Com a **Tabela 6 – Sintomas desperdiçadores de tempo**, você vai aprender mais ainda sobre você e seus comportamentos.

Se por acaso você pensar ou disser a seguinte frase: "Ah, mas eu não concordo com isso!", não se preocupe. Como eu aplico esse teste há anos, sei que isso poderá ocorrer, mas é nessa hora que você deve se perguntar: "Mas quem respondeu ao teste?".

Se foi você mesmo quem o respondeu, então há grandes e significativas possibilidades de ter tudo a ver com você, e você só não queria assumir, tentando se enganar ou foi uma surpresa mesmo.

Em qualquer uma das situações, são grandes as possibilidades de mudança que você poderá assumir com você mesmo a partir de agora.

Sintomas

( ) A – Planejamento inadequado
- Dificuldades para prever a ocorrência de problemas futuros.
- Dificuldades em desenvolver planos para solução de problemas.
- Dificuldade para estabelecer prazos e cumpri-los.
- Costuma dar pouca importância ao estabelecimento de objetivos.
- Raramente sabe quanto tempo gasta em cada atividade.

( ) B – Administração por crise
- Dificuldade em estabelecer um procedimento estável.
- Excesso de tempo gasto "apagando incêndios" em vez de preveni-los.
- Decisões tomadas de última hora com pouca preocupação em analisar os problemas.
- Deixa-se interromper com facilidade (não sabe dizer "não").
- Está frequentemente em "parafuso".

( ) C – Pressa – ações sem base em informações
- Tomada repentina de decisões.

- Tentativa de execução de um volume muito grande de trabalho num prazo muito curto.
- Pressa para terminar uma tarefa. Impaciência com detalhes, em prejuízo da qualidade.
- Raramente estabelece prioridades.
- Dificuldade para colher e analisar informações antes de agir.

( ) D – Comunicação ineficaz
- Utilização de canais inadequados para transmissão de instruções e informações.
- Falta de clareza de informações (uso de canais "informais").
- Não costuma obter retorno (*feedback*) ou o faz de modo genérico.
- Dificuldade de ouvir e de procurar entender com atenção.
- Objetivos imprecisos ou pouco definidos de sua atividade. Pouca compreensão dos planos de sua área.

( ) E – Tarefas inacabadas
- Falta de acompanhamento (*follow-up*) dos objetivos, prioridades e prazos.
- Falta de autodisciplina na conclusão de atividades.
- Mudança muito rápida de incumbência (ou tarefa), por desinteresse ou ausência de prioridades.
- Dificuldade em assumir suas responsabilidades (não se "apropria" das tarefas).
- Começa sempre muito bem as tarefas; raramente acaba ou o faz com pouca qualidade e envolvimento.

( ) F – Falta de concentração
- Tendência para divagar sobre outros assuntos (dispersão).
- Falta de autodisciplina para trabalhar por longos períodos.
- Não consegue isolar-se quando necessário.
- Mesmo sozinho, o pensamento voa com frequência.
- Pouco ânimo para envolver-se com uma tarefa, mesmo sabendo de sua importância, e para colher e analisar informações antes de agir.

OS MATADORES DA PRODUTIVIDADE

( ) G – Indecisão – medo de falhar
- Falta de confiança na sua habilidade de tomar decisões.
- Tentativas de compartilhar responsabilidades.
- Falta de permitir-se certo risco nas decisões, com medo do fracasso.
- Raramente faz acontecer. Espera que aconteça.
- Dificuldade em avaliar alternativas em termos de tempo, risco e viabilidade.

( ) H – Procrastinação – adiamentos constantes
- Tendência de protelar a execução de uma tarefa, mesmo quando dispõe de tempo para executá-la.
- Excesso de tempo gasto com trabalhos preferidos em lugar de prioridades de que não gosta.
- Interrupções de trabalho impostas por ele próprio (ex.: cafezinhos, visitas de cortesia etc.).
- Dificuldade em estabelecer prioridades.
- Justifica atrasos atribuindo a causa a outros.

( ) I – Dificuldade em diagnosticar problemas
- Inabilidade para diferenciar entre causa e efeito.
- Falha na obtenção de informações necessárias.
- Falta do hábito de analisar, friamente, os problemas.
- Dificuldade em identificar forças impulsoras e forças restritivas.
- Dificuldade em identificar oportunidades.
- Fazer o trabalho que subordinados ou outros colegas poderiam ou deveriam fazer.
- Excesso de tempo gasto com trabalho de rotina e detalhes.
- Atribuir responsabilidades sem a autoridade necessária.
- Dificuldade em treinar colaboradores.
- Desconfiança da capacidade alheia de aprender.

( ) J – Controle inadequado
- Falta de manutenção de registros e controles de trabalho (dele e/ou de sua área).

- Dificuldade no estabelecimento de prazos intermediários ou finais.
- Confunde registro com controle.
- Faz anotações esparsas: papeizinhos, agenda etc.
- Acredita que tudo "sobra" para ele.

( ) K– Perfeccionismo
- Excesso de tempo gasto tentando terminar tudo com perfeição.
- Excesso de tempo gasto buscando possíveis erros no trabalho dos outros.
- Dificuldade em terminar um trabalho pensando sempre na possibilidade de melhorá-lo.
- Dificuldade em estabelecer padrões de desempenho para si e para os outros.
- Acha sempre que, sem seu toque final, nada sai certo.

Plano de ação

Muito bem! Obviamente você não imaginou que eu o deixarei sem um plano de ação para sua própria melhoria, não é?

Quero lhe pedir uma gentileza neste momento: pare de pensar em qualquer outra coisa e se concentre no preenchimento desta parte final.

Relacione abaixo os cinco maiores desperdiçadores de tempo em ordem de prioridade:

Prioridade	Desperdiçador
1)	1)
2)	2)
3)	3)
4)	4)
5)	5)

Tabela 7 – Desperdiçadores de tempo

Quais desses desperdiçadores podem ser controlados por você:

_____
_____
_____
_____
_____

Quais desperdiçadores de tempo são impostos a você por outras pessoas:

_____
_____
_____
_____
_____

Internos (meus):

_____
_____
_____
_____
_____

Externos (outros):

_____
_____
_____
_____

Escreva pelo menos duas ações que pretende realizar nos quatro quadrantes que compõem a matriz. Isso é muito importante, já que, depois, essas ações poderão compor seu plano de ação, e você poderá começar a trabalhar seu processo de mudança para uma vida produtiva e integral.

Importante aqui: seja muito sincero com você mesmo.

Começar a fazer	Parar de fazer
Continuar fazendo	Gerenciar o que estou fazendo

Tabela 8 – Matriz de resultados

Ações que devo tomar para maximizar minha performance

Lembrando que todo O QUE deverá iniciar com um verbo; todo COMO, será com o verbo no gerúndio; e você pode ter alguns COMO para o mesmo O QUE, e todo QUANDO deverá ter dia e hora de início e encerramento, pois você deve ser capaz de registrar em sua agenda essa ação.

Ação que não vai para a agenda não será concluída, ou então será substituída rapidamente por uma nova ação. Retrabalho e *looping* do retardo.

Exemplo: avaliar minha lista de prioridades, anotando minhas tarefas, classificando-as com indicadores de valoração, de 2 de janeiro de 2020, das 8 às 9 horas, até 5 de janeiro de 2020, às 18 horas.

O QUE (verbo)	COMO (verbo no gerúndio)	QUANDO (dia e hora – início e fim)

Tabela 9 – Ações para maximizar a performance

Daniela Serban – E aí, sentiu o peso nos ombros? Não imaginava que tudo isso acontecia com você? Calma, não se desespere. Isso é um sinal de avanço.

Só conseguimos mudar algo quando isso passa a nos incomodar e ao acreditarmos que o benefício da mudança vale mais a pena do que manter o *status quo*.

Como falamos muito neste livro sobre mudanças, vale nos aprofundarmos um pouco mais sobre esse assunto. Existem basicamente cinco momentos do processo de mudança:

1. **Negação.** Muitas vezes, isso acontece quando nos é mais confortável ficar onde estamos, em nossa zona de conforto, quando sentimos medo de arriscar e ir para o novo, ou vergonha de mostrar alguma fragilidade nossa para alguém. Preferimos não ver, ignorar.

2. **Acolhimento**. Aqui, já aceitamos a necessidade de mudança. A pessoa consegue avaliar as possíveis alternativas, cenários de ficar ou mudar, podendo se debruçar na tabela anterior de que falamos.
3. **Planejamento**. Ao perceber que a mudança é necessária, seguimos para a elaboração de um planejamento. O que fazer, como, quando, por que e com quem. O 5W2H, que abordaremos mais adiante, nos ajuda nesta etapa.
4. **Atitude**. Um divisor de águas entre as ideias do planejamento e a realização é definir uma data. E essa data chega. Nesse dia e horário, tenha a disciplina de executar. Permitir-se implementar o que planejou.
5. **Constância e cadência**. Para que o processo de mudança finalize, voltamos aqui para a repetição tão falada na neurociência dos 21 dias consecutivos de repetição para o novo hábito ser absorvido.

Um filme que ilustra muito bem essas etapas é *Mudança de hábito*, com Whoopi Goldberg. Sua personagem mora em um convento e recebe o desafio de conduzir um coral, sem nunca ter feito isso. Num primeiro momento, titubeia, depois percebe que precisa ir em frente e que fará o seu melhor. Observa individualmente as integrantes do coral, quais habilidades e diferenciais cada uma possui. Assume alguns riscos, muda as responsabilidades e papéis no grupo, até conseguir um resultado incrivelmente maravilhoso, com as participantes sentindo-se muito felizes. Imperdível!

Agora que você conhece o ciclo do processo de mudança, ficará mais fácil perceber onde você se encontra.

Nós, mães e esposas, somos requisitadas por todos os lados o tempo todo (não só as mulheres, mas aqui estou dando meu exemplo pessoal). Se estamos em casa, é o interfone que toca com alguma entrega. Ou os filhos com fome querendo jantar e o marido contando como foi seu dia, ou a necessidade de se tomar alguma decisão que envolve você. Além do telefonema de algum membro da família que pode ocorrer em meio a isso tudo.

Como finalizar uma atividade sem interrupção? Como priorizar as atividades relacionando-se com cuidado e empatia com o outro? Fácil? Não, porém possível. Tendo o olhar sistêmico do que apareceu no seu teste de pontos de atenção, ao viver seus 1.440 minutos diários, uma luzinha vermelha lhe acenderá quando entrarem em ação seus principais sintomas de desperdiçadores de tempo. Aí você poderá cuidar para não cair na mesma cilada novamente!

Com conhecimento, técnicas que estamos compartilhando com você, caro leitor, aqui no livro, você conseguirá muito mais potência, qualidade de vida e de relacionamentos.

Isso vale para toda outra situação de vida, como dietas alimentares, reforma na casa, estado civil e tudo mais que quiser!

Depois que concluí esse teste, inseri algumas palavras-chave no fundo de tela do meu notebook, como "planejamento e execução" ou "conclua uma atividade de cada vez", para todos os dias lembrar a que preciso atentar e mudar meus hábitos.

Caso você não tenha concluído seu autodiagnóstico, recomendo que pare, volte e faça.

Vale muito a pena!

Tendo consciência do processo de mudança que passará pela sua mente, você vai embarcar nessa e pode ter certeza que viverá seus 1.440 minutos de uma forma diferente. Bem melhor! Venha conosco!

DICAS DOS AUTORES

Livros

- *Quem mexeu no meu queijo: uma maneira fantástica de lidar com as mudanças em seu trabalho e em sua vida* – Spencer Johnson.
- *A arte da meditação: aprenda a tranquilizar a mente, relaxar o corpo e desenvolver o poder da concentração* – Daniel Goleman.

Texto

- *Males e benefícios do açúcar* – Tainah Medeiros, Site Drauzio Varella:

drauziovarella.uol.com.br/alimentacao/males-e-beneficios-do-acucar/

Filmes

- *Alice no País das Maravilhas* (2010) – Direção: Tim Burton. Com Johnny Depp, Anne Hathaway.
- *Mudança de hábito* (1992) – Direção: Emile Ardolino. Com Whoopi Goldberg, Harvey Keitel.

OS MATADORES DA PRODUTIVIDADE

Vídeo
- *Como ter controle sobre seu tempo livre* (2016) – Com Laura Vanderkam. Disponível em:

www.ted.com/talks/laura_vanderkam_how_to_gain_control_of_your_free_time?language=pt-br

Ferramenta
- Agenda compartilhada – o *app* que você quiser.
- Headspace – *app* de meditação.

CAPÍTULO 5

TEMPO, MEU MANO VELHO

Tempo, tempo, tempo, mano velho...
PATO FU, "SOBRE O TEMPO"

O futuro não existe, quem o nega?
SANTO AGOSTINHO

Claudio Zanutim – Chega o final de cada ano, e aí? O que você pensa? Como as pessoas pensam? Quais sensações você tem? Muitos dizem: "Lá se foi mais um ano...". Você também carrega a leve impressão de que os anos voam? Já se surpreendeu pensando: "Até parece que o Natal do ano passado foi ontem!"?

Pois bem, primeiramente, o tempo sempre passou na mesma velocidade. O que muda, de fato, é a nossa percepção. Rapidez ou lentidão quanto a isso tem a ver com a forma como encaramos cada atividade do dia a dia. Ou melhor, como nosso cérebro as encara e percebe.

Quando Santo Agostinho nos questiona a respeito da negação de um tempo que não existe, faz-nos perceber que ele não existe de forma tangível, mas, sim, em nosso coração e espírito.

O tempo "não para", e quem atingiu suas metas em um ano, atingiu; quem não realizou, não realizará mais daquela forma, naquele tempo e com aqueles recursos. Terá de repensar e refazer cada meta e cada submeta. Pensar de forma cíclica auxilia nas realizações.

As pessoas imaginam que recuperar o ano que passou em apenas alguns dias próximos a 31 de dezembro, o que praticamente resta do ano, seja possível. De fato, é impossível, entretanto, o que deve ser levado em conta é que virão mais **365 dias do ano para fazer diferente**. Com isso, vem a angústia, a preocupação, a sensação de incapacidade, e por aí afora. Para que sofrer com isso tudo se você tem este livro em mãos, está aprendendo muitas coisas e poderá praticá-las para ter mais qualidade de **vida**?

Costuma-se dizer com frequência: "fazer diferente". Para alguns, torna-se um mantra de quem não aproveita ou até mesmo de quem desperdiça o tempo oportuno, e depois se consola afirmando: **"Farei diferente ano que vem"**, mas será que fará mesmo? Não é à toa que as pessoas correm para as academias, universidades, cursos em geral, terapias. Muita iniciativa!

Uma grande amiga, Marta Gucciardi, me disse o seguinte: "Brinco que janeiro é o mês da 'desintegridade'. Você começa o ano decidido a mudar um monte de coisa e quer se manter íntegro, honrar suas decisões, mas o tempo passa e as coisas não mudam".

E como está a "acabativa"? Ok, pensemos positivo. Sim, você adotará posturas diferentes no próximo ano! Estamos no grande momento de listar tudo aquilo que desejamos realizar no ano vindouro, um exercício que milhões de pessoas costumam fazer em dezembro, uma vez que o espírito de Natal e Ano-Novo acaba convidando à reflexão.

Aliás, já que vamos fazer uma reflexão, que tal começar este capítulo trazendo à tona tudo aquilo que você poderia ter feito, mas que, por **suposta falta de tempo**, "deixou para depois"?

Lista	Poderia ter feito...	Levaria a quantidade de tempo de...
1		
2		
3		
4		
5		
6		
7		

Tabela 10 – Poderia ter feito

Antes de mais nada, quero indicar a você que baixe um gravador de programas para você assistir aos seus favoritos na TV. Você sabia que poderá economizar cerca de 8 minutos (em comerciais) a cada meia hora (de programa)? Assim, após 2 horas de determinado programa, você já economizou 32 minutos, o que, multiplicado por um programa favorito por semana, daria mais de 2 horas em um mês, que você pode utilizar em uma academia ou naquele curso de línguas que sempre deixou para fazer lá no ano que vem. Quem sabe?

Para reforçar isso, escreva pelo menos duas ações que pretende realizar nos quatro quadrantes que compõem a matriz. Isso é muito importante porque, depois, essas ações poderão integrar seu plano de ação para você começar a trabalhar o seu processo de mudança para uma vida produtiva e integral.

Importante aqui: seja muito sincero consigo mesmo.

Começar a fazer	Parar de fazer
Continuar fazendo	**Gerenciar o que estou fazendo**

Tabela 11 – Matriz de resultados

Precisamos conversar sobre o quanto você se considera um bom gestor do seu tempo.

O que acha de pensar sobre a procrastinação, a falta de planejamento, a desorganização pessoal, a falta de delegação, a dificuldade de tomar decisões ou de aceitar as mudanças que talvez você tenha sabotado até aqui?

Se pensarmos na falta de prioridade que damos para as coisas, em como temos dificuldades em dizer "não", no quanto deixamos trabalhos inacabados, em como fazemos várias tarefas em simultâneo de forma desordenada e em como a insegurança toma conta de nosso ser em momentos de conflito, entenderemos quanto tempo e oportunidade perdemos na hora de atingir nossos objetivos e executar aquilo que tanto sonhamos.

Ao analisarmos o universo e a criação, vemos que tudo o que foi feito é perfeito. O Criador não poderia ter errado ao nos oferecer 24 horas por dia, mas, então, por que, frequentemente, dizemos que não temos tempo para ser a potência que deveríamos? Por que, ano após ano, estamos diante da mesma lista de realizações? É isso o que vamos entender a partir de agora, pois é o que eu quero discutir também com você, Dani.

Existem diversos fatores que interferem na gestão do tempo, e um dos maiores problemas está em que normalmente as pessoas têm "planejação" e "fazejamento" em vez de planejamento e execução.

"Planejação" seria *muita ação e pouco plano*. Trata-se de *grande força de vontade e pouca estratégia*, característica da pessoa extremamente incompetente com muita vontade de agir. O que é um perigo. Um incompetente com força de vontade! Uma desgraça.

Costumo dizer que uma boa razão pela qual a maior parte das pessoas não gosta de planejar é porque elas tomam consciência de que serão responsáveis por seu próprio plano. Então, elas se dão conta de que não poderão mais fingir, nem fugir. Qual resultado terá um profissional com esse perfil? Nenhum! Uma vez que a ação deve acontecer depois do plano.

Já o "fazejamento" tem a ver com uma constante mão na massa, com foco exclusivo na execução, sem considerar que é necessário planejar, mesmo que as coisas mudem com o tempo. Alguns de nós tendemos a fazer uma pergunta limitante: para que planejar se as coisas vão mudar mesmo?

Muitas pessoas ficam estabelecendo ou elegendo metas novas para substituir as metas atuais, sendo que o mais viável e inteligente a se fazer é rever metas, submetas e indicadores, mantendo/garantindo a visão e o propósito em foco.

Daniela Serban – Nossa, Zanutim, agora me senti ofendida... Acredito que tive várias conquistas importantes na vida, mesmo não cuidando tanto do planejamento como deveria.

Até me encaixo mais próximo desse perfil que você cita de "planejação". Penso que a "força de vontade" é um fator bem importante para o sucesso na vida. Sem ela, não iremos a lugar algum, até porque o que nos move, essa força, está ligada ao nosso propósito, objetivos e metas. Concordo com você que tentar executar muito e planejar pouco traz grandes possibilidades de retrabalho, perda de tempo e tudo mais que você mencionou.

Percebi isso sofrendo consequências na prática. Indo para reuniões sem perguntar se havia lugar para estacionar e pagando estacionamento quando, com apenas uma autorização de entrada no prédio, poderia ter economizado tal gasto. Ou também quando eu tinha três reuniões seguidas de vendas no dia e não conseguia preparar a proposta para a última delas. Achava que conseguiria, com meu conhecimento técnico e comercial, contornar a situação e enviar depois a proposta. Nada disso. O cliente ficava decepcionado, pois esperava que eu estivesse ali com a proposta pronta para ele. Perdi vendas, sim, e faltou melhor planejamento da minha parte.

Com o projeto de escrita deste livro, consegui, no último ano, incluir e praticar várias ferramentas de planejamento anual, semanal e diário, e com muita alegria posso dizer que pude realizar mais de 75% das metas planejadas para o ano.

Assim, com maior foco no planejamento e esforços reduzidos, conseguirei cada vez mais (e já tenho conseguido!) potencializar meus resultados, errando e sofrendo bem menos. Confesso que esse movimento, para mim, foi uma grande mudança de *mindset*. Antigamente, o planejamento significava uma perda de tempo, um engessamento da minha vida.

Hoje vejo e vivo com outros olhos. Vejo que planejar é um espaço de liberdade, em que você pode parar e pensar, sonhar o que quer fazer, como, onde, com quem e, na prática, desdobrar em ações que são inclusas na minha agenda. Assim, o que planejei tem muito mais chance de se tornar realidade, com cuidado, calma e tranquilidade.

Claudio Zanutim – Sabe, Dani, a força de vontade é uma característica própria das pessoas de alto rendimento. Só ela, por si só, não maximiza a performance de ninguém, mas um bom plano de ação, bem estruturado, que tenha afirmações positivas diárias diante dele e com revisões constantes que façam sentido, tem chances maiores de ser concluído. Creio que isso seja estimulante no sentido de agir com muita vontade de executar.

Quero retomar o raciocínio. O "fazejamento", por sua vez, tem a ver com aquele profissional que deseja atingir suas metas de vendas, por exemplo, sem ao menos se atualizar com relação ao produto, aprender melhor as estratégias de negócios ou adquirir mais informações sobre aquilo que vende, já saindo esbaforido em seguida, **fazendo de qualquer jeito**, ainda que com bastante força de vontade.

Fazer as coisas de qualquer jeito, com muita ação, mas pouco ou nenhum planejamento (estratégias), resulta, sem dúvida, em trabalhos inacabados, em falta de coragem para realizar, dificuldade ou incapacidade de se concentrar no que se está fazendo e, por fim, na tão temida procrastinação. Logo, o planejamento ficará, outra vez, para o "segundo plano" ou para o futuro, quem sabe? Consequentemente, aparecerão a frustração, o desânimo e a descrença nas metas.

Se você almeja realmente obter uma mudança de mentalidade, comportamento e realizações, precisa **substituir a "planejação" por planejamento**, levando em conta que o planejamento é a união da **ação, do plano**, somados às estratégias.

Veja um exemplo: para fazer uma viagem, certamente você planeja o itinerário, o investimento necessário, e, por fim, tem uma ação de ir aonde programou, certo? Agora, imagine se você viaja sem planejar o valor das despesas, os locais que deseja visitar e, em seguida, simplesmente decide sair por aí sem rumo, contando apenas com a sorte de chegar ao destino almejado. Loucura, concorda?

Portanto, para que seja um profissional extraordinário, de alto impacto e de grande êxito, é essencial que você tenha **planejamento e execução**. A sugestão deste capítulo é: que tal **planejar com assertividade** a execução de uma lista de realizações em vez de apenas criar uma "planejação"?

Daniela Serban – Zanutim, estou tendo muito prazer em vivenciar os benefícios da prática do planejamento. Uma vez que você começa a mudar e a pensar assim, todas as pessoas que estão à sua volta, no seu convívio, são beneficiadas.

No seu exemplo da viagem, sendo algo que envolve a família, todos podem participar da escolha dos programas, roteiros, do planejamento dos custos e limites de orçamento. Assim, todos já curtem a viagem antes mesmo de pegar o carro ou avião.

Do ponto de vista do mundo corporativo, quando temos um líder que planeja, os liderados sabem que direção seguir, o que não fazer, e, com isso, têm mais segurança em toda a caminhada.

Claudio Zanutim – Dani, por isso escrevi, certa vez, que planejamento é um ato de respeito para com as pessoas que dependem de você (líder) para alcançar seus objetivos e metas.

Daniela Serban – Um cuidado que vale nesse processo de planejar muito é o de não entrarmos na **ditadura do controle**.

Poxa, para uma viagem de férias, ainda no seu exemplo, é bem pertinente ter um orçamento e conhecer os principais lugares, mas também é muito prazeroso, estando lá no local, haver a flexibilidade de esticar a estada em alguma cidade pela qual eventualmente nos apaixonamos, com a qual nos identificamos, ou se quisermos nos aprofundar mais na cultura do lugar, e gastar mais ali, sim!

Daí, considerando um limite de orçamento, ficamos menos tempo em outro destino, economizamos nas refeições, em outros passeios. Assim caminha a humanidade. Vale a pena escolher o que é importante para o planejamento e permitir que nos entreguemos aos momentos que nos sinalizam ser valiosos para vivermos com mais significado, considerando nosso propósito.

Claudio Zanutim – O estilo de vida determina os resultados. Dizem que o tempo é o melhor remédio, mas ele também pode ser seu maior opositor. O estilo de vida que levamos diz muito sobre quem somos e os resultados que temos.

As pessoas de alto desempenho adotam uma atitude fundamental: econsideram o tempo **um ativo mais precioso que o dinheiro** e usam, indiscutivelmente, cada minuto. Elas focam em seus objetivos prioritários. Organizam seu local de trabalho e recusam os compromissos muito demorados. Para elas, tempo não é apenas de dinheiro, como diz o ditado popular, mas um estilo de vida promissor. Tempo é tempo e dinheiro é dinheiro!

Profissionais de alto impacto sabem que o tempo de vida é precioso e se negam a desperdiçá-lo com inércia, com improdutividade, ou apenas com perda de tempo e circunstâncias irrelevantes. Por isso, planejam suas vidas. Kevin Kruse, escritor citado na lista de *best-sellers* do *The New York Times*, combina suas habilidades como CEO e jornalista para descobrir alguns segredos do sucesso ao inquirir pessoas de alto desempenho.

Em respostas surpreendentemente pessoais, **bilionários, empresários e atletas olímpicos** afirmam **aproveitar ao máximo cada minuto**, tanto no trabalho como no lazer. Essa é a grande chave para atingirmos as metas profissionais e pessoais.

Tim Hurson, palestrante, escritor e teórico da criatividade, ensina que todo mundo pode aprender a pensar melhor – isto é, pensar de forma mais criativa e produtiva.

Dani, veja estas informações. Conforme algumas pesquisas sobre os dez matadores da produtividade mais comuns, algumas pessoas chegam a gastar em média cerca de 55% do tempo com mensagens de celular, ou 41% com a internet, ou 39% com conversas inúteis e fofocas, ou 37% com mídias sociais, ou 27% em pausas para fumar e cafés desnecessários, ou 24% com jogos, ou 44% com notícias especuladoras, e apenas 6% em ações efetivas.

Será que não chegou a hora de aprendermos a pensar melhor? E se nós pensássemos de maneira mais criativa, como incita Tim Hurson? Ganhe tempo eliminando o desperdício do tempo em supérfluos.

Daniela Serban – Sim! Faz todo sentido, Zan. Nesse aspecto, acho que vale essa reflexão sobre o que estamos fazendo com o tempo na nossa vida. Eliminar os "matadores de produtividade" pode nos ajudar muito a aumentar o tempo livre, mas também penso que não devemos ficar muito rígidos nesse movimento, como falei antes, presos na **ditadura do controle**, de só olhar para o que está planejado e dentro do foco em meta, produtividade, mas, sim, ter um termômetro saudável para nós, a tal da **produtividade equilibrada** de que falamos aqui. Curtir a caminhada, enfim, sempre considerando, claro, nossos valores e propósito. Isso está ligado ao autorrespeito.

Por exemplo, alguém no trabalho se aproxima e nos convida para um café, e nós, focados em entregarmos, não aceitamos uma vez, duas, três vezes... Isso pode impactar no nosso relacionamento, ou nos significar poucos momentos de relaxamento. Podemos ser vistos como antissociais, não ter o apoio das pessoas quando precisarmos, entre outros fatores.

No olhar do autorrespeito, poderíamos nos perguntar: "O que me faz bem neste momento?", "Estou dentro do meu tempo, das minhas necessidades ao tomar tal decisão?". Às vezes, o que podemos achar perda de tempo pode gerar grandes benefícios, pequenos momentos de felicidade no nosso dia, e por aí afora.

Claudio Zanutim – Sabe, Dani, com essa sua fala, lembrei-me de uma cena do filme À procura *da felicidade*, quando, para atingir uma meta, Chris Gardner, representado brilhantemente pelo incrível Will Smith, começa a fazer as contas de quanto tempo ele perde bebendo água, urinando e tomando café, em vez de fazer ligações para futuros investidores que possam contratá-lo.

Sempre teremos de abrir mão de algo em detrimento de outra coisa, dependendo de nossas metas, de nossos objetivos. Ações e atitudes alinhadas ao nosso propósito de vida e ao legado que queremos deixar implicarão diretamente nossa interpretação do tempo e de sua lista de prioridades.

Quando escolhi um texto de Eclesiastes em uma das epígrafes foi justamente pensando em tempo para tudo na vida. Gosto de pouca coisa produzida por Raul Seixas, mas há duas frases do poeta que creio serem pertinentes agora: "Prefiro ser essa metamorfose ambulante do que ter aquela velha opinião formada sobre tudo" e "Eu é que não me sento no trono de um apartamento com a boca escancarada, cheia de dentes esperando a morte chegar".

Certamente estamos em processo de evolução, e com esse processo virão novas necessidades, ações, sentimentos, valores e crenças.

Daniela Serban – Neste ponto onde estamos, acho que vale a reflexão: o que é profissional bem-sucedido para mim? Trabalhar com causas sociais? Ganhar muito dinheiro? Criar algo que ajude muitas pessoas? Pagar as contas para sobreviver? Essa resposta é muito individual. Não há padrão. O que realiza a mim não realiza você. Cada um tem a sua verdade, a sua motivação. O que faz você feliz? Com essas respostas, cada um terá um ritmo, uma dinâmica de troca com o mundo, muito pessoal.

Conheço muitas mulheres que, ao virarem mães, optaram por focar 100% de seu tempo nos filhos, no marido, no lar, no bem-estar pessoal. São escolhas. Ou não. Depende de vários fatores, porém entendo que o termômetro para essa tal produtividade equilibrada é o quão feliz a mulher está dentro dessa relação. Se para ela está bem resolvido, ela está praticando o seu propósito. Maravilhoso!

Meus filhos são o que tenho de mais valioso na vida e, junto com isso, tenho um "chamado" interno muito forte para me desafiar intelectualmente, me sentir conquistando algo, evoluindo e agregando ao universo. Isso é meu. Totalmente pessoal e intransferível.

Tem uma parte do poema "Saber viver", de Cora Coralina, em que ela fala:

> Não sei se a vida é curta ou longa demais para nós, mas sei que nada do que vivemos tem sentido se não tocamos o coração das pessoas.
>
> Muitas vezes basta ser o colo que acolhe, braço que envolve, palavra que conforta, silêncio que respeita, alegria que contagia, lágrima que corre, olhar que acaricia, desejo que sacia, amor que promove.

E isso não é coisa de outro mundo, é o que dá sentido à vida. É o que faz com que ela não seja curta demais, mas que seja inteira, verdadeira e pura, enquanto durar.

São 1.440 minutos que temos por dia. Nem mais, nem menos.

Claudio Zanutim – Pare de jogar tempo fora.

Certamente, todos conhecem os memoráveis episódios de *Chaves*, seriado exibido pelo SBT por décadas a fio, protagonizado pelo ator Roberto Gómez Bolaños (1929-2014), não é mesmo?

Bolaños foi um homem que soube aproveitar a vida e ser um profissional bem-sucedido em todos os âmbitos que se pode imaginar. Entretanto, em uma de suas últimas entrevistas ao SBT, com problemas de saúde devido à idade, ele demonstrou grande tristeza em seus olhos. Ao lado de sua esposa, Florinda Meza (intérprete da personagem Dona Florinda no mesmo seriado), ele segurava seu animal de estimação com evidente angústia na alma. Bolaños revivia, por meio de uma homenagem, a sua juventude, a fase de vigor e o sucesso de toda sua vida.

Por mais que tivesse se tornado um ícone eterno, que fez grande fortuna e alegrou milhares de pessoas, ainda assim algo o incomodava em seus 85 anos: o pouco tempo de vida que lhe restava, um sentimento comum às pessoas de mais idade. O tempo de vida dele havia passado e já não havia mais nada que pudesse fazer para mudar essa condição. Bolaños havia conquistado tudo, mas agora ele gostaria apenas de ter mais tempo, porém não cabia a ele esse poder de realização.

Portanto, finalizamos este capítulo com esta reflexão: **o que você está fazendo com o seu tempo?** Será que está agindo como o dr. Lair Ribeiro, que, certa vez declarou: "Sente-se e espere a morte chegar"? Você faz parte dessa porcentagem de pessoas que **matam a produtividade**? Será que você ainda não realizou seus objetivos por desperdiçar tempo e energia em atividades que podem esperar ou por não priorizar o que é importante?

A preguiça, a desmotivação e a falta de ânimo têm sido suas aliadas? Será que não chegou a hora de abandonar as promessas de mudanças e planejar de verdade? Reflita sobre isso!

Por fim, lembre-se do que disse o autor de Salmos 144:4: "O homem é semelhante a um sopro; seus dias, como a sombra que passa".

DICAS DOS AUTORES

Livros
- *Como construir objetivos e metas atingíveis* – Claudio Zanutim.
- *15 Secrets Successful People Know about Time Management: the Productivity Habits of 7 Billionaires, 13 Olympic Athletes, 29 Straight-A Students, and 239 Entrepreneurs* – Kevin Kruse.
- *Shui no trabalho: criando harmonia no ambiente profissional* – Darrin Zeer.

Filme
- À procura *da felicidade* (2006) – Direção: Gabriele Muccino. Com Will Smith, Jaden Smith.

Vídeo
- *Seja firme, diga não* (2018) – Canal NeuroVox do YouTube. Com Pedro Calabrez. Disponível em:

https://www.youtube.com/watch?v=Ut9Jw6N-hpM&feature=youtu.be

Ferramenta
- Planilha RAB – Peça-me pelo WhatsApp: (11) 94744-2387 (identifique-se)

Resumo
1. A produtividade começa com a organização do espaço físico.
2. Livre-se da bagunça digital com arquivos, e-mails e downloads desnecessários.
3. Ninguém tem mais tempo que o outro. Todos temos as mesmas 24 horas do dia. Aprenda a decidir.
4. Planeje como usar seu tempo da mesma maneira como faz com seus gastos, usando um "orçamento de tempo".
5. Priorize e diferencie entre urgente e importante.
6. Produza: livre-se da procrastinação.
7. O que você faz precisa ajudá-lo a conseguir o que quer. Alinhe as suas atividades com os seus objetivos.
8. Defina metas claras e específicas com datas para realização.
9. Uma vida mais organizada lhe permitirá conseguir mais tempo para ousar.
10. Utilize os cinco E's da possibilidade: empolgar, envolver, empoderar, evoluir e explorar.
    i. Empolgar – Retome uma atividade prazerosa que está abandonada em sua vida. Lembre-se de quando era criança e tinha suas brincadeiras preferidas. Isso ficou no passado, certo? Traga para sua realidade profissional algo que você ama fazer.
    ii. Envolver – Abra-se para a convivência com amigos, familiares e pessoas de outros círculos sociais. Você consegue contribuir sendo um voluntário? Pode ser mentor, instrutor de alguém mais jovem? Pode doar parte do seu tempo para uma causa?
    iii. Empoderar – Crie poder, habilite-se, cuide mais da saúde, da casa e do seu bem-estar. Faça coisas que lhe darão mais sensação de poder e controle, dedique-se a esportes, hobbies. Cuide de sua saúde men-

tal. Aprenda técnicas de relaxamento. Transforme também o seu ambiente, a sua casa, com uma nova decoração. Quais mudanças podem aumentar a sua sensação de sucesso?

iv. Evoluir – Procure crescer dentro daquilo que você faz e leve as suas atividades a um novo nível. Tente se dedicar a tarefas que lhe proporcionem experiências de sucesso. Existe algo que você deva fazer para encontrar mais oportunidades dentro disso?

v. Explorar – Tente algo novo que o faça olhar as coisas de um outro ponto de vista. Faça um exercício mental com perguntas do tipo: "E se...?, Que tal...?, E depois...?". Pensando assim, você conseguirá produzir novos alvos e projetos. Faça as coisas acontecerem.[31]

---

31 Resumo extraído de Tamara Schwambach Kano Myles, *Produtividade máxima*: como assumir o controle do seu tempo e ser mais eficiente, trad. Afonso Celso da Cunha Serra, Rio de Janeiro, Sextante, 2015.

CAPÍTULO 6

VOCÊ MERECE O MELHOR

*Tempo é troca, é paz, é amor.
Tempo é a discórdia, os encontros, desencontros e,
também, o que nos dá a corda.
Tão sutil, tão marcante. Chega, passa e vai embora.
Todos querem. Poucos têm.
Oh, tempo! Até quando essa busca nos convém?*

DANIELA SERBAN

Claudio Zanutim – A agenda é uma questão de prioridade, e se não houver uma percepção daquilo que é prioritário, você sempre aproveitará menos o seu tempo. Você e eu temos 168 horas de vida por semana. A maioria das pessoas trabalha 40 horas e dorme 56 horas. Nesse sentido, teríamos 72 horas disponíveis para fazer outras tantas coisas na vida por semana. Como sempre falo, o que não se mede não se gerencia; assim, é preciso fazer um trabalho de reflexão e dedicar um tempo na agenda para relacionar ou identificar todos os minutos que estão inseridos nessas 168 horas semanais. Afinal de contas, planejar também exige tempo.

Iniciei este capítulo com essa reflexão (sem frase de impacto!) para que você perceba que é possível fazer um bom gerenciamento semanal também. Se você pensar de forma semanal, ficará até mais fácil para preencher a planilha de administração da rotina que você baixou de meus materiais, pois poderá considerar minutos de passeio no parque, com o cachorro, de bicicleta, jantares aos sábados, almoços e cafés da manhã com a família e saídas para *shows* etc., que são tarefas que basicamente rolam aos finais de semana.

Tenho falado muito que aspectos de uma vida integral com qualidade estão diretamente ligados aos comportamentos que estamos dispostos a trabalhar e a mudar. Ferramentas, planilhas, cursos e até mesmo livros temos aos montes por aí, inclusive este que você está lendo agora, mas o fato é que, se você não decidir mudar comportamentos em prol de uma qualidade de vida mais atrelada à sua produtividade, com bom aproveitamento dos seus 1.440 minutos, nada será capaz de ajudar você de maneira efetiva.

Deixe-me contar uma história rápida.

Certa vez, eu estava na praia juntamente com meu cunhado. Decidimos sair para correr na manhã seguinte e marcamos às 7 horas na ponta da praia. Como estávamos em hotéis diferentes, decidimos deixar pré-combinado assim. Pois bem, lá estava eu às 7 em ponto, sendo que já havia corrido 2 quilômetros para me deslocar até o local. Para minha surpresa, ele não estava lá no horário marcado.

Não tive dúvidas. Continuei minha corrida até que ele pudesse me encontrar e, às 8 horas, terminei meu treino. Ele continuou sozinho. O que quero frisar com esse breve relato é que não podemos nem devemos, a todo tempo, comprometer nossa agenda em detrimento de outras pessoas.

> Concordo com isso e eu, que sempre fui uma atrasada compulsória, hoje me irrito com atrasos. Isso demonstra pouco caso, como se o tempo da outra pessoa fosse mais importante que o meu. (Depoimento de Marta Gucciardi)

Claro que isso não pode ser uma regra, pois há momentos em que você tem de ser flexível, mas, em tarefas e coisas mais triviais, não devemos fazer exceções. Manter a agenda da rotina e esforçar-se ao máximo para cumpri-la depende muito mais de você do que de qualquer outra pessoa, afinal, se você não tem agenda, alguém terá para você, em seu lugar.

Como estou falando de comportamento, quero lhe fazer uma pergunta: sabia que a improdutividade e o desperdício de tempo têm conexão direta com conflitos emocionais?

Daniela Serban – Sim, com certeza, Zanutim. Por exemplo, vamos pensar na busca de um novo emprego. Normalmente é uma fase em que as pessoas ficam angustiadas, inseguras e preocupadas com os boletos que não param de chegar. Quanto esses pensamentos e sensações podem atrapalhar a busca efetiva do novo emprego?

Para evitar o desconforto que esse momento gera, muitas vezes inconscientemente, as pessoas acabam preenchendo seu tempo dormindo até mais tarde, fazendo arrumações em casa ou batendo muito papo, marcando mais cafés com amigos, sem cuidar do foco central da sua vida naquele momento, que é arrumar um novo emprego. Sem perceberem, procrastinam, são improdutivas, para fugir das sensações negativas que a procura por recolocação costuma implicar.

Se pudermos escolher pelo prazer, fugiremos das atividades que mexem com a nossa vulnerabilidade. No entanto, precisamos pensar a longo prazo. Se fugir dessas atividades não irá resolver o nosso problema, então devemos voltar à lista mencionada pelo Zanutim para avaliar a causa da nossa improdutividade e procrastinação, e encarar logo essa!

Vou confidenciar o que aconteceu no processo de escrita aqui do nosso livro. Vocês podem imaginar o quanto de disciplina, pesquisa, investimento de tempo precisamos para escrevê-lo. Claro que passei por vários momentos durante o processo em que não sabia se conseguiríamos terminar, chegando a achar até que desistiria.

Daí comecei a imaginar o livro pronto, pessoas pelo mundo afora podendo ser beneficiadas com o que, de coração, escrevemos aqui, nem que fosse por meio de um simples parágrafo que pudesse gerar algum importante *insight* em suas vidas. Passei a visualizar esse impacto ao longo dos anos e dos envolvidos, e consegui recuperar o foco, com disciplina, definindo um prazo para concluir este importante projeto.

O que quero ressaltar aqui, por isso trago o assunto para você, são os conflitos emocionais que surgiram ao longo da escrita deste livro. Aprendi que é importante ter coragem para entrar em contato com nós mesmos, com a nossa vulnerabilidade, com os sentimentos envolvidos, com o propósito da atividade, e superar as dificuldades com um olhar para o futuro.

Claudio Zanutim – Dani, eu chamo isso de gatilho de fuga mental não percebido. Agora, outra pergunta: como o fato de procrastinar, dormir ou ser um **profissional inativo** está associado com a falsa sensação de prazer?

Acredite se quiser, mas muitas pessoas creem que a vida foi feita para dormir (claro que como estudante da neurociência eu sei que dormir é importante para renovação e oxigenação do cérebro e das células e das propriedades cognitivas, mas essa não é a discussão aqui), alienando-se ou desperdiçando-a porque acreditam na ideia de **recompensa. Proferem afirmações enganadoras do tipo:** "Não irei à academia hoje porque trabalhei muito e mereço descanso", "Tive um dia de cão; só quero deitar e assistir à TV", "Amanhã eu faço, hoje mereço sossego".

É dopamina alta na veia! Conhecida como o neurotransmissor do prazer, sua função principal é ativar os circuitos de recompensa do cérebro. Seja pelo trabalho duro, pela falta de reconhecimento, seja pela ausência de valorização profissional, muitos de nós simplesmente preferimos sentar no sofá, desligar da realidade e fugir dos conflitos. Cremos na ideia de que merecemos descanso, folga ou prazer instantâneo e, por isso, deixamos tudo para depois.

Uma dica que posso dar aqui é: saiba identificar quais são os gatilhos mentais que fazem com que você tenha determinado tipo de ação. É difícil. É bem difícil, mas nada muda se você não quiser mudar!

Daniela Serban – Sim, e aí procrastinamos! Quando vemos, os 1.440 minutos, o ano, a vida passou. Olhamos para trás, e muitos sonhos ficaram pelo caminho. Sonhos principalmente sem data de realização. Neste momento, algum sonho que você não realizou deve estar passando pela sua cabeça.

Esse tipo de procrastinação é a mais perigosa. Como diz Tim Urban, em seu TED talk *Inside the Mind of a Master Procrastinator*: "Se colocamos data, o dia chega. Um sonho, com data, vira um objetivo". Sabe, Zanutim, quando comecei a prever um tempo na minha agenda para planejar a semana seguinte e a dos meus filhos (todas as sextas-feiras das, 7h30 às 8 horas), minha produtividade e, principalmente, muitas possíveis confusões de agenda, horários e compromissos encavalados ou desnecessários deixaram de existir. Aí a satisfação vem, não da situação imediata, mas de percebermos que, se cuidarmos do que é importante e prevermos algumas situações e atividades, conseguimos realizar muito mais.

Ufa! Você não pode imaginar quanto isso tem se tornado precioso na minha vida...

Por que não estamos dedicando tempo e energia necessários para alcançar determinados objetivos que consideramos importantes? Estou falando do objetivo, por exemplo, de vendermos o carro e nos locomovermos de táxi ou de transporte por aplicativo, ou de termos mais tempo para dormir.

Se respeitarmos o nosso tempo interno, a nossa voz interior, a condução da nossa vida provavelmente será diferente. Será melhor. Passamos a vida, muitas vezes, como escravos de um relógio que nos determina o que fazer. E o que realmente nós queremos fazer e escolher viver para cada momento?

Vários filmes retratam esse dilema, como, por exemplo, *Mulher Maravilha*, em que Diane, que era uma princesa amazona, deixou seu ambiente para realizar seus próprios sonhos e ter suas conquistas. Quando se deparou com o mundo dos homens, muito se surpreendeu ao ver que eles usavam relógios e logo se manifestou: "Vocês deixam esse objeto mandar nas suas vidas?".

Saber balancear o planejado *versus* o dia a dia, focando na produtividade equilibrada, é um desafio. Uma medida que só você pode dosar.

Claudio Zanutim – Entretanto, será que não merecemos mais do que essa mentalidade miserável? Claro que sim! Pense bem, é inadmissível gastar parte dos seus 1.440 minutos de vida por dia dormindo além do que é preciso, em séries e programas de TV que não trarão resultado algum para a vida real, ou em outras mil tarefas desnecessárias para o atingimento de suas metas e realização de seus sonhos.

O censo do IBGE de 2016 projetava que a nossa média de vida seria de 75,5 anos em 2019 no Brasil e a expectativa de vida, ao nascer, de 80 anos para mulheres, e de 73 anos para homens. Obviamente que as mulheres, via de regra, vivem mais, pois elas se cuidam mais. Em minha palestra sobre os 1.440 minutos, de forma bem humorada, dou um recado para os homens, pois eles morrem de medo do urologista e não fazem o exame de toque para detectar o câncer de próstata, tampouco exame de sangue ou ultrassom. Assim, mais de 15 mil homens morrem por ano por causa disso, segundo o Instituto Nacional do Câncer (INCA).

Conforme o tempo passa, há mais mulheres que homens no mundo, mas... voltemos ao raciocínio do tempo. Diante desse tempo médio de vida, se você considerar que dorme 8 horas por dia, significa passar um terço da vida dormindo. Por que passar cerca de 25 anos da sua vida em cima da cama, 2,8% da sua vida debaixo do chuveiro (se seu banho, pela manhã e à noite, durar 20 minutos cada) e 39% do dia em fofocas? Para que entregar 37% dos 1.440 minutos de vida por dia em mídias sociais e 55% com mensagens de celular, em vez de ir praticar aqueles exercícios que você tanto evita? Ou ler aquele livro que você tanto queria ler? Ou fazer aquele curso de inglês ou espanhol que você só adia? Que tal cuidar da sua espiritualidade, ter tempo de qualidade com as pessoas que ama ou até mesmo ir àquela consulta que você vive adiando?

Mais uma vez, chegamos à conclusão de que concedemos o nosso tempo de "bandeja" para as circunstâncias supérfluas, e menos para coisas de fato importantes.

Daniela Serban – Nesse caso, creio que só parando para pensar, saindo do piloto automático, é que cada um pode dimensionar se está desperdiçando tempo ou respeitando-se e encontrando o ritmo para gerenciar sua vida, seu tempo. Não existem regras nem padrões. Existe a sua vida, o seu tempo.

Teve um momento na vida em que notei que minha residência precisava de atenção, de cuidados, e tirei dias de férias somente para cuidar dela. Organizar e limpar armários, portas, janelas, gavetas, por dentro e por fora... você não acredita quão prazeroso foi isso! Então, voltei para o trabalho com muito mais pique e motivação! Do ponto de vista do *feng shui*, liberei algumas energias bloqueadas para novas entrarem.

Pensando por outra perspectiva, é bom escolhermos o que vamos fazer no nosso tempo. Sem interrupções, sem pressa. O descanso e a pausa nos ajudam a caminhar com mais saúde emocional e a alcançar nossos objetivos, nossos sonhos, por meio de uma **produtividade equilibrada**; para mantê-la, precisamos **agir**. Não por impulso ou porque se está na zona de conforto, como falamos anteriormente. Agir como consequência de um planejamento, em que você elencou suas prioridades, pôs na sua agenda, e o grande dia chegou.

Junto com essa ação vem a DISCIPLINA, ou seja, está na agenda, não estou com vontade, mas vou fazer (o tal do "eu mereço" que você, Zanutim, muito bem descreveu anteriormente).

Claudio Zanutim – Dani, diante de tudo isso que estamos conversando aqui, entre você, o leitor e eu, penso sobre o equilíbrio na utilização do tempo. Pessoas de alto desempenho usam o seu tempo como um ativo. Multimilionários que construíram por si só seu patrimônio realçam que aproveitam ao máximo cada minuto, tanto no trabalho como no lazer e no descanso. Consideram o tempo como um agente precioso, que vai além do dinheiro e de uma carreira bem-sucedida, logo, eles **usam indiscutivelmente cada minuto**.

Sim, pessoas que realizam eliminam as distrações para focar a energia em sua linha de prioridade, objetivos pessoais, e afastar de vez a procrastinação, considerada **quase uma doença** do século XXI. Saber utilizar cada minuto do seu tempo é a grande sacada para você se tornar uma pessoa que realiza.

Tenho como prática me desconectar diante de assuntos que nada me acrescentam. Minha esposa e filhos atazanam direto com isso, pois dizem que eu desligo e não estou mais no lugar, ou seja, não tenho mais o estado de presença. De fato, isso acontece, e minha mente passa a divagar em coisas que eu realmente preciso fazer.

Talvez você, neste momento, esteja se questionando: "Como é possível ter sucesso na carreira e ainda encontrar tempo para se divertir e descansar com qualidade"? Sim, isso não é balela, dá para fazer! Aliás, isso é sucesso, é vida integral, vida vivida por inteiro e com qualidade.

As pessoas altamente bem-sucedidas veem o tempo como seu ativo mais precioso e, por isso, **gerenciam o tempo** a fim de executar tudo aquilo que lhes faz bem. Elas equilibram a carreira, o lazer e o descanso, afinal, todos nós precisamos desse embutido de tarefas para sermos pessoas mais produtivas. Precisamos trazer à consciência terminantemente o fato de que não podemos mais desperdiçar o tempo oportuno que detemos (*kairós*) com situações descartáveis e péssima utilização do *cronos*.

Parece utópico ou fictício ser uma pessoa triunfante utilizando apenas a estratégia de gerenciar o tempo com uma mudança de comportamento efetiva, mas é real. O segredo para ser uma pessoa bem-sucedida tem tudo a ver com a forma como você **administra o seu tempo**.

Não quero soar pessimista, mas poucas pessoas levam a sério e efetivam esse estilo de vida. Por isso é que elas continuam escrevendo **a mesma listinha previsível de desejos** para o ano-novo, pulando sete ondinhas, acendendo vela etc. Adotar um modelo de vida saudável em todos os âmbitos é o que fará os próximos dias de seu ano ter uma guinada de 360 graus.

Ou será que você ainda não sabe que é uma insanidade total querer resultados diferentes mantendo o mesmo padrão de comportamento e mentalidade? Einstein já disse que insanidade é fazer as coisas da forma como sempre fez e esperar por resultados diferentes.

Chega de perder tempo com coisas fúteis, reuniões demoradas, conversas pessoais fora de tempo, e-mails desnecessários, mensagens débeis, pausa para fumar, internet e bate-papo tolo com os colegas de trabalho, grupos inúteis de WhatsApp, entre outras coisas e situações que consomem seus preciosos minutos. Decida de uma vez otimizar o seu tempo para ser quem almeja!

Sabia que as interrupções no trabalho ou entre os colaboradores representam inacreditáveis 40% a 60% de desperdício de tempo? Lembra-se do exemplo que vivi na fabricante de bebidas? De acordo com o analista Jonathan B. Spira, as interrupções custam às empresas US$ 588 bilhões anualmente, e há ainda o que chamamos de "ladrões de tempo", que incluem clientes, chefes, colegas, amigos e familiares, responsáveis por essas interrupções.

Você será sempre o seu ladrão de tempo mais voraz. Muitas pessoas acreditam que os ladrões de tempo controlam os seus expedientes, e se você trabalha e vive em uma "cultura da interrupção", isso certamente resulta em "reinícios, perda da dinâmica, retrabalho e manifestações angustiantes", tais como irritabilidade e fadiga mental.

Embora sem querer, você provavelmente também rouba o tempo dos seus colegas de trabalho e das pessoas da sua convivência. Mas não fique chateado: todos somos ladrões de tempo. Diz Edward G. Brown: "Somos os nossos piores ladrões de tempo. Apresentamos o mesmo comportamento dos viciados que afirmam ser capazes de parar na hora que quiserem. Eles estão em negação. E você?".

Muitas pessoas hoje em dia se sentem como Sísifo, tentando em vão rolar as suas pedras gigantes colina acima, por toda a eternidade, queixando-se de desperdício de energia, esforço e tempo. Tenho visto muito por aí que o roubo do tempo e as interrupções do trabalho são problemas graves.

O mundo do trabalho e o dia a dia estão mais turbinados, e muitas pessoas devem lidar de alguma forma tanto com o próprio trabalho quanto com as tarefas de ex-colegas que saíram ou foram demitidos. O tempo se tornou um bem precioso, que, em minha opinião, passa a ter mais valor a cada dia.

Todos nós precisamos entender e compreender que furtamos o tempo daqueles que nos rodeiam quando os interrompemos enquanto estão tentando realizar alguma tarefa. Dia desses eu estava em uma grande companhia falando exatamente sobre isso, e sugeri que colocassem uma plaquinha: "Estou trabalhando, não me atrapalhe".

Você já deve ter lidado com aquele indivíduo que chega até sua mesa de trabalho e, mesmo vendo que você está concentrado em alguma tarefa, faz sinais com as mãos indicando (sem nenhuma capacidade de Libras) que quer falar com você rapidinho; ele acredita que só porque não proferiu uma palavra sequer não o está atrapalhando.

Apesar de eu considerar uma situação gravíssima, a maior parte das pessoas entende que não pode fazer nada quanto aos que vivem furtando o seu tempo. Acreditam estar à mercê destes. Muitos dão de ombros e dizem: "São os outros que gerem o meu tempo, não eu". O fato é que essas interrupções são apenas a fase inicial do problema.

Creio que devemos ser capazes de controlar as interrupções, caso contrário, jamais estaremos no controle do nosso tempo. E se não conseguimos controlar o nosso tempo, então nossa vida estará simplesmente fora de controle.

Há muitas complicações que podem surgir em função de interrupções indevidas. Costumamos perder de forma bem significativa uma linha de raciocínio, portanto, quando somos interrompidos, temos de nos esforçar para retomar o ritmo de trabalho. Automaticamente, isso gera uma perda da dinâmica produtiva e queda da sinergia, e aí temos de começar tudo de novo.

Outra bucha pesada que pode ocorrer é o famoso retrabalho, pois a sequência de interrupções compromete o foco, resultando em erros. Você precisa, então, corrigir esses erros, o que consome mais tempo.

Por fim, interrupções constantes no dia a dia de trabalho ou nos afazeres (tarefas) geram uma manifestação angustiante que traz efeitos negativos, incluindo cansaço mental, irritabilidade, queda significativa na concentração, eficiência reduzida e, consequentemente, comprometimento da produtividade.

Mas, calma, pois nem tudo está perdido. Você pode tomar medidas produtivas para impedir as interrupções. Tente chegar a um acordo com os ladrões de tempo. Faça com que passem a cooperar com você e deixem de invadir os seus horários de expediente. Reconquiste o seu tempo conforme vai aprimorando as suas habilidades de gestão dos relacionamentos.

A melhoria na produtividade automaticamente aumenta a autoconfiança, a autoestima e a satisfação no trabalho; ademais, gera a gratidão de pessoas que estão ao seu redor. Quem não mede não gerencia.

Nesse sentido, quero convidá-lo a uma rápida reflexão e a uma pausa para pôr a mão na massa. Você precisa iniciar fazendo uma boa lista de tarefas críticas, e após estar com essas tarefas críticas concluídas, já perceberá uma pouco de ganho. Como sempre digo, você tem de perceber ganhos de produtividade comparando você com você mesmo e jamais com os outros. Sempre faça a você mesmo a seguinte pergunta: **comparando-me comigo mesmo, estou melhor agora do que ontem?**

Uma ideia importante aqui é agrupar tarefas repetidas e semelhantes para economizar tempo. Esse "processamento em lote" o ajudará a promover a dinâmica em suas tarefas. Lembra que falamos sobre o cronotipo? Então, talvez você produza melhor pela manhã, ou seja mais eficaz à tarde ou à noite. O fato é que você deve se condicionar e aprender a lidar com as tarefas mais exigentes quando estiver pronto para tal e possuir mais potência de ação. Para manter a organização e trabalhar de forma mais eficiente, vou resgatar aqui os famosos "W's". Faça o seu exercício agora, não deixe para depois, e planeje o seu trabalho aplicando o protocolo a seguir:

VOCÊ MERECE O MELHOR

O quê? – Defina o trabalho a ser feito.
_____
_____
_____

Como? – Descubra como fazê-lo.
_____
_____
_____

Quem? – Determine quem precisa ajudar você nesse trabalho.
_____
_____
_____

Quanto? – Liste e numere as diferentes tarefas que constituem o trabalho.
_____
_____
_____

Quando? – Crie datas e horários de início e fim. Lembre-se de que plano de ação que se preze deve ir para agenda.
_____
_____
_____

    Os planos são inúteis sem ação. Anote os passos que você deve dar na direção de seus objetivos e metas. Detalhe ao máximo os seus planos. Por exemplo: na segunda-feira, vou trabalhar das 8 às 9 horas; em B, das 9 às 10 horas; e, em C, das 10 às 11 horas. Planeje o resto dos dias da semana de forma semelhante. Deixe pequenos espaços para atender a demandas que podem surgir de forma urgente, compartilhe aquilo que você entende que pode ser compartilhado com seus colegas de trabalho (por exemplo), para que eles possam ajudar você quando necessário, e, se preferir, valide sua agenda com seu líder. Assim, ele saberá que você está se organizando melhor e irá respeitar isso.

Vivemos num mundo e numa cultura em que o nosso tempo é raramente nosso de verdade, em que o tempo de quietude é confundido com ociosidade, e as interrupções não são mais consideradas atitudes grosseiras ou causadoras de desarmonia. Para mim, há uma falta de percepção da realidade e uma falta de respeito das pessoas com elas mesmas e com os outros, afinal, cumprir agenda é uma questão prioritária.

Daniela Serban – Nossa, Zanutim, estou me sentindo superpressionada diante de tudo isso que abordou. Deixe-me respirar. Devo dizer que tenho meu plano de metas do ano, desdobrado em três submetas, como você cita em no seu livro *Como construir objetivos e metas tangíveis*,[32] o que realmente tem me ajudado a dar um direcionamento para o ano e a estabelecer na agenda atividades importantes, desde simplesmente comprar material didático para as crianças até viagens, *follow-up* de clientes, entre outras.

É muito precioso aproveitar os minutos de nossa vida, de preferência os que estão dentro da nossa meta, mas nem sempre isso significa um caminho reto e direto. Muitas vezes, o cuidado é entrar na "dança da vida", que não é nada objetivo nem linear, para conseguirmos chegar onde queremos e, o melhor, curtindo o caminho. Estarmos atentos a aprender durante o todo o percurso e desfrutarmos das pequenas conquistas nos supre com força e energia a cada passo dessa dança.

Sabe aquela frase que falamos para o marido: "Amor, pode ir passear com as crianças, pois estou muito cansada, vou tirar mais uma soneca e encontro vocês mais tarde"? Eu me respeito em minhas necessidades de mãe e mulher cansada, conto com a rede de apoio do meu marido, que se mostra compreensivo; assim, em outro momento, quando me sentir mais disposta, posso estar presente, com mais qualidade, para a minha família. Falarei mais à frente sobre a comunicação não violenta, que ilustra muito bem esse assunto.

---

32 Zanutim, op. cit.

Outro olhar para o autocuidado está nas atividades que, uma vez eliminadas de nossa vida, possam tornar esta mais produtiva. Será que precisamos ter um carro caro e pagar um alto custo envolvendo seguro, IPVA, gasolina, multas, licenciamento, manutenção, pedágios e estacionamentos, perdendo um tempão no trânsito, ou podemos andar em transporte de aplicativo, de táxi, e ainda trabalhar ou resolver assuntos cotidianos enquanto estamos nos deslocando?

Só conseguiremos ter uma troca de mais entrega para o mundo se repensarmos a forma como estamos vivendo e trabalhando, mudando as estratégias, simplificando nossa vida. Menos é mais. O conceito "minimalista" pode ajudar a exemplificar esse pensamento. Menos roupas, menos bens, menos ter – e mais ser! Ser uma pessoa melhor, ser mais altruísta para ajudar o outro de coração, para ouvi-lo com ouvidos atentos.

Claudio Zanutim – Sim, é fato. Então, quero introduzir outro tema e pôr mais lenha na fogueira. Pare de se recompensar com perda de tempo. O que você merece mesmo é ser aquela pessoa disputada, que tem boas receitas no final do mês e proporciona à sua família e a si mesmo o estilo de vida que lhes é apropriado. Não estou falando aqui de ter, mas, sim, de ser, pois quem me conhece, como você, sabe que eu não tenho carro, nem casa, nem sítio, nem apartamento na praia.

Você merece ter o corpo que sonha e uma saúde de ferro. Merece sentir prazer por meio dos seus exercícios físicos que, consequentemente, afloram seus hormônios neurais naturais, como a endorfina, por exemplo. Merece ter uma noite de sono, evitar a insônia, o estresse e até mesmo a ansiedade porque tem buscado o bem-estar praticando outro estilo de vida. Tudo isso porque você otimizou seu tempo eliminando o "papo furado", por exemplo, e agora encontra tempo suficiente para realizar tais práticas. Você merece viver livre da depressão e do pensamento acelerado. Essa, sim, é a recompensa que você deve procurar!

No fim, **tudo está ligado ao gerenciamento do seu tempo com mudança de comportamento efetivo**. Aquelas velhas desculpinhas, do tipo "eu não tenho tempo", não podem mais acompanhar você, que merece ser livre dessa crença limitante.

William Jennings Bryan (1860-1925), ex-secretário de Estado dos Estados Unidos, disse certa vez: "O destino não é uma questão de sorte, é uma questão de escolha; não é algo a se esperar, é algo a se conquistar".

Daniela Serban – Zanutim, isso é bem especial porque, nesse espaço de merecimento, nós nos permitimos fazer mais, experimentar mais, ousar mais e acreditar mais, e, assim, ter novas conquistas onde não imaginávamos alcançar.

Quantas vezes pensamos em não realizar alguma atividade por uma série de medos, e quando realizamos, pensamos: "Nossa, era tão simples, não imaginava!". Trata-se de mudar a mentalidade. Vá lá e faça!

Isso lembra a história de uma grande amiga. Casada e com dois filhos, estava vivendo uma situação financeira muito difícil no Brasil havia anos. O casal sempre quis morar fora, mas a ambição limitou-se ao âmbito das ideias por muito tempo. A situação foi piorando e, então, eles decidiram mudar para os Estados Unidos.

Recentemente pude falar com ela, que me contou, após um ano no país: "Nossa, nem acredito que já estamos tão adaptados! Estou até ensinando aos novos imigrantes os processos do país. Tínhamos tantos medos e conseguimos nos adaptar tão bem!".

Para conquistar, precisamos nos permitir acreditar que é possível. Mudança de *mindset*. Reprogramar as crenças limitantes que aparecem nas nossas mentes e que nos boicotam, muitas vezes sem que percebamos.

O nadador norte-americano Michael Phelps, um dos maiores medalhistas olímpicos, teve de superar várias vezes a depressão e pôde encerrar sua carreira em grande estilo. A Associação Fernanda Bianchini – Cia. Ballet de Cegos, que conta hoje com mais de 300 alunos, faz muito sucesso, tendo se apresentado em vários locais do mundo. Com metodologia diferenciada, a instituição realiza o sonho de várias bailarinos deficientes visuais que nunca imaginaram que poderiam dançar maravilhosamente bem sem enxergar com os olhos, mas enxergando com a alma. Simplesmente incrível!

Agora, finalizamos este capítulo, Zanutim e caro leitor, com o seguinte pensamento de Marianne Williamson, muitas vezes atribuído a Nelson Mandela:

Nosso maior medo não é o de sermos inadequados.
Nosso maior medo é o de sermos poderosos além da conta.

É nossa luz, não nossas trevas, que nos amedronta.
Você é um filho de Deus.
Sua pretensa humildade não contribuirá para o mundo.

Não há nada de iluminado em se encolher para que
as outras pessoas não se sintam inseguras perto de você.

Nascemos para manifestar a glória de Deus que está dentro de nós.
Não apenas em algum de nós, mas em todas as pessoas.

E, ao deixarmos nossa própria luz brilhar,
inconscientemente damos aos outros a mesma permissão.

E também com este outro pensamento: "Quando nos libertamos do nosso medo, nossa presença automaticamente liberta os outros".

Claudio Zanutim – Isso, Dani, como costumo dizer, não sou quem eu gostaria de ser e, mais ainda, não sou mais quem eu era antes. As pessoas ficam presas a modelos mentais fixos e com crenças limitantes, distanciando-se da capacidade de aprender, de enfrentar os desafios, de encarar os obstáculos e de se esforçar para alcançar a excelência. Tenho visto por aí muito mais *mimimi* do que coragem efetiva para agir de forma triunfal diante dos percalços da vida.

DICAS DOS AUTORES

Livro

- *168 Hours: You Have More Time Than You Think* – Laura Vanderkam.

Filmes

- *Mulher Maravilha* (2017) – Direção: Patty Jenkins. Com Gal Gadot, Chris Pine.
- *O preço do amanhã* (2011) – Direção: Andrew Niccol. Com Justin Timberlake, Olivia Wilde.

Vídeo

- *Inside the Mind of a Master Procrastinator* (2016) – Canal TED no YouTube. Com Tim Urban. Disponível em:

www.youtube.com/watch?v=arj7oStGLkU

Ferramenta

- Tabela da metodologia 5W2H:

O que será feito?	Quando será feito?	Onde será feito?	Por que será feito?	Quem fará?	Como será feito?	Quanto custará para fazer?

CAPÍTULO 7

UM ANO PELA FRENTE

O resultado foi que os homens, desde cedo, ao experienciarem a ação do tempo, foram levados a buscar explicações que dessem sentido a essa experiência, sem que, todavia, o enigma do tempo fosse decifrado ou ficasse de todo resolvido.

IVAN DOMINGUEZ

Claudio Zanutim – Este capítulo começa com o título "Um ano pela frente", pois minhas provocações são para um ano a partir de agora. Mais 365 dias pela frente se você decidir mudar. O futuro é construído no presente. O futuro é algo ou um lugar que não existe. O futuro é, para mim, do gerúndio: ele vai estar acontecendo.

O tempo é tão incrível que o parágrafo que você acabou de ler já faz parte do seu passado. Presente é o que você está lendo agora e futuro já está acontecendo conforme sua leitura anda e seus olhos correm os capítulos deste livro.

Você faz parte daquele grupo de pessoas que deixa tudo para a última hora? O final do ano chegou, e lá estava você correndo dentro do supermercado atrás dos ingredientes da sua ceia, percorrendo as lojas que estavam quase fechando em busca dos presentes e atrasado com o preparo dos pratos? Só ajudando a aumentar as estatísticas de que as pessoas sempre deixam essas coisas para o último momento?

Segundo levantamento da CNDL e SPC Brasil em 2019, cerca de 13,2 milhões de brasileiros deixam para comprar na reta final.

Assim como a Dona Florinda, que quase estava indo para Acapulco de avental e só se lembrou de tirá-lo quando estava no meio do pátio carregando as malas, você também se enquadra no maldito mantra popular *o povo brasileiro faz tudo no último momento*? Se sua resposta for sim, talvez ou quem sabe, tenho uma boa notícia para você: isso não é tão ruim como se pensa!

Um estudo baseado na neurologia mostrou que, quando o assunto é deixar para a última hora, **nem tudo se trata de pouco caso**, desinteresse ou procrastinação. Contrariando o "modo politicamente correto" e seus termos, existem inúmeras pessoas que se sentem excitadas com a falta de tempo e, devido a isso, produzem mais e melhor na última hora.

Uau! Talvez você esteja chocado, não é mesmo? Mas, de fato, o jeitinho brasileiro não é tão vilão assim. Estudos mostram que a falta de tempo, para algumas pessoas, estimula o aumento da **liberação de noradrenalina**, um hormônio e também um neurotransmissor do sistema nervoso simpático, responsável por diversas funções no organismo. Sua função primordial é preparar o corpo para uma determinada ação. Por isso, é conhecida como uma substância de "luta ou fuga", possibilitando que o organismo tenha uma resposta rápida às situações de emergência.

Isso explica por que muitas pessoas se dão bem nas provas, mesmo estudando apenas na véspera do concurso, por exemplo. Desvenda como elas obtêm sucesso em relatórios elaborados em cima da hora ou esclarece como os comércios atingem seus maiores lucros em dias mais atípicos, como o 1º de janeiro. Afinal de contas, quem está certo? A formiga, que se prepara para o inverno e estoca seu alimento com antecedência, ou a cigarra saltitante, que não tem preocupação alguma com o futuro?

Não existe certo ou errado. O que existe são organismos e perfis diferenciados! Vamos acabar com essa história de culpa? Você achou que eu demorei muito para falar essa frase? Ora, sejamos sensatos... Você sabe quando está procrastinando porque tem medo de mudanças, não quer sair da zona de conforto ou porque deseja se recompensar com o descanso além do normal, por exemplo.

Então, se você é o tipo de pessoa que funciona na última hora, ok. É por sua conta e risco, contanto que você realize suas metas com qualidade! Não estou orientando uma pessoa que tem dificuldades de execução, organização e realização a deixar suas tarefas para a última hora e a contar apenas com a sorte de conseguir os resultados que se espera. Nada disso. Nesse caso, nada melhor que o bom e velho método da "formiga", que trabalha com antecedência.

Se, porém, você é uma pessoa que tem um relatório para entregar na segunda-feira e hoje ainda é quarta-feira, e você vai adiando por ainda haver alguns dias pela frente, e só começa a se mexer no domingo à noite porque sente a adrenalina pela proximidade do prazo, sabe que estou falando com você. Logo, seu comportamento de deixar tudo para a última hora não cabe no modelo de irresponsabilidade, desorganização ou protelação como intitulam por aí. Tire esse peso sobre seus ombros agora mesmo.

A liberação de noradrenalina para as pessoas desse perfil "da última hora" serve como um remédio no momento de executar. Acompanhe aqui numa explicação mais detalhada: a noradrenalina, também denominada de norepinefrina, é uma das monoaminas que mais influenciam o humor. Ela é responsável por diversas funções no corpo, com as quais se relaciona, todavia, sua função crucial é **preparar o corpo para uma suposta ação**. Por esse motivo, é conhecida como um elemento de "luta ou fuga".

O interessante é que, nos momentos de emoções fortes, surpresa ou alto estresse, o organismo libera a noradrenalina, quando, então, esse hormônio desencadeia uma série de reações de adrenalina por todo o corpo, fazendo a pessoa, no caso, reagir no calor do momento com mais produtividade. A noradrenalina liberada em grandes quantidades proporciona sensação de bem-estar, aquela mesma que leva o indivíduo a rir de seus resultados após constatar que deu tudo certo, mesmo na última hora. É como pular de *bungee jumping*. Você funciona assim?

Somente quem vive essa emoção de conseguir atingir as metas de vendas nos 45 minutos do segundo tempo sabe que essa proeza não é para qualquer um. Por isso, meu caro, não tente isso em casa. Por outro lado... Se você, assim como eu, na busca de ser um profissional extraordinário, produtivo e de alto impacto, precisa se organizar com antecedência, bem-vindo! Nós estamos no mesmo barco. E, me conhecendo, eu adoro quando vem uma dose alta de noradrenalina!

Temos um **ano à frente**. Que tal planejarmos as metas, organizarmos a rotina e gerenciarmos o tempo para o atingimento das nossas metas **de forma mais efetiva e com excelência**? Não tem problema se você é semelhante à formiga, que trabalha com antecedência, ou mais parecido com a cigarra, que deixa tudo para a última hora. **Importante é planejar** seu ano e se sentir "no controle" de sua própria vida.

A esta altura, certamente você já aprendeu muito sobre como evitar e eliminar o desperdício de tempo e entendeu que sim, é possível ser um campeão em produtividade, manter o equilíbrio entre o sucesso na carreira, a diversão e o descanso.

Daniela Serban – Agora, com essa informação, você já saiu do piloto automático, então, quando se deparar com essa situação, já terá consciência e poderá escolher entre planejar-se, organizar-se para alcançar seus objetivos ou deixar para sentir as emoções (e riscos) dos últimos minutos.

Nesse aspecto, Zanutim, algo revelador que vivencio atualmente é, incluindo o planejamento e a definição de metas na minha vida (o que é bem desafiador para uma pessoa que confia muito na própria habilidade de equilibrar vários pratinhos ao mesmo tempo), a sensação de ter mais tempo livre, menos desencontros na minha agenda e na dos meus filhos, e a alegria da conquista de alcançar metas, por mais simples que possam parecer. Por exemplo, incluí na minha agenda que todas as segundas-feiras à noite seriam dedicadas à escrita deste livro.

Funcionou 100% em todas as segundas? Não. Em muitas delas, sim, porém, em algumas ocasiões, tive de fazer ajustes. Isso prova que é muito importante planejar, pois é o primeiro passo para a execução.

Valeu? Demais! Está valendo e valerá!

Além da questão hormonal que você descreve para nós, há a explicação dos estilos comportamentais de cada pessoa, decorrentes dos desafios diários e do planejamento de vida. Alguns inventários de traços de personalidade e de comportamento explicam isso, como, por exemplo, o Disc, o Big Five e o MBTI.

As pessoas que têm uma característica natural para se planejar prezam muito evitar riscos e erros, têm tendência a pensar mais nas consequências de suas ações e, com isso, desenvolvem suas atividades com antecedência e, certamente, aumentam suas chances de sucesso!

Pessoas com foco em relacionamento interpessoal apresentam a tendência a deixar as atividades para a última hora, primeiro porque não costumam ser focadas na ação e, depois, porque têm menos medo de errar e tendem a ser otimistas... Costumam acreditar que, "no final, dá certo!".

Assim sendo, como todo processo de tomada de decisão suscita escolhas e consequências, vamos pensar qual deles lhe será mais útil. Afinal de contas, podemos escolher ser o nosso melhor amigo.

Claudio Zanutim – Agora, vamos ao que interessa... Temos 365 dias à frente para **ser** e **realizar** tudo aquilo que ansiamos. Não é fantástico? Pensar sempre para a frente e não de forma "calendárica" é um desafio. As pessoas sempre querem produtividade de 1º de janeiro a 31 de dezembro. Quero, porém, encorajar você a pensar um pouco diferente.

Para começar seu ano (que pode ser agora, por exemplo) com o pé direito, deixarei três exercícios para você trabalhar o planejamento, organizar sua rotina e gerenciar seu tempo, porque, **se você não tiver uma medição, também não terá uma gestão!**

Quer seja uma formiga, quer seja uma cigarra, você precisa medir o seu tempo. Cuidar do que lhe é precioso, assim como as pessoas de sucesso fazem. Chegou a hora de realçar e aproveitar ao máximo cada minuto que você tem para o atingimento de suas metas. Não se trata de receitas prontas, mas de empenho. E aí, vamos pescar com a vara que você tem nas mãos?

(1) Separe, então, um tempo ininterrupto para planejar os próximos 365 dias.

Planejar seu ano é um bom hábito e não necessariamente tem de ocorrer no dia 31 de dezembro ou no dia 1º de janeiro. Isso o ajuda a identificar seus sucessos e a perceber quanta coisa pode acontecer em apenas um ano. Gaste tempo com você, se é que eu posso mesmo utilizar o termo "gastar". **Invista** tempo em você! Não importa em que época do ano vai começar. Comece agora!

Se abrir mão daquela série que vem acompanhando só por hoje, você terá um tempo de sobra para planejar seu próximo ano. Essa atitude trará mais resultados do que imagina. Quem disse que o dia mundial da reflexão é 31 de dezembro se enganou!

Tem mais: a maioria das pessoas acredita no "fazejamento" e têm uma falsa percepção, ou uma crença limitante, de que este tempo não serve para nada. Então, muito cuidado! Investir tempo em você para planejar é essencial.

Daniela Serban – Sobre esse assunto acho que vale fazermos uma reflexão.

Olhar para a elaboração e o cumprimento das metas não com a sensação de que está faltando algo ou de que estamos "devendo" para nós mesmos, ou que é algo distante e não tão fácil de ser alcançado, e sim comemorando cada pequena conquista, aproveitando essa caminhada até o alcance de nossos sonhos, que, com data marcada, viram metas.

Já dizia Paulo Freire: "Ninguém caminha sem aprender a caminhar, sem aprender a fazer o caminho caminhando, refazendo e retocando o sonho pelo qual se pôs a caminhar".

Sinceramente, antes de iniciar a escrita deste livro, havia muitos anos, quiçá décadas, que eu não praticava o planejamento. Achava bom para os outros, mas, para mim, tinha a percepção de perda da liberdade de escolha do que eu faço com meu tempo. Ledo engano. Com a evolução do livro, reintroduzi essa prática, com três planejamentos: anual, semanal e diário. Outra vida!

Sabendo o que é importante (planejamento anual), eu consigo me organizar para incluir pequenas atividades ao dia a dia na agenda. Caminho, devagar, sem pressa, mas na direção de meu propósito, meus valores e meus objetivos. E pasme: sobra muito mais tempo e vida com qualidade! Ufa! Que alívio!

Claudio Zanutim – (2) Separe pelo menos 1 hora de seu tempo para analisar o último ano, ou seja, os 365 dias que se passaram até agora.

Pegue sua agenda do ano passado e analise página por página. Observe quanto tempo, dos seus 1.440 minutos de vida por dia, você desperdiçou com reuniões desnecessárias. Quantas informações poderiam ser resolvidas com um *e-mail*. Quantas reuniões poderiam ter sido feitas via Zoom ou Skype. Quais as atividades mais irrelevantes que você executou enquanto outras tinham prioridade?

Um grande amigo, esses dias, enviou-me uma fotografia de seu *dashboard* (controle de seu tempo) mostrando perceber rapidamente as vantagens, os impactos e os benefícios de medir dessa forma. Ele percebeu que havia gastado um tempo demasiado em trânsito e também em treinamentos que ministrou e dos quais participou.

Quais foram os aspectos mais decisivos para você nas áreas a seguir? Lembra-se dessa reflexão? Você já a fez.

- Trabalho
- Contas pessoais
- Família
- Saúde
- Lazer e diversão
- Aperfeiçoamento pessoal
- Planejamento de vida
- Relacionamentos
- Espiritualidade
- Preocupações

Quais acontecimentos foram os mais importantes? Faça um breve resumo. A intenção deste exercício é trazer uma reflexão sobre o que não foi tão significativo ou importante no passado, para evitá-los, e os acertos e pontos fortes para ajustá-los e repeti-los.

_____
_____
_____

Daniela Serban – Algo interessante em se fazer essa análise do ano que se passou é, além de identificar onde alocou seu tempo de vida, onde o desperdiçou, o que poderia ter feito diferente, perceber os ganhos e conquistas que obteve e o quanto deu conta do recado! Você irá se surpreender, acredite!

No que diz respeito às preocupações, elas podem ser explicadas como "sofrimento por antecedência". Normalmente são pensamentos criados pela mente, decorrentes de medos, angústias e inseguranças nossas, que gastam energia e, com frequência, na prática, nada do que pensamos acontece.

Perguntas como "Será que terei dinheiro para pagar as contas dos meus filhos?", "Será que a família do meu parceiro vai gostar de mim?" ou "Será que me desempenhei bem naquela reunião?" se enquadram nessa seara. Algumas relacionadas ao futuro, outras, ao passado. Isso gera estresse, que descarrega hormônios como adrenalina e cortisol no corpo, acionados pelo mecanismo de "luta ou fuga". Esses hormônios no corpo nos debilitam, baixam a imunidade, tornando-nos mais suscetíveis a doenças.

No Brasil, a International Stress Management Association (ISMA-BR) realizou uma pesquisa com profissionais das áreas de finanças, indústria e saúde de São Paulo e Porto Alegre, e identificou que 69% dos respondentes apontaram que o estresse e o excesso de preocupações no trabalho são a causa que mais afeta sua qualidade de vida.

Nesse caso, vale dar um passo para ampliar a nossa consciência. De suas preocupações, o que pode ser resolvido, pensando em futuro, transforme em planejamento + disciplina + ações. O que não estiver em seu escopo para resolução não adianta ficar "pré-ocupando" sua mente. O que passou, passou. Não conseguimos voltar no tempo. Somente no filme *Click*, de Adam Sandler. O que está por vir e não está no seu controle, entregue a quem possa ajudar a resolver. Pode ser uma pessoa, uma entidade espiritual, religiosa, Deus...

Portanto, vamos mudar isso agora mesmo?

Claudio Zanutim – (3) Sonhe alto.

Chegamos ao momento de cortar o "bolo da festa". Eu diria que este exercício é o melhor dos três. Após reviver um pouco sua agenda do ano que passou, chega de olhar para trás, afinal, não queremos virar uma estátua de sal, não é mesmo?

É a hora de listar como será o ano que está à sua frente. O que pode acontecer se tudo correr como esperado? Por que ele será ótimo? Que tal utilizar a planilha de rotinas para listar o ano? Escreva, desenhe, livre-se de suas expectativas equivocadas e se permita sonhar!

Jorge Paulo Lemann disse certa vez, em uma palestra no Insper, que sonhar grande dá o mesmo trabalho que sonhar pequeno.

Exatamente! Sonhar é de graça, e todos nós podemos fazê-lo. Quero terminar este capítulo com muita energia boa e acreditando que seu novo ano, este que começa agora, será de grandes realizações.

Pensamento positivo não muda nada. O que muda algo, de fato, são afirmações positivas diárias diante de um plano de ação bem elaborado, estruturado, aplicado e revisado. Nesse sentido, quero encorajá-lo a parar agora e preencher o quadro abaixo.

Como foram meus últimos 365 dias	Como serão os meus próximos 365 dias	Meus sonhos
Liste pontos ou palavras-chave marcantes e importantes	Liste pontos ou palavras-chave marcantes e importantes	Escreva-os em forma de verbos para que possam virar planos de ação

Tabela 12 – 365 dias passados e futuros

Muito bem. Feita a reflexão, é hora de pôr algumas ações em prática. Então, *o que* você irá fazer, *como* irá fazer e *quando* irá fazer?

Só para não deixar passar batido, escreva pelo menos duas ações que pretende realizar nos quatro quadrantes que compõem a matriz. Isso é muito importante porque, depois, essas ações poderão integrar seu plano de ação, e você poderá começar a trabalhar seu processo de mudança para uma vida produtiva e integral.

Importante aqui: seja muito sincero com você mesmo.

Começar a fazer	**Parar de fazer**
Continuar fazendo	**Gerenciar o que estou fazendo**

Tabela 13 – Matriz de resultados

UM ANO PELA FRENTE

DICAS DOS AUTORES

Livro
- *Você é do tamanho dos seus sonhos* – César Souza.

Filme
- *Lucy* (2014) – Direção: Luc Besson. Com Scarlett Johansson, Morgan Freeman.

Ferramentas
- Disc – Teste de personalidade. Só acessar o *link* ou *QR Code* para adquirir seu inventário:
disc.claudiozanutim.com.br

- MBTI – Teste de personalidade.
- Big Five – Medidas de personalidade.

CAPÍTULO 8
O TEMPO E A ÂNSIA POR RESULTADOS

"Quer ser uma pessoa mais produtiva? Então, olhe para o seu jardim, seja melhor do que você mesma hoje em relação a ontem"

CLAUDIO ZANUTIM

Claudio Zanutim – Gostaríamos de saber: *você já tomou uma atitude? Já fez a sua agenda? Já tem um plano para fazer afirmações positivas diárias? Fez o plano do final do Capítulo 7?*

Vou utilizar o texto que coloquei na introdução novamente, de Roberto Pompeu de Toledo, poeta e pensador, que, em seus devaneios sobre o tempo, disse:

> Quem teve a ideia de cortar o tempo em fatias, a que se deu o nome de ano, foi um indivíduo genial.
>
> Industrializou a esperança, fazendo-a funcionar no limite da exaustão. Doze meses dão para qualquer ser humano se cansar e entregar os pontos.
>
> Aí entra o milagre da renovação e tudo começa outra vez, com outro número e outra vontade de acreditar que daqui para diante tudo vai ser diferente.

Não sei como foram sua(s) resposta(s) diante da pergunta de abertura do capítulo, mas, antes de continuar sua leitura, quero convidá-lo a investir um tempo em autoconhecimento, fazendo este teste que se inicia agora.

Na Tabela 14, você deverá simplesmente concordar ou discordar da afirmativa, marcando um X no que lhe for correto afirmar.

Afirmativas	Concordo	Discordo
1. Tenho muita dificuldade de planejar meu dia de amanhã.		
2. Quando meu dia é sem desafios, acho ruim.		
3. Vivo empurrando tarefas importantes com a barriga.		
4. Falo demais e ouço pouco; não consigo sintetizar.		
5. Confio muito pouco em minhas decisões tomadas.		
6. O meu dia a dia é sempre perfeito.		
7. Delegar é um grande problema para mim; acho complicado demais, então, prefiro eu mesmo fazer.		
8. Tendo a atender a demandas das pessoas sem questioná-las.		
9. Eu mesmo atendo às ligações telefônicas fixas.		

O TEMPO E A ÂNSIA POR RESULTADOS

Afirmativas	Concordo	Discordo
10. Estou sempre disponível para atender a demandas de outras pessoas.		
11. Toda tarefa é importante para mim.		
12. Gosto de eliminar minhas tarefas rotineiras logo cedo pela manhã.		
13. Gosto que tudo saia perfeito em minhas tarefas.		
14. Parar para planejar a vida é um desperdício de tempo.		
15. Acredito que planejamento não sirva, tampouco que resolva meus problemas com tempo.		
16. Passo boa parte do meu dia apagando incêndios.		
17. Minhas áreas de trabalho são sempre uma bagunça.		
18. Sou bem detalhista para dar explicações e informações.		
19. Eu me arrisco pouco diante de um desafio muito grande e transfiro a tomada de decisão.		
20. Problemas futuros podem ser evitados se eu investir tempo na solução antecipada.		
21. Tarefas de alta complexidade eu mesmo faço.		
22. Dizer "não" revela uma indisponibilidade de minha parte.		
23. Sou conduzido em minhas tarefas do dia a dia pelo telefone.		
24. Na maioria das vezes, executo tarefas que não são minhas.		
25. Sei distinguir entre o importante e o urgente em meu dia a dia.		
26. Desconheço meu cronotipo e em quais momentos sou mais produtivo.		
27. Gosto de responder a e-mails que estejam muito bem escritos.		
28. Creio mais no destino do que em planejamento.		
29. Por mais que eu planeje minhas tarefas, sempre ficam coisas por fazer.		
30. Estou sempre apagando incêndios.		
31. Estou com a memória fraca.		

Afirmativas	Concordo	Discordo
32. Demoro na tomada de decisão, pois passo muito tempo refletindo antes.		
33. As causas dos problemas para mim são, na maioria das vezes, indefinidas.		
34. Meu tempo não é bem utilizado.		
35. Nunca nego um pedido de ajuda de alguém diante de uma tarefa.		
36. Não gosto de confirmar reunião; se está na agenda, está e pronto.		
37. Tenho mais tarefas a fazer do que gostaria.		
38. Sempre falta tempo para cumprir minhas prioridades.		
39. Deixo tarefas complexas para o final do dia.		
40. Vivo revendo tarefas antes de finalizar a entrega.		
41. Tenho como mantra a frase de Zeca Pagodinho: "Deixa a vida me levar".		
42. Planejar tarefas com antecedência não é meu forte.		
43. Para mim, o dia a dia de trabalho é imprevisível.		
44. Sou multitarefa, tudo ao mesmo tempo aqui e agora.		
45. Minhas ideias não são muito claras para os outros.		
46. Diante de uma decisão difícil, eu cago para os riscos.		
47. Para mim, o tempo é o melhor remédio.		
48. Para mim, somente as pessoas experientes têm capacidade de entregar tarefas.		
49. Nunca estou ocupado, sempre atendo a todos prontamente.		
50. Meus amigos sempre me dizem que eu não atendo ao telefone.		
51. Levar trabalho para casa faz parte do dia a dia.		
52. Não mando em porra nenhuma, sempre me mandam fazer as coisas.		
53. De dia tenho de trabalhar e de noite tenho de descansar.		

O TEMPO E A ÂNSIA POR RESULTADOS

Afirmativas	Concordo	Discordo
54. Sempre prefiro ter o controle para as tarefas não saírem erradas.		
55. Para mim, o mundo é Vuca (Volátil-Incerto-Complexo-Ambíguo), então para que planejar?		
56. Compromissos com datas muitos distantes não são para a minha agenda.		
57. Encaro os conflitos de frente no meu dia a dia.		
58. Lugar certo para guardar as coisas não é para mim.		
59. As pessoas têm mania de rever meus textos, informações e explicações.		
60. Para mim, se a decisão é lá no futuro, é longe demais.		
61. Creio que as pessoas são muito focadas nos problemas.		
62. Creio que, se eu delegar minhas tarefas, corro o risco de ficar obsoleto.		
63. Creio que tenho de estar disponível para as pessoas o tempo todo.		
64. Telefone, para mim, é comunicação do passado, mais atrapalha do que ajuda.		
65. Quando as pessoas estão sobrecarregadas, eu tenho de ajudar.		
66. Falta-me clareza sobre os meus objetivos de vida.		
67. Hora do almoço é para comer muito e não para se alimentar.		
68. Gosto de ter o controle sobre as tarefas para mostrar que só eu sei fazer.		
69. O futuro não está em minhas mãos, seja o que Deus quiser.		
70. Costumo não medir o tempo de minhas tarefas.		
71. Para mim, um bom profissional sabe resolver problemas em cima da hora.		
72. Falta-me foco no dia a dia de tarefas.		
73. Ser introvertido atrapalha a execução das tarefas.		
74. Este negócio de tomar decisões a todo momento não é para mim		

1.440 MINUTOS • CAPÍTULO 8

Afirmativas	Concordo	Discordo
75. No meu dia a dia, sempre vão surgir problemas sem solução, então não creio em planejamento.		
76. As coisas que amo fazer, eu não delego para ninguém.		
77. Em meu dia a dia, topo fazer qualquer coisa.		
78. Para mim, um e-mail vale mais que uma ligação.		
79. As pessoas que estão ao meu redor sempre estão mais folgadas do que eu.		
80. Não gosto de estabelecer prazos fixos para minhas tarefas.		
81. Para mim, em qualquer dia e hora podem ser marcadas uma reunião.		
82. Meu nível de exigência é alto comigo e com todos.		
83. Traçar objetivos e metas não é uma tarefa para mim.		
84. Traçar objetivos e metas não é uma tarefa para mim.		

Tabela 14 – Concordo/Não concordo

Espero que você tenha chegado bem até aqui e que tenha dedicado um tempo significativo à leitura e ao entendimento de cada afirmativa para assinalar o que lhe foi mais conveniente.

Na Tabela 15, você deverá simplesmente circular os números correspondentes às afirmativas assinaladas como *concordo* que preencheu na Tabela 14 e somente elas, e depois somá-las em cada linha em separado para, então, poder verificar os itens que são mais representativos para você.

Por exemplo, se você assinalou no item I os números 29 e 57 e no item II os números 2, 30, 44, e 72, você terá de somar dois na linha I e quatro na linha 2. E, assim, sucessivamente.

Uma dica aqui é iniciar sua leitura pelos itens com maior significância. Claro que poderá ler todos, afinal, tudo é relevante, mas os itens com maior soma serão seus principais pontos de atenção se quiser melhorar. E outra coisa, coloque em seu PDI, no final, ações voltadas aos pontos mais importantes para que você mantenha o foco, seja mais assertivo e produtivo.

O TEMPO E A ÂNSIA POR RESULTADOS

						Quantidade de respostas *concordo*	
I	1	15	29	43	57	71	Você é uma pessoa de planejamento?
II	2	16	30	44	58	72	Controle por conflitos.
III	3	17	31	45	59	73	Desordem na administração do interesse.
IV	4	18	32	46	60	74	Comunicar-se de forma violenta.
V	5	19	33	47	61	75	Dúvida.
VI	6	20	34	48	62	76	Ausência de visão abrangente.
VII	7	21	35	49	63	77	Delegar.
VIII	8	22	36	50	64	78	Não saber dizer "não".
IX	9	23	37	51	65	79	Não saber usar os canais de comunicação.
X	10	24	38	52	66	80	Delegar incorretamente.
XI	11	25	39	53	67	81	Não estipula prioridade.
XII	12	26	40	54	68	82	Desconhece sua predisposição natural.
XIII	13	27	41	55	69	83	O perfeitinho.
XIV	14	28	42	56	70	84	Sem ambição, objetivos e metas atingíveis.

Tabela 15 – Pontuação para concordo/não concordo

Agora que já terminou a tarefa de relacionar e definir a quantidade de afirmativas em que assinalou *concordo*, comece sua leitura pelas definições que deram numerações maiores. Por exemplo: em cada linha, você tem seis afirmativas, portanto, se houver alguma com seis círculos, será por ela que iniciará; se houver com cinco, será por esta, e assim consecutivamente.

Muito bem! Agora você poderá ver onde está investindo seu tempo e de que forma.

I. Você é uma pessoa de planejamento?

Você já percebeu que planejar, programar e definir é uma conduta de respeito para com os indivíduos que dependem ou são influenciados por você na hora de atingirem seus objetivos e metas?

Lembro-me de quando comecei a correr. Não demorou muito para pelo menos mais três amigos e dois familiares se interessarem por corrida e atingirem a meta de 5 quilômetros e, depois, de 10. Acredite: tem sempre alguém se espelhando ou dependendo do seu desempenho e planejamento para também alcançar suas metas.

Sun Tzu, general, estrategista e filósofo chinês, disse: "Aquele que não realiza planejamento algum terá chances nulas de vitória".

O que **planejar** representa?

- Construir e organizar o plano.
- Estabelecer direções e definir alternativas para atingir os objetivos.
- Escolher qual caminho percorrer.
- Estipular prazos para alcançá-los.
- Antever os obstáculos possíveis.

Se você é uma pessoa que sempre teve o costume de deixar a vida entregue à própria sorte, sem planejar ou programar sua rotina, sem administrar o seu tempo e lidar com suas obrigações e responsabilidades, pode parecer bastante complexo inicialmente, entretanto, é mais simples do que imagina.

O primeiro passo é começar a planejar, a focar nas pequenas coisas, como o dia seguinte, por exemplo. Produza o hábito de fazer isso diariamente, comparando os resultados alcançados, o que é uma maneira bastante clara de analisar *como* e *onde* o seu tempo está sendo investido. Se antes você era habituado a planejar mal, agora você deve desabituar-se, dando espaço para o novo!

Busque programar a semana como um todo. Planeje as prioridades. Ao planejar, tenha bastante cuidado, porque o excesso de planejamento é tão prejudicial quanto a sua falta. Como disse o artista Wesley D'Amico: "Fazer planos é bom, mas viver o momento é melhor".

Contudo, não podemos cair no extremo, logo, o aconselhável é programar apenas 80% do seu tempo, deixando como reserva 20% para as coisas inesperadas que, se surgirem, não criarão uma crise nem provocarão adiamentos, problemas ou até mesmo ansiedade ou culpa por você ter procrastinado, evitando, também, o desrespeito com as outras pessoas que esperam ou dependem de você para cumprirem seus objetivos, como vimos.

Essa fatia de 20% do tempo também pode ser utilizada para "não fazer nada", ou seja, para os que gostam do lema "gastar o tempo não fazendo nada", esse é o momento. Sem culpa, sem dor e sem perdas.

Enquanto você constrói o planejamento de suas atividades, busque dar resposta a alguns dilemas importantes:

– Será que o planejamento é viável e realista?
– Quais são os impedimentos para que eu faça o que planejei?
– *Para quem* e *por que* permitirei interrupções e interferências?
– Caso seja preciso, saberei dizer não?
– Respeito minhas prioridades?

II. Controle por conflitos

A gestão por crise também pode ser denominada de (1) antiplanejamento e (2) antigestão. Quando se realiza uma programação sistemática das análises de seus motivos, as crises poderão ser evitadas, colaborando também para isso a implantação de medidas preventivas. Inclusive, como afirma o ditado popular, "prevenir é melhor do que remediar". Inúmeros executivos pagam um preço alto pelas crises que geram, sendo as causas mais comuns da gestão por crise:

– Falta de programação.
– Exagero ou inflexibilidade de planejamento.
– Procrastinação na tomada de decisão.
– Reações em excesso.
– Apuração errada de tempo.
– Resistência em receber notícias ou informações ruins sobre problemas.

– Ignorar possíveis consequências negativas de uma decisão.
– Ausência de planos temporários.

Para quem não sabe, a pessoa que gerencia influenciada pela crise está sujeita ao estresse, ao desgaste e à ansiedade constante, por isso é uma forte candidata a infarto, problemas circulatórios, hipertensão etc.

III. Desordem na administração do interesse

A desordem pessoal e a ausência de autodisciplina são meios que as pessoas usam para se autossabotar e não atingir seus objetivos. Sigmund Freud, inclusive, mencionou essa autossabotagem em seu artigo "Arruinados pelo êxito".

Todo processo de gestão do tempo se debruça e se inicia com a autodisciplina, isto é, o exercício do poder que cada um de nós tem sobre si mesmo. Não existe outra forma! O principal sinal dessas características é deixar tarefas inacabadas. Aliás, não terminar as tarefas (ou sequer começá-las), além de gerar frustração e sentimento de culpa, acaba constituindo um desperdiçador de tempo. Deixar tarefas inacabadas é quase uma doença que nos rouba coisas boas da vida.

Quem não termina o que iniciou acaba por gastar o tempo sem obter o resultado desejado. Outra consequência negativa de retomar o que se iniciou depois de algum tempo é ter de se educar novamente no que estava fazendo, buscar a paixão do início, rever o que já foi feito, encontrar o fio da meada, ordenar suas ideias outra vez, até deslanchar novamente. Afinal, existem *insights* semelhantes a uma fogueira: depois de apagada, leva tempo para acender de novo.

Causas de abandono das tarefas:

– Multitarefas – fazer várias coisas ao mesmo tempo.
– Falta de concentração.
– Falta de programação das tarefas e atividades.
– Procrastinação – adiamento de decisão.
– Faltar a compromissos.
– Manter mesas e gavetas desorganizadas ou entulhadas.

A indisciplina na gestão do interesse é uma verdadeira praga, que gera desordem, confusão e ansiedade. Continue lendo e veja como evitar a perda de tempo:

- Evite guardar papéis irrelevantes.
- Evite manusear um papel mais de uma vez antes de decidir o que fazer com ele.
- Não faça anotações em papéis soltos que acabarão desaparecendo e amontoando-se sobre a mesa. É bom usar um bloco de anotações, caderno ou agenda.
- Crie o hábito de organizar ou limpar a sua mesa ou gavetas pelo menos uma vez por semana.
- Faça comunicação por escrito só quando for realmente necessário.
- Mantenha arquivos e pastas sempre em ordem, evitando subdividir demais os assuntos e diminuindo a possibilidade de erros de arquivamento.

O termômetro que mede o nível de importância de um papel é analisar se ele está esquecido sobre a mesa durante muito tempo. Caso esteja, é porque, com certeza, já deveria ter ido para o lixo.

IV. Comunicar-se de forma violenta

Quando falamos sobre comunicação assertiva, devemos levar em conta o conceito da comunicação não violenta do grande psicólogo americano Marshall B. Rosenberg.[33] Para ele, a maioria de nós cresceu usando uma linguagem que, em vez de nos encorajar a perceber o que estamos sentindo e precisando, nos estimula a rotular, comparar, exigir e proferir julgamentos.

O fato é que, antes de ser uma boa comunicadora, é importante que a pessoa seja uma boa ouvinte. Ouvir não pode ser algo passivo, mas, ao contrário, uma ação consciente para captar e entender o que diz a outra pessoa.

---

33 Rosenberg, op. cit.

Geralmente, ouvimos melhor as pessoas que são mais simpáticas ou aquelas que dizem coisas que nos agradam, não é mesmo? Como seres sociais que somos, passamos a maior parte do tempo nos comunicando com outras pessoas. É por isso que, para gerenciar a comunicação não violenta e desenvolver a capacidade de ouvir, é fundamental saber ouvir e, principalmente, trabalhar a nossa comunicação, para que esta não fique prejudicada. A fim de que seja captada sem ruídos e se evite a má interpretação de uma informação, é importante que ela seja transmitida apenas no que for necessário e relevante, afinal, "na multidão de palavras, há confusão" (Provérbios 10).

A informação resumida economiza tempo e causa maior impacto à pessoa que a recebe. Os indivíduos eloquentes apresentam dificuldades de comunicação porque pecam por dar informações em excesso.

Numa ocasião em que queria trocar de carro, fui encontrar-me com um vendedor particular para dar uma olhada num modelo que ele anunciara. Eu já havia pedido todas as informações que me interessava saber, analisado cada detalhe do veículo e tomado a decisão de comprá-lo, mas o vendedor não parava de falar das vantagens. Ele continuava querendo vender algo que eu já tinha comprado. Ele se emaranhava em detalhes irrelevantes, dispersando-se e mudando de assunto. Acabou perdendo de vista o seu objetivo. Portanto, minha dica é: fale o necessário.

Os extremos, por sua vez, também causam dificuldades, lembra? O inverso também causa problemas de comunicação. Indivíduos que falam por monossílabos terão tantas dificuldades quanto os eloquentes (que falam pelos cotovelos) para transmitir suas informações, com um agravante: por falarem pouco, acabam por desencorajar as pessoas a se comunicarem também e transmitindo a mensagem de desinteresse.

Outro bom exemplo aconteceu na mesma época em que eu queria trocar de carro. Conversei com um vendedor de loja sobre determinado veículo que me interessava. Após informar que o carro já havia sido vendido, ele emudeceu. Não falou mais nada e respondia todas as minhas perguntas com respostas fechadas. Além disso, sua fala "não verbal" demonstrava grande esquiva.

O vendedor não me mostrou outras opções, respondeu a todos os meus questionamentos em monossílabos e não evitou deixar o assunto morrer, dando a entender que não estava nem um pouco interessado em vender ou em bater a sua meta. Pode ser que se tratasse de um vendedor tímido, inibido e incapaz de se comunicar assertivamente, contudo, a impressão que transmitiu foi de pouco-caso. Ele me desencorajou a comprar naquela loja e eu fui embora. Talvez, em seu interior, tenha se sentido mal por não vender nenhum carro naquele dia, mas o fato é que ele não conseguia se comunicar.

Dois estudos realizados por Albert Mehrabian[34] indicam que apenas 7% do significado de uma mensagem é expressa por meio das palavras. O tom de voz é responsável por 38% do seu significado, e a linguagem corporal, por 55%.

A má interpretação e a distorção no processo de comunicação provocam ruído, mal-entendido, fofoca, ressentimento, mal-estar e ansiedade, e todos os incidentes poderão ser minimizados por meio da comunicação não violenta.

Antes que o interlocutor faça uma checagem nas informações que você deu, antecipe-se por meio de perguntas, como: "Está claro?", "Tem alguma dúvida?", "Necessita de mais informações ou esclarecimentos?". Ou seja, fique à disposição para dirimir dúvidas, caso a outra parte precise.

V. Dúvida

Você sabia que a tomada de decisão é o processo por meio do qual analisamos alternativas e optamos por uma delas? Estar em cima do muro, algumas vezes, é um processo natural em trâmites comerciais e até pessoais, mas que deve ter tempo limitado.

O mecanismo de tomada de decisão pode ser esquematizado nas seguintes fases:

- Identificar uma situação-problema.
- Estabelecer o problema.
- Analisar as causas.
- Trabalhar alternativas e soluções.
- Escolher a melhor saída.

---

[34] Albert Mehrabian e M. Wiener, Decoding of Inconsistent Communications, *Journal of Personality and Social Psychology*, v. 6, n. 1, p. 109-114, 1967; Albert Mehrabian e S. R. Ferris, Inference of Attitudes from Nonverbal Communication in Two Channels, *Journal of Consulting Psychology*, v. 31, n. 3, p. 248-252, 1967.

– Aplicá-la.

– Avaliar e acompanhar os resultados.

Assim como toda decisão envolve riscos, toda atenção deve ser dada ao estabelecimento do problema, bem como à avaliação das possíveis consequências e ao acompanhamento dos resultados. É para isso que a liderança pode contar com sua equipe de trabalho, em caso de empresas, por exemplo.

A omissão na decisão não exime o indivíduo da responsabilidade do seu cargo. Aliás, optar por se esquivar da responsabilidade já é, indiretamente, uma decisão. Ou seja, a pessoa decidiu se omitir.

Em qualquer tomada de decisão, torna-se fundamental distinguir o que é urgente e o que é importante, uma vez que o que é urgente vem em primeiro lugar e o que é importante, em segundo. Dedicar-se primeiro ao que é importante e, depois, ao que é urgente representa uma inversão de valores que pode ser prejudicial a médio e longo prazos.

Além disso, deixar as coisas urgentes e não as resolver hoje resultará em consequências negativas, provocando ansiedade, tensão e até insônia. Na conjunção do urgente com o importante, a tendência é aumentar a ansiedade, o estresse e a tensão, pois as consequências serão ainda mais graves.

Para quem não sabe, nosso cérebro é inteligente o bastante para nos alertar sobre as atividades que deixamos de cumprir. Ele costuma fazer isso à noite, quando deitamos a cabeça no travesseiro. Fica apitando em forma de pensamentos perturbadores, dizendo:

"Você precisa levar seu carro à oficina."

"Você precisa frequentar a academia."

"Você precisa ir à reunião."

"Você precisa arrumar suas gavetas e arquivos."

"Você precisa ter mais qualidade de tempo com sua família."

"Seus filhos precisam de mais atenção."

Como uma goteira, os pensamentos ficam alarmando você e repetindo todas as suas responsabilidades adiadas. É justamente aí que surgem as ansiedades, os estresses e as culpas. Acabe de vez com essas vozes e execute suas tarefas. Não se omita!

VI. Ausência de visão abrangente

A habilidade para identificar problemas é um pré-requisito da tomada de decisão. Entretanto, isso se torna complexo de ser observado por outras pessoas que fogem da realidade e não enxergam os problemas ao seu redor.

A complexidade em identificar problemas pode ser classificada em quatro pilares:

Ignorar a presença do problema – Quando se nega ou se finge não ver a existência dele. Trata-se de verdadeiros bloqueios na capacidade de encarar a realidade. Muitos desses adeptos chegam até mesmo a se alienar ou a adotar o conceito de recompensa para se omitir.
Ignorar o significado do problema – O indivíduo sabe que algo está errado, mas não percebe (ou não quer perceber) o que isso representa e que consequências trará para o futuro, por isso não consegue fazer nada para solucionar o problema.
Ignorar a possibilidade de resolver o problema – Quando não se vê solução para o caso, embora sua existência e seu significado sejam identificados. Seus adeptos vão deixando tudo como está.
Não reconhecer a capacidade pessoal de resolver o problema – Neste caso, a condição mental é ainda pior, pois a pessoa se considera impotente, incapaz ou inapta diante de certas situações pessoais. Exemplos:

- Não consigo delegar.
- Não sou capaz de lidar com meus subordinados.
- Nada posso fazer para mudar a situação.
- Tenho medo de não conseguir.
- Não sei se dou conta.
- E se eu começar e parar, como sempre fiz?

Todos os quatro pilares pressupõem a negação da capacidade de observar, deduzir, gerar opções e agir, e estão ligados a sentimentos de dependência, impotência, medo, crenças enraizadas e inadequação. Enganos sutis que paralisam.

Uma das maiores consequências negativas da negação da capacidade é que o indivíduo que carrega essa crença limitante geralmente se culpa – se cobra –, se compara e nunca atinge as características do alvo idealizado. Sente-se até mesmo fracassado por acreditar que a falta de ação seja preguiça, procrastinação ou desinteresse, quando, na verdade, tudo não passa de fatores internos (emocionais) e externos (de ambiente).

Conscientes ou inconscientes, de todos os desperdiçadores de tempo, a dificuldade de identificar os problemas é o mais grave, uma vez que suas raízes estão nesses fatores internos e externos, exigindo um trabalho sistemático e profundo consigo mesmo ou, então, o auxílio de profissionais especializados.

VII. Delegar

A distribuição de tarefas é uma das mais importantes ferramentas que o executivo ou pessoas comuns contam para gerenciar bem o seu tempo, já que implica o crescimento pessoal e profissional de quem delega e de quem recebe a delegação.

Delegar significa simplesmente transferir de uma pessoa para outra a responsabilidade de uma tarefa e acreditar que ela será capaz de realizar o trabalho de maneira habilidosa. Pessoas de perfil crítico ou hiperrealizadoras geralmente não delegam por achar que o outro não fará tão bem como elas fariam, o que termina em desgaste e sobrecarga.

A distribuição eficiente de tarefas, entretanto, vai além, ou seja, é um conceito bem mais amplo. Além da responsabilidade de executar uma tarefa ou de obter um resultado, ela pressupõe a obtenção da autoridade necessária para destinar recursos e tomar as decisões necessárias para a obtenção dos resultados esperados.

Benefícios da delegação:

– Dispensa tempo para o líder poder gerenciar, ou seja, planejar, programar, organizar, acompanhar, supervisionar, controlar resultados e inovar.
– Minimiza a pressão e a carga de trabalho.
– Aprimora os subordinados.

- Gera um clima de trabalho motivador.
- Oferece padrões de desempenho.
- Maximiza os resultados.
- Provoca o desenvolvimento organizacional.

A distribuição eficiente de tarefas pressupõe:
- Estabelecimento objetivo do que se pretende delegar e dos resultados esperados.
- Garantia de que quem recebeu a delegação tenha o preparo, a experiência, a competência e os recursos necessários para alcançar os resultados esperados.
- Conduzir o desempenho de acordo com a complexidade do trabalho e o grau de maturidade profissional do indivíduo a quem se delegou.
- Analisar os resultados em conjunto com a pessoa a quem se delegou, dando e recebendo feedback. Assim, ambos poderão crescer: o líder, avaliando como está delegando, e o liderado, adquirindo condições para ser bem-sucedido.

Lembre-se, porém, de que é muito importante **confiar** em quem se delegou a tarefa.

VIII. Não saber dizer não

Reportagens do UOL mostram que dificuldades em dizer "não" estão ligadas à necessidade de agradar aos outros. Afirmam ainda que 60% das pessoas sempre dizem "sim" mesmo quando querem dizer "não" e percebem que as consequências do "sim" podem ser negativas.

Saber dizer "não" é a maneira mais inteligente de eliminar os desperdiçadores de tempo. Infelizmente, na cultura brasileira, há um tabu em torno da palavra "não". A tendência é a substituição do "não" por "talvez", "quem sabe?", "vamos ver", "vou ver o que posso fazer", "volte amanhã" etc., gerando desperdício de tempo, esperanças e frustrações – nossas e dos outros –, além de criar falsas expectativas.

Nos Estados Unidos, por exemplo, todo e qualquer acordo firmado é por meio de palavras. Os americanos levam muito a sério o "sim" e o "não" que damos como resposta. Para eles, não existe meio-termo. A cultura americana não gosta de rodeios. Prefere um "não" bem sonoro a um "talvez, quem sabe?" como eufemismo de um "não".

A dificuldade em dizer "não" está ligada a fatores emocionais e educacionais, como:

- Não reconhecimento da própria identidade – Quem se sente inseguro, não sabe quem de fato é na essência, acaba dizendo sempre "sim" por ignorar o valor que possui, por ignorar a importância de sua opinião e de sua vontade.
- Querer agradar as pessoas – Para certos indivíduos, esse desejo é compulsivo, impedindo-os de negar alguma coisa, por achar, em suas fantasias, que poderiam desagradar a alguém e deixar de ser amados.
- Querer ajudar os outros – Antes de tudo, devemos colaborar e ajudar a nós mesmos; pensar assim é fundamental para desenvolvermos o autorrespeito e o respeito por aqueles que estão à nossa volta.
- Crença de que concordar é a melhor forma de conseguir uma promoção – Aceitando e concordando sempre, o indivíduo perde as condições de administrar as próprias prioridades.
- Ausência de explicação – Não é necessário justificar o seu "não". Se puder, ótimo. Se não, basta negar a solicitação de maneira cortês, assertiva e respeitosa. É até provável que passe a ser respeitado e valorizado por isso.
- Medo de represália – O "não" decidido não provoca revolta. Quem sabe dizer "não" sabe recebê-lo naturalmente.
- Ausência de objetivos e prioridades – Concordar sempre é tendência de quem gosta de ser guiado pelas prioridades e pelos objetivos dos outros.
- Desejar ser competente – O indivíduo inteligente tem como característica básica saber respeitar seu tempo e suas prioridades. Daí a importância de saber dizer "não" quando necessário. Por isso, confira e selecione com cuidado as vezes em que você diz "sim" quando o mais conveniente seria dizer "não".

IX. Não saber usar os canais de comunicação

O telefone, o celular, o WhatsApp, o e-mail, o Skype, o Messenger, entre outros canais, são invenções cuja finalidade é tornar a comunicação mais rápida e efetiva. Embora tenham todas as condições de ser auxiliares inestimáveis, eles poderão se tornar um verdadeiro pesadelo se não soubermos usá-los de forma adequada.

Certamente você já deve ter interpretado mal uma mensagem recebida pelo WhatsApp, uma vez que as mensagens de texto não têm emoção ou entonação e ainda podemos abreviar as palavras. É bem fácil equivocar-se ao ler uma mensagem, não é mesmo?

Existem alguns pontos básicos para melhorar a utilização desses dispositivos:

Telefone ou celular – Vá direto ao assunto. Há pessoas que adoram "visitas telefônicas", tomando o tempo com papos-furados, ocupando o telefone sem necessidade, impedindo que outras pessoas se comuniquem com você.

Seja breve, sucinto, direto – Tenha à mão todas as informações necessárias ao falar com alguém e, em caso de mensagem de texto, não abrevie palavras e preste muita atenção na pontuação, afinal, uma vírgula pode mudar todo o contexto.

Relacione os pontos a serem mencionados – Anote os assuntos a serem tratados e as informações que precisa dar ou solicitar.

Agende horário para telefonar – Isso evita a interrupção do fluxo de seu trabalho, permitindo a concentração no que estiver fazendo. Além disso, saiba a quais mensagens e ligações responder imediatamente, e as que não pode atender ou responder, contribuindo para sua credibilidade e afirmação profissional.

Agende e/ou confirme visitas, entrevistas, reuniões, encontros etc. – Isso é feito pelo telefone ou por canais sociais, evitando atrasos e cancelamentos de última hora.

Use o telefone interno ou mensagens – Isso para saber se a pessoa com quem você deseja encontrar, seja colega ou chefe, está na sala e disponível para atendê-lo.

Oriente seus ajudantes, assistentes ou secretárias a filtrarem telefonemas e mensagens – Eles só devem passar recados e as demandas que você pode atender, encaminhando as outras para quem tem condições de resolvê-las. Caso você não tenha secretária e obrigatoriamente tenha de atender ao telefone, separe horários determinados para falar com clientes, evitando desperdício de tempo e de produtividade.

Construa o hábito de definir um período tranquilo, no qual não atende ao telefone –Reserve esse tempo para trabalhos que exijam mais concentração de sua parte. Ao atender ao telefone, diga logo o seu nome e o setor em que atua.

X. Delegar incorretamente

Este, sim, é um elemento comum em organizações burocráticas e centralizadoras em que os poderes de decisão ficam concentrados na diretoria e em que se delega apenas a responsabilidade de executar tarefas, mas não a autoridade para se tomar decisões, distribuir recursos e tomar medidas, o que acarreta a famosa "síndrome de falta de poder". Trata-se de empresas que impedem a administração eficaz, já que os líderes passam grande parte do tempo executando tarefas e resolvendo problemas que seriam de seus liderados.

É reflexo de uma orientação empresarial que valoriza as atividades e não os resultados, enfatizando a quantidade em detrimento da qualidade do trabalho. Como decorrência, os executivos se tornam estressados e desmotivados. Sentem-se desimportantes, pouco produtivos, adotando o estilo característico da gestão por crise.

A distribuição de tarefas para cima, no organograma, pode ser diagnosticada pelas seguintes características:

- A tendência é o chefe ou líder trabalhar mais horas que os subordinados.
- O líder resolve tudo.
- O líder não confia nos subalternos.
- O líder não investe em treinamento de pessoal.
- O líder não delega.
- O líder atribui tarefas isoladas aos subalternos sem esclarecer os resultados que espera.
- O líder ordena a mais de um funcionário que façam a mesma tarefa, sem informá-los da duplicidade.
- O líder acredita ser **indispensável**.

- O líder assume todos os problemas.
- O líder não dá oportunidade aos membros da equipe de demonstrarem suas capacidades.
- O líder sempre encontra defeito no trabalho dos subordinados.
- O líder gosta de "aparecer".
- O líder estimula a desconfiança entre os membros da equipe.
- O líder tem seus "peixinhos".

Tire a prova. Delegue o trabalho que você faz atualmente a seus liderados e distribua entre sua equipe atividades que você costuma realizar. Agindo assim, você irá estimular o crescimento e o desenvolvimento de seu pessoal, além de conseguir mais tempo para cuidar do seu próprio progresso e, ainda, agregar vantagem para todos e para a empresa.

Resolver problema dos outros, desperdiçando o seu tempo, pode ser uma excelente desculpa para não cuidar dos seus próprios problemas. Pode ser, inclusive, um boicote!

O boicote tem consequências perigosas, provocando insegurança, desânimo e falta de motivação entre os colaboradores diante do chefe onipotente que atropela a todos. Só respiram aliviados quando ele está ausente. Que gestão antiquada...

A liderança ou chefia nesses formatos favorece a delegação para cima porque:

- O liderado se limita a atividades de rotina, por se sentir inseguro e desmotivado para enfrentar novos desafios.
- O liderado só faz o que o chefe manda ou permite, assumindo uma postura passiva.
- O liderado, até mesmo nas questões de rotina, passa a depender de consulta ao chefe.
- Tendo noção de que não deve ousar em propor soluções, o liderado leva os problemas para o líder resolver.

XI. Não estipular prioridade

Com a finalidade de aproveitarmos bem o tempo, precisamos escolher as atividades que pretendemos fazer pelo nível de importância que elas têm para nós. Para isso, é também necessário estabelecermos uma escala de prioridade em função de nossas necessidades, objetivos e metas. Um dos métodos para isso é avaliar a importância e/ou urgência de determinada decisão ou providência a ser tomada.

No universo dos negócios, é grande o número de profissionais de sucesso que têm o hábito de criar uma lista das atividades a serem concluídas, usando-a como um roteiro de ação. Uns relacionam tudo, outros, apenas as tarefas não rotineiras, e outros ainda, somente as prioritárias.

Decerto, o mais prático é fazer uma relação completa: ela permite montar um cronograma de prioridades, bem como a ordem de execução. Inclusive, a lista completa facilita a análise de quais tarefas poderão ser distribuídas, quais são urgentes, importantes, ou urgentes e importantes ao mesmo tempo, sendo que estas últimas devem merecer a mais alta prioridade para não criar consequências mais sérias e complexas.

XII. Desconhecer sua predisposição natural

O cronotipo, como já foi dito, é uma predisposição natural que cada indivíduo tem de sentir picos de energia ou cansaço, de acordo com a hora do dia.[35] Na linguagem científica, o cronotipo é a sincronização dos chamados ritmos circadianos – ciclo fisiológico de aproximadamente 24 horas que ocorre na maioria dos organismos vivos. É por isso que algumas pessoas são mais ativas durante o dia e outras, à noite.

Todos nós somos seres únicos e com DNA exclusivo. Só existe um de nós. Sendo assim, cada um tem uma predisposição e características físicas, mentais e emocionais diferentes. O problema nasce quando a sociedade atual não só condiciona, estipula e define, como impõe certas rotinas diárias por meio de normas sociais, padrões de comportamento, valores e preconceitos, que acabam se tornando nossa segunda natureza.

Pesquisas recentes revelam, por exemplo, que a nossa memória é mais intensa na parte da manhã do que na parte da tarde, quando

---

[35] O que é o cronotipo – e por que você precisa saber qual é o seu, *BBC News*, 4 ago. 2018. Disponível em: <https://www.bbc.com/portuguese/geral-45029532>. Acesso em: 4 maio 2020.

nosso desempenho tende a diminuir; que, entre 15 horas e 18 horas, lidamos melhor com o estresse; e que, a partir das 18 horas, toleramos melhor a dor.

Os sociólogos chamam esse fenômeno de herança cultural. A nossa produtividade está intimamente ligada aos chamados níveis de capacidade de uso do tempo, isto é, o nosso "relógio biológico", que regula a variação dos fluxos de nossa energia no decorrer das 24 horas do dia.

Profissionais e pessoas que conhecem seu cronotipo, seu ritmo biológico, podem se tornar aliados de seu organismo. Os fluxos de energia do ser humano determinam, em grande parte, os níveis de capacidade de usar o tempo com maior rendimento.

Dessa forma, como disse no capítulo 3 e quero resgatar novamente, entendemos que os graus de capacidade de uso de tempo, segundo os fluxos de energia, são:

Grau ótimo. Período em que há rapidez de raciocínio, *insights* criativos, capacidade de síntese e de concentração, clareza de expressão. Passamos apenas algumas horas do dia nesse grau, daí a importância de se saber quando ocorrem esses períodos para aproveitá-los ao máximo em atividades que exigem tais condições.

Grau bom. O raciocínio é claro, a expressão verbal, fluente, porém a capacidade de concentração tende a ser menor do que no grau ótimo.

Grau médio. Há boa energia para trabalho que não exija concentração ou esforço intelectual. É neste nível que passamos a maior parte do dia.

Grau baixo. Período em que há energia para trabalhos rotineiros que não requerem concentração, como atividades manuais e outras em que o grau de atenção pode ser reduzido ou nulo.

Grau de transição. Qualifica-se pela semissonolência. Embora haja algum contato com o meio ambiente, este é mantido de forma generalizada e tende a não ser registrado pela memória. É o período que antecede o sono, quando as coisas que se passam à nossa volta parecem distantes e borradas.

Grau de sono. Período em que se dá o desligamento da realidade que nos cerca. É o tempo de repouso.

Considerações realizadas por especialistas mostram que, embora cada sujeito apresente uma distribuição específica de graus de capacidade de uso de tempo, é possível distinguir certas tendências gerais na maneira como se manifestam entre os indivíduos. Logo nas primeiras horas da manhã apresentamos concentração dos graus ótimo e bom, enquanto na parte da tarde a predominância é dos outros níveis.

Em vista disso, que tal diagnosticar a sua predisposição? Verifique quais são as suas horas mais produtivas por meio de um levantamento hora a hora, de modo a permitir que você faça uma delegação do seu trabalho, dentro de uma programação racional e produtiva de suas tarefas.

XIII. O perfeitinho

Você sabia que existe uma grande diferença entre almejar a excelência e almejar a perfeição? "O tempo é finito, escasso e muito importante. Tempo é vida e desperdiçar tempo é desperdiçar vida, o tempo torna-se maior ou menor dependendo da capacidade de administrá-lo. O tempo uma vez gasto nunca é recuperado, por isso a importância de economizá-lo".[36] A excelência ainda é bem possível e atingível, além de ser gratificante e saudável. Já a perfeição é deveras inatingível, frustrante e algo neurótico. Buscar a perfeição é, inclusive, um tremendo desperdício de tempo.

Perfeição é um conceito subjetivo, e suas raízes estão ligadas a um alto nível de exigência consigo mesmo e, por extensão, com os outros, o que leva a um estado de insatisfação latente. Há até quem brinque dizendo: "O diabo enfeitou tanto os olhos do filho, buscando perfeição, que os furou".

O medo de errar, de não ser perfeito, é uma forma de auto-opressão extravagante que nos impede de crescer como indivíduos e como profissionais limitados que somos. Minimiza a nossa capacidade de tolerância, de flexibilidade e de aprendizagem, reprimindo a possibilidade de mudança.

Com receio de delegar, de delegar tarefas, de verificar a relativa importância dos detalhes como um todo (e até de querer refazê-los) e de alcançar resultados, uma vez que focam sua atenção apenas na tarefa em si, os perfeccionistas tendem a dedicar mais horas, já que o trabalho se torna improdutivo e, geralmente, não terminam a tempo. É escravizador!

---

[36] E. C. Bliss, *Como conseguir que as coisas sejam feitas*: o ABC da administração do tempo, trad. Eugênia Loureiro, 4. ed., Rio de Janeiro, Record, 1993, p. 96.

Em suma, é imprescindível que você saiba diferenciar entre o bom e o perfeito. O bom quase sempre é suficiente para atingir nossos objetivos. O perfeito, por ser mais difícil, acaba fazendo com que se desista no meio do caminho, sendo esta a razão por que muitas atividades são interrompidas, frustrando as pessoas. Além disso, a busca compulsiva pelo perfeito acaba com a nossa criatividade e espontaneidade, tornando-nos inflexíveis e ansiosos.

XIV. Sem ambição, objetivos e metas atingíveis

Faz parte da "natureza humana" ter dificuldades para alcançar o que se quer. Poucos têm objetivos pessoais claros e definidos na vida. Diversos indivíduos se sentem tímidos, inibidos e inseguros na hora de estabelecer metas. Outros ficam extremamente ansiosos e até se consideram incapazes, como já vimos. Alguns têm crenças e superstições que não ousam confessar nem para si próprios.

Os bloqueios que as pessoas sentem para estabelecer objetivos ou metas pessoais estão associados a:

> **Medo de ousar definir metas** – Acontece normalmente com pessoas que tendem a classificar os indivíduos entre os que têm e os que não têm sorte. Por serem fatalistas e derrotistas, não acreditam em suas próprias potencialidades, deixando que outros decidam por elas. São pessoas anuladas.
>
> **Não saber aonde desejam ir** – Logo, qualquer lugar serve ou é aceito.
>
> **Ansiedade causada pela opção** – Escolher um objetivo ou meta significa, muitas vezes, rejeitar outros, e a incerteza de escolher errado as faz paralisarem.

Ao tomar a decisão por um objetivo ou meta, você está assumindo um compromisso consigo mesmo. Isso envolve, também, a possibilidade de não conseguir alcançá-lo. O medo de fracassar pode ser outra dificuldade na definição de objetivos. Por isso, diversas pessoas nem sequer tentam!

Em suma, não podemos nos autoadministrar. Certamente, não teremos motivação para sem definir o que pretendemos. Usar as experiências do passado e basear-se nelas, tanto os erros quanto os acertos, para viver o presente e planejar o futuro, constitui os ingredientes básicos de uma vida de plenitude, de crescimento pessoal e profissional, e de autorrealização.

Dessa forma, torna-se decisivo repensar suas prioridades. Para isso, é bom perguntar a si próprio sobre seus planos, para transformar seus desejos em realidade, e pensar quais são as opções que existem para realizá-los.

Acredito firmemente que, embora a vida seja uma só, sempre é tempo de recomeçar. Uma vida sem objetivos é como um navio sem rumo que vaga indefinidamente pelas águas, não aproveitando as condições favoráveis para chegar a algum ponto. É como levarmos tanto tempo para decidir aonde ir que acabamos por não sair de casa.

Mantendo a disciplina e a constância. Vamos lá!

Escreva pelo menos duas ações que pretende realizar nos quatro quadrantes que compõem a matriz. Isso é muito importante, já que, depois, essas ações poderão integrar seu plano de ação, e você poderá começar a trabalhar seu processo de mudança para uma vida produtiva e integral.

Importante aqui: seja muito sincero com você mesmo.

Começar a fazer	Parar de fazer
Continuar fazendo	Gerenciar o que estou fazendo

Tabela 16 – Matriz de resultados

O TEMPO E A ÂNSIA POR RESULTADOS

Claudio Zanutim – Após toda essa sua reflexão e leitura sobre cada ponto, sobretudo aqueles que fizeram mais sentido para você, quero fazer uma rápida provocação sobre a ideia da multitarefa, a falsa percepção de que quem produz mais é quem faz muitas coisas ao mesmo tempo, em vez do entendimento de que quem produz mais é quem faz uma coisa de cada vez, com foco, concentração e dedicação.

> *"Há duas maneiras de ser multitarefa. A primeira é executar duas ações simultaneamente, sendo que uma delas dever automática. Dirigir ouvindo rádio, por exemplo, ou andar de bicicleta e cantar. Agora, fazer duas coisas ao mesmo tempo que precisam de atenção, como verificar seus e-mails durante uma reunião, exige que você alterne rapidamente seu foco: ouvir o que a pessoa está dizendo e discretamente verificar suas mensagens ao mesmo tempo"*
>
> JEAN PHILIPPE LACHAUX
> *Instituto Nacional de Saúde e Pesquisa Médica, em Lyon*

Existe muita informação e textos em todos os lugares falando sobre a plasticidade do cérebro, como se ele fosse capaz de fazer de tudo, mas isto não é verdade. Nosso cérebro, esta máquina incrível, é capaz de muitas coisas. Podemos aprender a tocar violão aos 40 ou 50 anos, ou usar um computador. Como estudioso da neurociência eu sei que é possível que redes neuronais podem se organizar para aprender uma nova tarefa. Entretanto, o que é provavelmente falso, é afirmar que o cérebro é suficientemente plástico para, em um mundo dominado pelas novas tecnologias, conseguir fazer várias coisas ao mesmo tempo.

Para fazer isto, realizar várias tarefas de forma simultânea, que exigem de nós atenção e concentração, nosso cérebro teria que ser capaz de utilizar a mesma rede neuronal nas ações, o que é fisiologicamente impossível. Esse é o caso de atividades gerenciadas pelo córtex pré-frontal, como a leitura e compreensão de um texto.

Essa habilidade de multitarefa é superestimada no mercado de trabalho, conhecida também como *multitasking*, a capacidade de realizar várias tarefas simultaneamente. Há, inclusive, RHs que perguntam isso para o candidato.

Ser multitarefa significa, supostamente, mais produtividade e rapidez no dia a dia, na solução de problemas, na tomada de decisões e na finalização de projetos. Porém, de acordo com especialistas em produtividade e pesquisas realizadas na última década, tal "habilidade" pode ter o efeito reverso, com perdas importantes de eficiência. Nosso cérebro não está preparado para fazer duas coisas ao mesmo tempo com excelência.Quando estou em palestras ou treinamentos, costumo propor vários testes para comprovar isso para as pessoas. Quero propor um teste bem rápido aqui, que você terá de fazer em dupla. Dupla formada, comecem alternando número entre 1 e 3, assim: quando a primeira pessoa falar 1, a segunda fala 2 e, logo em seguida, retorna para a primeira pessoa, que então fala 3. Repita essa sequência por 20 ou 30 segundos.

Posteriormente, peça para substituir (ou você substitui) o número 1 por uma batida de palma. Então a sequência agora ficará assim: a primeira pessoa bate uma palma (não é permitido falar o número 1), a segunda pessoa fala 2 e volta para a primeira pessoa, que fala 3. Em seguida, a segunda pessoa bate uma palma (sem poder falar o número 1), a primeira pessoa fala 2 e volta para a segunda pessoa falar 3. Repita essa sequência por 20 ou 30 segundos.

Peça, então, para substituir (ou você substitui) o número 2 por um pulinho. Então a sequência agora ficará assim: a primeira pessoa bate uma palma (não é permitido falar o número 1), a segunda pessoa dá um pulinho (não pode falar o número 2) e volta para a primeira pessoa, que fala 3. Em seguida, a segunda pessoa bate uma palma (sem poder falar o número 1), a primeira pessoa dá um pulinho (não é permitido falar o número 2) e volta para a segunda pessoa falar 3. Repita essa sequência por 20 ou 30 segundos.

Para finalizar, peça para substituir (ou você substitui) o número 3 por uma agachadinha. Então a sequência agora ficará assim: a primeira pessoa bate uma palma (não é permitido falar o número 1), a segunda pessoa dá um pulinho (não pode falar o número 2) e volta para a primeira pessoa, que dá uma agachadinha (não é permitido falar o número 3). Em seguida, a segunda pessoa bate uma palma (sem poder falar o número 1), a primeira pessoa dá um pulinho (não é permitido falar o número 2) e volta para a segunda pessoa, que dá uma agachadinha (não pode falar 3). Repita essa sequência por 20 ou 30 segundos.

Você perceberá rapidamente que as pessoas se confundem, retardam a tomada de decisão, repetem o movimento ou número do outro, se desconcentram, dão risada, fazem várias ações ao mesmo tempo. Vai perceber que nosso cérebro não tem capacidade de executar duas tarefas ao mesmo tempo **com excelência**.

Fica a pergunta, então: como entrar no modo *monotarefa*?

Darei algumas orientações rápidas aqui, um ciclo virtuoso que criei para você poder imprimir e deixar à vista no início de sua disciplina pela busca de uma vida com mais qualidade.

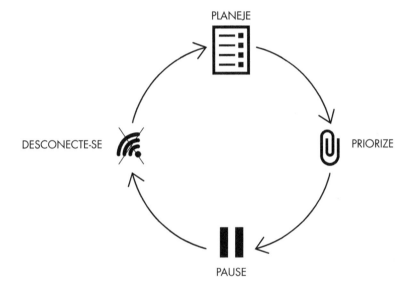

Figura 3

Algumas orientações rápidas:
- **Planeje**. Planejar pelo menos os três próximos dias facilita a divisão de prioridades.
- **Priorize**. Faça um cronograma de tarefas e selecione sua linha de prioridade. Você poderá utilizar a G.U.T. ou o B.A.S.I.C.O., ferramentas que estão no meu livro *Como construir objetivos e metas atingíveis*.[37] Tarefas de última hora devem ser bem avaliadas.

---

37 Zanutim, op. cit.

- **Pause**. O cérebro tem um limite de foco. Faça pausas pontuais. Existem fórmulas, como a 52 x 17 (52 minutos de trabalho x 17 de pausa), que podem ajudar nessa organização. Ou, então, esta técnica a seguir, que é muito conhecida como Técnica Pomodoro:

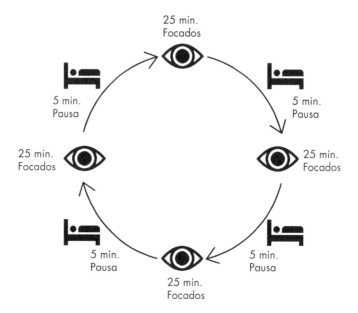

Figura 4 – Técnica Pomodoro 5 x 25

- **Desconecte-se.** É preciso saber a hora de conectar e de desconectar, quando silenciar e entender quando você pode interromper. Portanto, ouse e tente pegar as coisas uma de cada vez e dê uma pausa ao seu cérebro. Você vai perceber que será muito melhor a longo prazo!

Ufa! Que teste fantástico, não?
É claro que não vou deixar passar em branco este momento. Continue com o lápis ou a caneta em mãos e, diante de tudo o que percebeu e refletiu com esse teste, acrescente ações em seu plano para que você melhore a produtividade.
Agora, porém, quero retomar o pensamento a propósito do ano que vem pela frente. É verdade: até parece que tudo vai ser diferente

quando adentramos os próximos 365 dias, não é mesmo? Acreditamos que, agora, sim, tudo vai mudar *pra valer!*, mas o próximo mês está logo aí e, se bobear, tudo continua do mesmo jeito. Só se você quiser.

Por essas e outras razões, você já percebeu que quero aqui encorajá-lo a começar um ano novo agora. Hoje. Já!

Isso tem uma explicação. A verdade é que nem tudo está perdido. Se você ainda não começou a sua dieta como prometeu, não visitou seu médico como havia programado e muito menos iniciou a rotina de **gerenciar o seu tempo**, como tem aprendido neste livro, sobre 1.440 minutos por dia para realizar, tudo bem. Ainda dá tempo!

Especialistas dizem que o primeiro passo para uma mudança real é trazer à consciência tudo o que o impede de progredir. Tenho a convicção de que você já teve muitos *insights* até o momento. Então, vamos lá?

Daniela Serban – Caso você não tenha feito esse teste, sugiro fortemente que pare, volte e invista um tempo valioso para se autoanalisar. Ficará de queixo caído com os resultados! Você escolheu este livro para ler não por acaso. É porque já percebeu o valor do assunto que tratamos em sua vida. Então, não tenha pressa em terminar de ler.

Com esse teste, você reorganizará bem melhor seu tempo ao sair do piloto automático de vida, olhando de cima, como se fosse um médico diagnosticando onde estão as dores do paciente. Assim, com esse diagnóstico, poderá receitar o melhor remédio para curá-las.

Quando fiz o teste, chamou muito a minha atenção a questão do uso dos canais de comunicação. Falamos neste livro sobre a ideia de não se **departamentalizar** a vida, que é uma só, ainda mais quando todos os meios de comunicação são integrados.

Estamos no trabalho e os filhos nos contatam por WhatsApp, ligações e até por eventuais e-mails. Estamos em casa e os celulares são bombardeados com mensagens do trabalho, com uma expectativa muito mais curta do tempo de resposta, pensando em atendimento aos clientes, no meu caso, do que era num passado bem recente.

Se um cliente manda um *e-mail* agora, e não obtiver resposta em 1 hora, já vem uma mensagem de WhatsApp: "Você viu meu *e-mail*?". Um dos desafios é nos protegermos dessa dinâmica voraz em que nos permitimos inserir e, também, nos relacionarmos de modo tal que os clientes se sintam cuidados, respeitados.

A praticidade e a rapidez que este mundo nos exige acabam, de uma forma bem intensa, prejudicando as relações de afeto que temos com o outro. Essa pressão do tempo, para solucionar, entregar, produzir, precisa ser cuidada, pois, internamente, estamos perdendo. Se nos deixarmos sugar por essas demandas, sem considerar nosso ritmo pessoal, o tempo será bem pouco aproveitado, vivido!

Há pessoas que conseguem se organizar para olhar o celular somente em determinados horários durante o dia. Uma disciplina que precisamos desenvolver para nadar contra essas ondas gigantes.

Ao percebermos que é um assunto importante, talvez seja o caso de não tentar resolver por WhatsApp, áudios ou *e-mails*. Uma ligação pode ser mais adequada. Ou um encontro pessoal, olho no olho. Com carinho, cuidado e atenção ao ouvir. Isso, sim, traz produtividade!

Nessa de querermos ser práticos, resolver tudo, acabamos perdendo negócios, tomando más decisões e gerando conflitos nos relacionamentos. Já caí em várias armadilhas em que consegui entender parte da necessidade do cliente ao me enviar um áudio com determinada demanda. Enviei a proposta parcialmente correta, mas um concorrente, que talvez tenha prestado mais informações, levou a melhor. Relações se fortalecem com entrega, presença, conexão. Não conexão telefônica, diga-se. Conexão às necessidades, sentimentos e emoções do outro. Nesses casos, não há "zap-zap" que resolva. **#ficaadica**.

Claudio Zanutim – A grande vilã chamada ansiedade. Exatamente: a abominável ânsia **por resultados**. Você também sofre com esse sentimento? Eu já sofri muito. Hoje creio na gestão da ansiedade, do tipo "só por hoje". Acha que é fácil? Não é, não. Vira e mexe, eu me pego ansioso demais.

Você sabia que, talvez, a falta de tempo e a falta de realização que acontecem em sua carreira podem ter ligação direta com a ansiedade? Sim, elas podem ser grandes responsáveis por atravancar seus objetivos!

Não sei se você sabe, mas a ansiedade tem diversas faces. Existe aquela bem conhecida que nos faz "meter os pés pelas mãos", pôr os carros na frente dos bois" e perder o sono ou o apetite, por exemplo.

Temos também a ansiedade positiva; esta é **quase** que inocente. Trata-se daquela ansiedade que nos acomete por causa do casamento que está chegando, uma prova na faculdade, a entrega da chave do apartamento tão sonhado...

O que muita gente não sabe, porém, é que a ansiedade negativa paralisa muitas ações e leva o indivíduo a "ficar o dia todo **procrastinando** tudo à sua volta", isso porque ele está profundamente ansioso para tomar qualquer tipo de atitude. O que eu já sofri com isso... Mas decidi mudar, e mudei! Aliás, estou em constante processo de mudança – para melhor.

Essa ansiedade negativa tem o poder de mobilizar qualquer ação humana. **O sujeito não tem força nem coragem para agir** e, não importa se está preparado e qualificado para aquela atividade, ele simplesmente não consegue se mover. Você já sentiu se sentiu assim?

Ao se lembrar do arquivo que precisa ser organizado, das pastas de clientes que estão fora de ordem ou da pilha de papéis que está sobre sua mesa, você simplesmente se sentou e ficou pensando "na morte da bezerra"? Acredite: essa conduta de se sentar e não "fazer aquilo que precisa ser feito" também é uma característica disfarçada da ansiedade. Por essas e outras é que não creio em autoajuda, mas, sim, em ajuda do alto, diante de um plano de ação muito bem criado e estruturado, contendo afirmações positivas diárias, para poder executá-lo.

De onde surge a ansiedade que paralisa? Muitos de nós (se não todos) queremos resultados imediatos, "para ontem", o que, na maioria das vezes, não ocorre. A vida exige de nós diariamente paciência, calma e equilíbrio para esperar o tempo de colher resultados. Quer um exemplo?

A recompensa de um mês inteiro de trabalho chega apenas ao final do mês. O diploma da universidade só nos dará direito a uma posição social melhor no mínimo após quatro anos de estudos. Se iniciarmos uma corrida, somente depois de 35 dias teremos pelo menos um pouco mais de fôlego e resistência. O resultado daquele regime, veremos no futuro. A promoção que tanto desejamos, na maior parte das vezes, ocorre posteriormente a um bom tempo de empresa, dedicação e disciplina, e por aí vai.

Ou seja: nada do que fazemos hoje será colhido hoje, mas com a cultura do imediatismo de hoje em dia, não se tem a paciência necessária.

Saber esperar é uma verdadeira arte. Quem desenvolve a habilidade de ter paciência para ver os resultados mostra certo grau de evolução e maturidade, mas cuidado! Não é procrastinação, hein?

Saber esperar exige autocontrole, equilíbrio e tolerância. O contrário de ter ansiedade é ter domínio próprio e, então, ver a realidade em perspectiva. O livro de Gálatas, na Bíblia, capítulo 5, versículo 22, diz que o fruto do espírito é o amor, o gozo, a paz, a longanimidade, a benignidade, a bondade, a fidelidade, a mansidão e o domínio próprio. Por que será que o autor deixou para falar por último as palavras mansidão e domínio próprio? Pois bem, aí seria outra discussão.

Ao imaginar a sua mesa cheia de papéis desorganizados, por exemplo, tente não pensar nela como um problema, a ponto de mentalizar o "trabalhão" que você terá para pôr tudo em ordem. Pensar assim é deveras desestimulante! Mais à frente, darei uma dica incrível sobre um livro que trata disso, de autoria de David Allen.

A ansiedade que nos paralisa gosta de "fotografar o futuro", um futuro que possivelmente não ocorra seguindo essa liturgia de exaustão que ela implica. Afinal, o futuro não nos pertence e é um lugar que não existe, a não ser no nosso imaginário. A ansiedade também gosta de nos mostrar como será o decorrer da tarefa e quão desgastante será executá-la até que desistamos antes mesmo de tentar.

Que tal viver cada segundo como eles verdadeiramente são – únicos? Ter paciência para esperar o fruto amadurecer? Afinal, não temos o poder de decifrar como serão nossas próximas horas, por isso evite focar nas fotografias do futuro. Talvez ir lá e fazer aquilo que precisa ser feito não seja um "bicho de sete cabeças", nem tão difícil assim quanto a ansiedade supõe. Ganhamos tempo quando deixamos de deduzir como serão as nossas próximas atividades.

Uma pessoa que está buscando perder peso não pode acordar e focar em todos os pesos que ela precisará levantar e exercícios que terá de fazer quando chegar à academia. Se fosse assim, certamente ficaria tão desanimada que desistiria de ir antes mesmo de se levantar da cama.

Não pense! A melhor maneira de vencer a ansiedade que faz com que percamos muito **tempo do nosso dia com a inércia, procrastinação e distrações** é descobrir qual a sua causa e, por fim, neutralizá-la. E como a neutralizamos?

A resposta é simples: não mentalize o processo, mas imagine os resultados. Foi o que escrevi: não foque nas fotografias do futuro. Se você sabe que precisa pôr ordem n um determinado arquivo, não faça disso um apocalipse. Não fique pensando o quanto será trabalhoso, chato e desanimador passar o dia lá... Agir assim só potencializará a ansiedade.

A autora do livro *Anxiety Toolkit* [Kit de ferramentas contra a ansiedade], a dra. Alice Boyes, psicóloga, disse: "É possível uma reestruturação da mente para bloquear pensamentos negativos ou ansiosos".[38] A premissa para isso é eliminar qualquer previsão do futuro ou quão cansativo será fazer o que é preciso. É um tipo de reprogramação mental. Se você eliminar esse comportamento, consequentemente deixará de perder tempo com a inação e efetuará todas as suas atividades, sua lista de prioridades e sua rotina, com comprometimento. É assim que os profissionais extraordinários agem! Compreendendo, entendendo e valorizando seus 1.440 minutos de vida diários.

Segundo Berg Brandt: "Ansiedade é a diferença entre o tempo do querer de Deus e o tempo do nosso próprio querer". Portanto, saiba que aquilo que plantamos hoje colheremos tempos depois. Aprenda a ser paciente para ver os resultados. O futuro, começa hoje, começa agora!

Daniela Serban – Caro Zanuta, este capítulo me lembrou de uma fala de José Saramago de que gosto muito: "É preciso sair da ilha para ver a ilha. Não nos vemos se não saímos de nós". Incrível essa oportunidade de as pessoas se olharem de "fora da ilha" e identificarem os principais pontos de atenção em suas vidas para serem mais produtivas e se desenvolverem.

Acredito que esse teste que você sugere aqui e compartilha pode ser um divisor de águas na vida dos leitores. É interessante como você acaba explicando de forma simples, porém não simplista, a possibilidade de vermos, em cada *gap*, o ponto mais crítico de seu comportamento em relação ao que fazer com o tempo.

A implementação das mudanças e das metas parece simples para uma pessoa bem resolvida e disciplinada como você. Agora, para a maioria dos seres humanos "mortais", como nós, existe um *gap* enorme entre identificar as oportunidades de melhorias, a definição do plano de metas e a mudança, e a implementação de fato.

Medo, ansiedade e histórico de vida realmente contribuem para estender esse caminho, fazendo de algo aparentemente simples, com um plano bem estruturado, um superdesafio de implementação das mudanças planejadas.

Acredito na efetividade de se ter um plano. Agora, para fortalecer a crença de que ele é possível de ser realizado, precisamos cuidar desse

---

38 Alice Boyes, *The Anxiety Tookit*: Strategies for Managing Your Anxiety So You Can Get on with Your Life, Londres, Piatkus, 2015.

mundo invisível que existe na nossa cabeça e nos boicota diariamente. Como podemos fazer isso?

Focando no autoconhecimento, na capacidade de aprender, desaprender, reaprender, na espiritualidade, nos relacionamentos, nas terapias tradicionais, holísticas, com psicólogos, no *yoga*, na meditação, no *coaching*, em atividades esportivas, por exemplo. Desde um curso, passando por conteúdos no YouTube, *podcasts* com assuntos de interesse, tudo isso pode ajudá-lo a superar alguns dos obstáculos que estão atravancando a sua jornada. Crie o hábito de praticar pequenas mudanças diárias em sua vida. Permita-se errar e depois consertar.

Ah, é preciso ter dinheiro para conseguir caminhar? Sim e não. Use sua criatividade. Temos atualmente várias possibilidades de acesso à informação que, antes, não tínhamos. Em viagens, hospedar-se a custos baixos no Airbnb é uma bela alternativa. Fazer suas refeições em casa em vez de pedir *delivery* pode ser outra opção. Use e abuse de sua criatividade, informações disponíveis, redes de relacionamento e *vambora*!

Tendo como ponto de partida o autoconhecimento, entendendo nossos pontos fortes e como podemos desenvolver e compensar os pontos que demandam melhoria, conseguimos desenhar um plano de autossuperação.

Precisamos pensar em como nos portar como pessoas melhores, para nós mesmos, para os outros, para o mundo. Falaremos desse tema um pouco mais adiante. Temos várias possibilidades nesse sentido, como desenvolver espiritualidade, não necessariamente como prática religiosa. Cada um com a sua fé, suas crenças e rituais, que fortalecem nossas falas diárias positivas e, consequentemente, nossa ação.

Quando duvidar se é possível ou não alcançar seus objetivos, pergunte-se: o que me impede de agir, de mudar, neste momento? Acho que vale aprofundarmos aqui sobre o movimento de alcance de metas, resultados. Não devemos só olhar para o que falta alcançar. Muito pelo contrário. A autovalorização é importante ao se olhar para todas as pequenas conquistas que alcançamos ao longo dos anos. Sim, isso mesmo! Pequenas conquistas que nos dão aquela sensação de prazer, que nos acalentam a alma. Por exemplo: se você pretende comprar um imóvel, vale comemorar cada valor mensal que se propôs a guardar e já conseguiu.

Uma pitada de humildade em perceber que o mundo, os conhecimentos, os relacionamentos e a noção de certo e errado mudam a todo instante pode ajudá-lo nessa caminhada! Se isso tudo que abordamos não funcionar, lembre-se da frase de Cora Coralina, que dizia: "Todos nós estamos matriculados na escola da vida, onde o mestre é o tempo".

E, por falar em tempo, agora, nesta altura do livro em que você já deve ter tido vários *insights*, faça uma pausa para respirar e deixar todo esse conhecimento e sabedoria se apropriarem de seu ser. Convido-o a fazer três respirações diafragmáticas lenta e profundamente. Inspire por 3 segundos, segure o ar por mais 3, solte-o por 3 segundos e, se puder, fique sem ar por mais 3. Repita isso duas vezes.

Dê um tempo a você. Não faça nada, só sinta. Tudo isso reequilibra seu organismo, revitaliza sua energia.

Quando terminar essa breve prática, escreva o que veio à mente agora.

DICAS DOS AUTORES

Livros

- *A ciência de ser feliz* – Susan Andrews.
- *The Anxiety Toolkit: Strategies for Managing Your Anxiety So You Can Get on with Your Life* – Alice Boyes.

Vídeo

- *Síndrome do pensamento acelerado* (2017) – Canal Aquarius TV Online no YouTube. Com Augusto Cury. Disponível em: https://www.youtube.com/watch?v=LY9EibN54FI&list=R-DLY9EibN54FI&start_radio=1

Ferramenta:

- A roda da vida

Ferramenta utilizada para realizar avaliações pessoais. O método é baseado em uma reflexão sobre as áreas fundamentais de sua vida com suas experiências diárias, como relacionamentos, qualidade de vida e outros.

É bem simples. Pontue suas percepções a respeito de cada item (de 10 a 1) e ligue os pontos para o desenho do resultado de sua teia. Assim você poderá ter uma percepção bem rápida de como poderá trabalhar alguns pontos da vida integral.

Ah! Seja sincero com você mesmo. Cuidado! Pois o seu próprio cérebro tem vontade de enganá-lo com uma falsa sensação de conforto; é endorfina e dopamina a mais. Mas autoenganar-se não é nada bom para a sua produtividade.

O TEMPO E A ÂNSIA POR RESULTADOS

OBS: Sem prejulgamentos, sim? Essa é uma ferramenta para reflexão, não significa **departamentalizar** a vida, mas, sim, perceber onde estão os seus pontos de melhoria para uma vida integral. E quanto àqueles pontos que você percebeu terem melhorado, basta potencializar ou criar planos para mantê-los assim.

A vida jamais será perfeita em todos os momentos e setores, mas pode ser melhor e mais produtiva.

A sugestão, aqui, após o preenchimento e sua reflexão a respeito, é fazer um bom e rápido plano de ação.

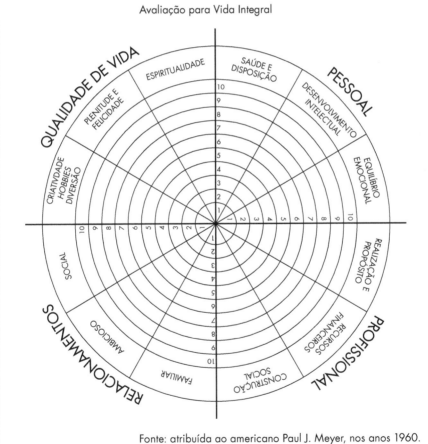

Avaliação para Vida Integral

Fonte: atribuída ao americano Paul J. Meyer, nos anos 1960.

CAPÍTULO 9

O QUE VOCÊ FEZ DURANTE O BOM TEMPO?

Administrar o tempo é fazer com que as pessoas busquem o que mais importa na vida delas.

PAULO KRETLY
DIRETOR DA FRANKLINCOVEY NO BRASIL

Claudio Zanutim – Temos trocado várias ideias sobre o tempo por aqui, não é mesmo? Mas o que eu quero saber de verdade é: quais reações os conteúdos destes capítulos têm causado em você?
Escreva aqui, por favor:

_____
_____
_____
_____
_____

O que você está SENTINDO?
Escreva aqui, por favor:

_____
_____
_____
_____
_____
_____

Depois de diversas questões postas na roda, fica evidente que a mudança genuína só depende ou só dependerá de você.

Ok, talvez você esteja farto desse lenga-lenga sobre o ano da virada, "a mudança é você quem faz" ou frases semelhantes, certo? Então, o que acha de fazer acontecer de uma vez a transformação que você tanto precisa em sua vida?

A minha missão é compartilhar meus conhecimentos e melhorar a sua produtividade. Isso é o que importa. Portanto, meu intuito é que, mês a mês, "de grão em grão", você atinja as suas metas e objetivos. Chegou a hora de você ultrapassar o nível raso, entende?

Todas as vezes que chegamos ao final de mais um mês e ficamos sem nada fazer, de alguma forma nos frustramos. Certamente, se você não fizer nada (agora), daqui a três meses vai desejar ter começado hoje, e não queremos que isso aconteça, certo?

Daniela Serban – Como dizia Einstein: "Para nós, físicos, presunçosos, passado, presente e futuro são apenas ilusões". O passado são imagens que se situam em nossa memória. O que temos são interpretações dessas imagens. Já o futuro está em nossa imaginação. Não é real. O único espaço em que podemos agir, transformar, é o presente.

O tempo é o único responsável por transformar o futuro em presente e o presente em passado, mas o que realmente existe é o presente.

Expandamos um pouco mais essa reflexão.

Como cita Deepak Chopra em seu livro *As 7 leis espirituais dos super-heróis*:

> Somos um ser integrado com o universo. Essa noção de limite dada quando olhamos no espelho é algo ligado ao ego, muito parcial. Nossa ação individual tem um impacto no universo das pessoas, da fauna e da flora. Isso é um fato científico. Nosso corpo vive uma troca dinâmica com os corpos vivos, incluindo plantas e animais, terra, ar e água por intermédio da respiração, metabolismo e eliminação. Nosso corpo é parte de um campo de energia ligado ao universo. Então, o que fazemos individualmente tem impacto. E com isso aumenta nossa responsabilidade, nossa consciência sobre o poder de transformação do mundo.[39]

O livro compara a habilidade dos seres humanos e dos super-heróis de forma bem lúdica e criativa, ressaltando que eles, os super-heróis, estão muito bem conectados com todo esse todo e trazendo para nós a possibilidade de aproveitamento do nosso potencial de ação e interação.

Claudio Zanutim – Então, vamos trabalhar enquanto temos bom tempo?

Matheus Souza, nômade digital que empreende e escreve, disse: "As pessoas querem o que a maioria não tem".

Ser uma pessoa **produtiva, interessante e requisitada** tem ligação direta com o estilo de vida que se leva atualmente. Já ouvi a frase: "Ninguém gosta de ter associação com pessoas fracassadas"? Pois bem, ela é verdadeira.

---

[39] Deepak Chopra, *As 7 leis espirituais dos super-heróis*, São Paulo, Lafonte, 2012.

Queremos colar com a galera popular, sermos reconhecidos como "o cara" ou "a mina" que realizou grandes projetos e conquistou diversas medalhas na vida. Queremos usar roupas de grife, frequentar bons restaurantes e viajar para lugares bacanas, porque isso nos define como bem-sucedidos. Não como pessoas melhores, necessariamente.

Desejamos o apartamento mais badalado, o carro do ano, boas viagens e uma receita que supra as necessidades de quem amamos e nos proporcione conforto e estabilidade. É ou não é? E não me venha com o papo politicamente correto de que o que realmente importa é ser feliz e blá-blá-blá...

Ao contrário do que muitos pensam, desejar coisas boas não se trata apenas de vaidade, mas de aceitação também. Queremos ter associação com pessoas que "deram certo na vida". Bom, pelo menos é o que afirmam os especialistas, como veremos.

Segundo a psicóloga Elisandra Souza, "todos nós buscamos por grupos identificatórios, que nos possibilitem o reconhecimento do nosso eu". Ou seja, precisamos fazer parte de um grupo social que **nos valide** enquanto seres humanos e, nessa procura, não queremos nos "membrar" a grupos "meia-boca".

A psicologia também nos ensina que todo indivíduo é constituído por vários elementos externos (outras pessoas, valores morais, sociedade, cultura etc.). É dessa forma que construímos a nossa identidade.

No final, todos nós queremos o conforto das formigas, e lá vem eu novamente com elas, aquelas que trabalharam duramente para **obter** o que precisavam. Aliás, não sei se você sabe, a formiga é um símbolo da cidade de São Paulo e foi homenageada na Avenida Sumaré, com uma exposição de formigas gigantes.

Muito bem, se você nunca ouviu a fábula da formiga e da cigarra e, como a tenho utilizado muito neste livro, creio que seja legal contá-la aqui e agora, já que nos traz grande reflexão sobre o que queremos para o futuro. Trata-se da cigarra preguiçosa, que tinha o costume de chiar o dia todo ao pé do formigueiro, enquanto as formiguinhas trabalhavam incansavelmente e se preparavam para o inverno que, em breve, "daria as caras". O tempo das chuvas e o inverno chegaram, e os bichinhos precavidos passavam o dia cochilando em suas tocas, menos a cigarra negligente. A cigarra estava irremediavelmente gripada, com muita fome e frio por estar desabrigada. Foi quando ela teve a ideia de pedir ajuda às formiguinhas.

Foi um verdadeiro alvoroço. A pobre cigarra foi interrogada logo de cara pela formiguinha friorenta que a recebeu em sua porta segurando uma xícara de chá bem quente: "O que você fez durante o bom tempo, para não ter construído sua casa?". A cigarra, toda tremendo, respondeu, depois de um acesso de tosse: "Bem, sabe... Eu cantava."

É sempre assim: as desculpinhas e justificativas são as mesmas. "Bem, eu estava ocupado demais com outras coisas, por isso não pude me precaver". Você conhece esse padrão de comportamento?

Daniela Serban – Zanuta, aqui, uma frase sua me gerou um certo desconforto: "Ninguém gosta de ter associação com pessoas fracassadas", e acho que vale aprofundarmos um pouco alguns possíveis conceitos sobre "fracasso" e, consequentemente, sobre "sucesso".

Podemos começar falando sobre o sucesso. Gosto muito da definição de Booker Washington, escritor e professor americano, que diz: "O sucesso é mensurado não pela posição que uma pessoa alcança, mas pelos obstáculos que ela teve de vencer". Isso me lembra da história de Marcelo Ostia, ex-morador de rua. Vindo do interior de São Paulo para a capital, sobreviveu dormindo numa vaga de estacionamento, com apenas R$ 4,00/dia. Conseguiu se erguer, tornou-se um empresário com lojas próprias, chegou a ter 850 microfranquias e faturamento mensal de R$ 120 mil por mês (camisetasdahora.com).

Por outro lado, o fracasso já vem nessa contramão. A não superação de obstáculos pode ser uma boa definição, e esses conceitos relacionados ao fracasso são muito influenciados por exigências e padrões sociais, como a beleza imortal, o poder da riqueza e o status profissional. Felizmente, a humanidade evoluiu, e acredito que esses padrões do que é belo ou feio, do que é socialmente aceito, têm sido cada vez mais questionados e revistos, o que promove uma liberdade muito maior de escolha de estilos de vida, grupos sociais, sobre o sentido de sucesso e, consequentemente, de felicidade.

Escolher estar próximo de alguém por critérios valorizados pelos outros, pela sociedade, e não porque é valor para você, acho um pouco perigoso. Acredito que, no fundo, era o que você queria dizer, Zanutim. Nesse caso, eu concordo. Pessoas que têm uma história de conquistas, com ética e valorização das pessoas, geram interesse, curiosidade, admiração e umas tantas outras emoções positivas, incentivando mais pessoas a terem vontade de estar perto delas.

Claudio Zanutim – Sim, Dani, isso mesmo. Certa vez, eu estava com uma amiga empresária que vivia um dilema: não sabia o que fazer para seu negócio prosperar, pois ia mal. Ela tinha uma outra opção, bem melhor, de trabalho. Perguntei: "Já pensou que, daqui a 15 anos, você estará com 70 anos? Imagine fazer o que você faz hoje com essa idade. Projete-se para lá, por favor", eu disse. Ela não havia parado para pensar nisso ainda, mas a rápida reflexão lhe trouxe luz para clarear que seria bem difícil e desgastante.

Sempre temos explicações para nos **absolver da improdutividade**, e é justamente dessa forma que surgem inúmeros profissionais depressivos, desanimados e insatisfeitos com sua carreira, e também com o fracasso ou com o sucesso.

Há profissionais que procrastinam a ponto de se sentir desanimados por nunca realizar nada, uma vez que não trabalharam para isso. Muitos profissionais vão diminuindo em vez de crescer, porque não reagem. É comum **esquivar-se de mudanças**, e pior do que nunca se movimentar é permanecer dia após dia carregando a sua carreira com pesar. Ou ficar como a cigarra negligente, que se deu mal.

Talvez eu soe como um "chato de galochas", que frisa repetidamente o quanto você precisa se movimentar em sua zona de conforto, todavia, se você não optar pela mudança hoje, no futuro estará definhando profissionalmente, tendo sentimentos desanimadores e até mesmo se sentindo infeliz.

Certa vez, tomando café com um grande amigo e conselheiro, ele me disse: "Lembro quando você não era ninguém. Como você se transformou e se reinventou, eu dou você como exemplo hoje a várias pessoas a quem aconselho". Creio ser um cara de sucesso, pelo menos para a minha família e para mim. A vida me é boa demais!

O filósofo Epicuro afirma: "A satisfação dos nossos desejos e sonhos é como o grande oásis da felicidade". Logo, um indivíduo que não encontra satisfação nos sonhos e desejos é um ser humano incompleto, que pode ser o próximo depressivo da vez. Sempre correndo atrás de mais ou atrás do próprio rabo.

Quanto mais rápido você entender que deve aproveitar **o bom tempo para construir e realizar seu propósito**, mais rápido também atingirá o patamar de bem-sucedido e será feliz com você mesmo.

Para mim, ser bem-sucedido é executar tudo o que você planejou para você e sua família com excelência. Sucesso é uma questão de foro íntimo.

Se você notar que em cinco de sete dias da semana você acorda desmotivado para executar a sua rotina, é nítido que há um problema sério problema. Que tal adotar as dicas de transformação que tem recebido? O que acha de criar uma rotina, montar sua planilha e gerenciar melhor o seu tempo a fim de se tornar uma pessoa melhor e mais satisfeita consigo mesma?

Larry Page, executivo que consolidou o Google, considerado uma das cem pessoas mais influentes do mundo pela revista *Time*, disse: "Se estiver revolucionando o mundo, trabalhando em coisas importantes, você sempre estará animado ao acordar".

Será que trazer à existência essa satisfação não depende de pequenos ajustes? É comprovado que nós temos o estilo de vida que desejamos. Se, ao olhar ao redor você não gostar do que vê, entenda que tudo isso é responsabilidade sua e de mais ninguém.

Daniela Serban – Muito forte aquele pensamento de Epicuro. Pode suportar bem a importância da prática do planejamento e do plano de ação com disciplina e determinação! Vale a pena.

Então, Zanutim, estamos tão alinhados que, ao praticarmos nosso propósito, ganhamos muita força em nossa produtividade. Agora, "olhar ao redor e não gostar do que vê" por nossa própria responsabilidade... doeu-me na alma. Acredito ser fundamental olhar nossa vida de cima e fazer uma autoavaliação; dentro disso, entendo que não precisamos achar os responsáveis, e sim ter o olhar: "Isso tudo que estou vivendo está querendo me ensinar o que neste momento?". Acolher o momento e experiências vividas pode nos ajudar a aprender, desaprender e reaprender com a vida.

Às vezes, o *timing* da realização de algo que queremos é diferente do que esperamos, mas, em vez de buscar responsáveis, eu me questionaria: "O que preciso aprender com o que estou vivendo?", "Posso fazer algo diferente, mudar meu comportamento, para alcançar isso que busco?".

Dentro do conceito do *mindfulness*, a aceitação do que estamos vivendo nos possibilita ganhos de aprendizagem fundamentais para evoluir no que é importante para nós. Olhar para a situação como algo positivo, mesmo não gostando objetivamente do que estamos vendo ou vivenciando.

Há resultados que dependem de nós, e é importante termos isso claro, até para pensar em novas ações para alcançá-los, mas há outras que dependem de tantas pessoas, circunstâncias, outros tempos junto com nosso tempo. E assim caminha a humanidade!

Por exemplo, por ser uma pessoa mais criativa e, também, com foco em ideias, não é muito fácil para mim lembrar de detalhes da minha rotina, que passa por preparar os filhos, levá-los à escola, fazer atividades físicas, coordenar a casa, a ajudante do lar, o marido, o trabalho, os mantimentos, entre outras tantas mil atividades diárias de uma mulher, que, além das planejadas, aparecem a cada novo dia, além de pensar nos meus pais, em planejamento financeiro, férias, de cuidar da minha aparência física (cabelo, manicure, roupas...) etc. etc. etc.

Ufa, cansei só de pensar! Na prática, são vários detalhes de uma vida ativa. Parei de me criticar por deixar vários pratinhos caírem. Aceitei que ainda irão cair, ou seja, acolhi, de fato, a minha vulnerabilidade. E, sinceramente, acredito que isso nos liberta. Aliás, a vulnerabilidade é a sinceridade e o respeito comigo mesma e a coragem para assumir que, de fato, não consigo segurar alguns pratos. E tudo bem pedir ajuda para minha rede de apoio: família, amigos, colegas, clientes e Deus, claro!

Paralelamente, desenvolvi estratégias para minimizar as escorregadas do dia a dia, utilizando essas ferramentas que você, Zanutim, fala em suas palestras, *workshops*, e que compartilhamos aqui no livro com você, leitor. Escrevo tudo na agenda, desde a borracha da escola da minha filha que preciso comprar, os projetos futuros e o que preciso fazer hoje para alcançar o que tanto quero.

Incluir tudo na agenda melhorou bastante minha produtividade e qualidade de vida. Isso posso garantir. Ah, e com as ferramentas existentes, por exemplo, o calendário do Google, podemos compartilhar compromissos na agenda do marido, companheiro, familiar, quando estes estão envolvidos no assunto.

Recomendo a você tentar. Não há contraindicações nem efeitos colaterais! Somente ganhos para você e as pessoas que estão ao seu redor!

Claudio Zanutim – Dani, outro ponto que quero ressaltar é que você é o protagonista da sua vida e de sua carreira. É impressionante como rola um pensamento derrotista em diversos profissionais que vejo por aí. Para eles, só se dão bem na vida as pessoas que receberam alguma herança da família, que os pais ajudaram ou que "a sorte" bateu à porta. Sorte é, como digo, o encontro de suas habilidades, competências e conhecimentos associada a uma oportunidade significativa para você.

Muitas pessoas comuns são extremamente capazes de ser "os mais novos-ricos desta geração", e isso não é papo-furado. Augusto Cury disse: "A diferença entre o sucesso e o fracasso é que umas pessoas lutam por seus sonhos e outras desistem deles".

Veja bem. Você tem recebido dicas extraordinárias para organizar aquilo que é **imprescindível, preferencial, urgente e, por fim, desnecessário** em seu dia a dia. Portanto, mãos à obra. Mudar seu hábito é algo que exige empenho e força de vontade, ou seja, fazer parte do grupo de pessoas bem-sucedidas depende das suas decisões hoje; é hora de "arregaçar as mangas".

Você decidiu aplicar essa técnica? Se sua resposta for sim, parabéns! Se for não, ok, é sua escolha. Entretanto, esse é um bom exemplo de como sua sorte é você quem faz, quando opta por mudar o seu padrão de comportamento. Nada muda se você não mudar!

Pense comigo: se queremos fazer parte de um grupo social de sucesso, como escrevi e discuti com a Daniela neste capítulo, devemos trabalhar para atingir esse objetivo. É justamente aí que entra em cena toda a metodologia de gerenciar os 1.440 minutos de vida por dia que você detém.

Carlos Drummond de Andrade já dizia: "Perder tempo em aprender coisas que não interessam priva-nos de descobrir coisas interessantes". Não podemos olhar apenas de uma perspectiva, o agora. Precisamos pensar nos dias vindouros e o que faremos da energia que temos hoje, a fim de não nos exaurirmos no futuro por acúmulo de "irrealizações". Ah! Isso não é uma contradição de minha parte, mas, sim, outra forma de refletir sobre o futuro.

O futuro começa agora! Pense nisso.

DICAS DOS AUTORES

Livros

- *Atenção plena para iniciantes: usando a prática de mindfulness para acalmar a mente e desenvolver o foco no momento presente* – Jon Kabat-Zinn.
- *A coragem de ser imperfeito: como aceitar a própria vulnerabilidade, vencer a vergonha e ousar ser quem você é* – Brené Brown.

Vídeos

- *Caminha comigo* (2018) – Filmes do YouTube. Disponível em: www.youtube.com/watch?v=8KAWPYxymnM

- *O poder da vulnerabilidade* (2013) – Canal Civilistica Revista Eletrônica no YouTube. Com Brené Brown. Disponível em: www.youtube.com/watch?v=n7tql5Oxol4

Ferramentas

- *Mindfulness* – Respirar três vezes, profundamente, em momentos de estresse, ajuda a restabelecer seu centro, seu equilíbrio.
- Agenda do Google.

CAPÍTULO 10

VAMOS CRIAR UMA ROTINA

Se não decides tuas prioridades e quanto tempo dedicarás a elas, alguém decidirá por ti.

HARVEY MACKAY

Claudio Zanutim – Legal que você já esteja neste capítulo! Fico contente e espero que você já tenha mudado algumas posições, comportamentos e ações. Quero acreditar que você já tenha começado grandes mudanças em sua vida. Espero que você esteja acompanhando e seguindo as instruções que estamos compartilhando capítulo a capítulo **sobre o tempo** e sobre a ideia de vida integral, feita por completo, para uma qualidade de vida melhor.

Lembra que eu disse que empresas e pessoas que escrevem seus sonhos traduzindo-os em objetivos e metas podem chegar a 67% de índice de sucesso e antes do tempo definido? Uma das maiores dificuldades das empresas e das pessoas, entretanto, está em **definir** (escrever) objetivos e metas. Por isso, sempre falo ser necessário trabalhar em meu tripé comportamental para potencializar suas realizações.

Figura 5 – Tripé comportamental

Daniela Serban – Sim, é importante escrever objetivos e metas, e, mais ainda, deixar esse registro visível para constante lembrança. Não adianta escrevê-los, esquecê-los numa pasta de arquivo do computador e ficar com a consciência tranquila de que fez sua parte. Nada disso! É preciso anotá-los e deixá-los evidentes em algum local onde você circule, onde possa se deparar com eles de forma frequente. O reforço visual o ajudará a alcançar suas metas. Essa prática aumentará sua capacidade de retenção.

VAMOS CRIAR UMA ROTINA

Se você deixá-los somente no computador, numa pasta, não será automática a lembrança. Já se você inclui-los no lugar em que faz seu ritual matinal, por exemplo, isso poderá ser mais eficiente. Eu os deixei impressos no meu escritório e no *notebook*. Resgato-os no meu planejamento semanal para incluir pequenas ações no meu dia a dia. Fácil? Não. Natural? Não.

Relacionando com o tripé que o Zanutim abordou, a visualização dos objetivos e metas incentiva a constância (todo novo dia você vê a planilha com os detalhes que planejou) e, com disciplina, aumenta a potência para sua realização, até porque, olhando para ela, poderá avaliá-la, revê-la, repensá-la e também alterá-la ao longo do ano.

A ideia não é ter algo estático e imóvel o ano todo, e sim ter um direcionamento do que acha importante hoje, para poder olhá-la lá na frente, daqui a alguns anos, com orgulho de suas realizações! Você tem a liberdade de mudar quando e como quiser, mas terá um guia, um norte, um direcionador para o destino de seu avião.

Seja autor de sua própria história, deixando um legado para o mundo. Ter esse direcionamento dá tranquilidade, paz na alma, por estar cuidando do que realmente é importante na sua vida, para curtir com alegria e leveza os momentos preciosos que são os seus 1.440 minutos diários. Para poder dizer, por exemplo, que chegou ao final do seu ano satisfeito em ter alcançado 75% das metas planejadas.

Dessa forma, eu e você poderemos criar um registro, ao longo dos anos, de que estamos construindo nossa própria história. Para o autor e historiador Marc Bloch, história "é uma ciência que estuda a evolução do homem no tempo". Portanto, quando estamos construindo a nossa história de forma significativa, estamos em evolução.

Imagine se Amir Klink, importante velejador brasileiro, fizesse suas viagens sem se organizar, sem planejar os detalhes de todas as possíveis situações que viveria no período em que estivesse em alto-mar, ou que um engenheiro construísse um prédio com os materiais comprados na promoção do dia. Como seria seu legado, sua história?

Convidamos você a pensar como se a vida fosse um palco, e você, o ator principal. Para que brilhasse na hora do show, o que precisaria ser feito antes?

Ao vivenciar essas ideias que apresentamos com muito carinho, você lerá no futuro a sua história e, com orgulho, saberá que deu o seu melhor em cada minuto de seu dia neste palco da vida!

Claudio Zanutim – A falta de definição de metas é tão comprometedora que muitos nem sequer conseguem estipular novas metas para seu novo ciclo; se conseguem, possivelmente há dificuldades para executá-las, não é mesmo?

Por isso, pensando em dar uma "mãozinha", se você já se conectou comigo lá no LinkedIn, viu que eu escrevi e gravei uma série de dicas e artigos que fazem parte da série *Construindo objetivos e metas atingíveis*. Se entrar em meu website, você também achará.

Um curso que foi criado e embasado numa metodologia para auxiliar empresas e pessoas comuns a **pensarem, construírem e atingirem seus objetivos e metas**. Um curso que trabalha em função de transformar seu *mindset*, melhorar a sua produtividade e performance.

Então, vamos logo ao que interessa: definir suas metas para os próximos dias (caso tenha definido, vale ler para revisar). *'Bora*?

(1) Estabeleça sua rotina, tudo aquilo que é imprescindível.

Em minhas experiências com o curso "1.440 minutos" pelo Brasil e pelo exterior, provoco as pessoas a fazerem suas listas de tarefas imprescindíveis e dou como parâmetro a hierarquia das necessidades de Maslow, em que a base da pirâmide hierárquica são os fatores motivacionais fisiológicos.

As listas incluem tarefas e ações comportamentais, como dormir, acordar, levantar, escovar os dentes, tomar banho, vestir-se, fazer xixi, cocô, tomar café, almoçar, jantar etc. Como cada pessoa é de um jeito e com DNA único, essa lista se altera para cada indivíduo, mas não muito.

Produzir as listas em sala comigo inserindo os minutos é bem legal porque 99% das pessoas não param para refletir sobre isso em suas vidas. Deixam o dia a dia as engolir. Além disso, é muito divertido.

Cheguei a uma conclusão depois de anos aplicando essa dinâmica em sala: que, em média, as pessoas investem 9 horas e 42 minutos (considerando que dormem 7 horas por dia em média) em tarefas imprescindíveis de seus dias. Portanto, sobram-lhes 14 horas e 18 minutos por dia para fazer todo o restante: o preferencial, o urgente e o desnecessário. Assim, quero que você inicie com isso em mente antes de prosseguir, e pare para preencher a planilha de produtividade, se não o fez ainda.

Ter esse entendimento é muito importante para se ter uma vida integral e não departamentalizada. O impacto desse pensamento e da mudança de comportamento é tão poderoso que, quando decidi fazer minha lista, anos atrás, pus na minha agenda acordar e levantar. Percebi que tinha um comportamento de acordar às 5 horas da manhã, mas de sair da cama, ou seja, de levantar, às 5h15 ou 5h20. Percebe a importância?

(2) Crie uma prioridade
Identifique qual é a sua prioridade – no singular. Quero que você transforme a sua mentalidade começando por entender que quem tem prioridades, no plural, na verdade não tem prioridade alguma!
Prioridade é tudo aquilo que você considera essencial realizar, que está em seu alcance e sobre o qual tem autonomia. Portanto, defina agora o que é prioridade para você nesse início de novo ciclo. Quais sonhos quer tirar da gaveta e efetivar? Só não confunda isso com o imprescindível de sua rotina.

Daniela Serban – Sim, nesse caso, rotina contempla acordar, tomar café da manhã, tomar banho, almoçar, jantar, entre outros. Esses itens da rotina diária, podemos incluir na agenda se quisermos, e há os itens que são semanais. Por exemplo, no meu caso, fazer compras de supermercado, coordenar que uniformes estejam limpos e disponíveis, verificar se o lanche das crianças está em ordem também pode ser previsto.
Quem tem família, filhos, pode fazer em separado a rotina de cada filho e organizar quem fará o que e quando, para ver em qual agenda da família isso terá impacto. Por mais que as crianças tenham agenda própria, informações sobre quem irá levá-las, buscá-las, providenciar roupa para as atividades delas, coordenar a lição de casa, marcar médicos, acabam entrando na agenda dos adultos. Você pode identificar na agenda cores diferentes para cada filho.
Sobre a questão de prioridade, podemos ter a nossa diária, uma só. O que é mais importante naquele dia. Fechar aquele importante negócio ou pesquisar preços de um novo plano de saúde.
Temos ainda a prioridade para o ano. O que quero constatar, ao final do ano, ter feito com excelência? Iniciado uma faculdade, reformado minha casa, voado de balão?
Aqui, amigo leitor, Zanutim, quero compartilhar um *insight* e trazer algumas reflexões. Vivemos num mundo Vuca, acrônimo em in-

glês que, traduzido para o português, significa *volátil, incerto, complexo* e *ambíguo*.

Questionamos sobre o futuro, quais profissões estão se extinguindo, quais virão pela frente, que alimentos estarão disponíveis ou se haverá água para todos. Até onde a tecnologia vai substituir o homem. Quais os impactos do aquecimento global sobre o meio ambiente. Perguntas que nos instigam, mexem conosco. Esse é um movimento do mundo externo, porém, certamente, com muitos impactos em nossa vida pessoal.

Agora, voltemos um pouco mais para o seu interior. Para o seu foro íntimo. Sua voz, que fica ali falando, e que você, muitas vezes, não ouve. O que VOCÊ quer para a sua vida? O que move VOCÊ? Onde VOCÊ se sente feliz, cheio de energia, com ideias e anseios de realização?

Sabe aquela voz interna que vem e fala: "Poxa, acho que estou com vontade conhecer mais sobre isso"? Por exemplo: aprender a cantar, a cozinhar, a fotografar, a cuidar mais daquele membro da família temporariamente "esquecido", e por aí vai...

O ator norte-americano Samuel L. Jackson começou sua carreira aos 43 anos, e seu compatriota Harrison Ford, aos 35. Stan Lee, o gênio da Marvel, começou a fazer sucesso com o *Quarteto Fantástico* quando estava próximo dos 40 anos de idade. Nunca é tarde!

Ouça sua voz interior. É nesse espaço que muitos talentos se manifestam, se comunicam.

Tendo atenção para responder a essas perguntas, será mais fácil definir a prioridade da sua vida neste momento. Uma vez que você definir sua prioridade e, com isso, uma lista de ações para realizá-la, inclua um tempo para elas na sua agenda. Isso é fundamental, só assim dá certo. Seguiremos apresentando algumas ideias práticas para ajudar você a definir a sua prioridade. Vamos nessa?

Claudio Zanutim – (3) O que é urgente?

Usando o gatilho do item (2), em que você indica qual é a sua prioridade, entramos no ponto (3), em que você deve listar tudo o que é **urgente**.

Urgente representa coisas que você é acionado a realizar e não pode adiar mais, seja porque deixou de cumprir no passado, seja porque foi condicionado por uma necessidade instantânea. O urgente é mais importante que a prioridade, mas um não anula o outro.

Defina agora tudo o que é urgente em sua opinião.

Daniela Serban – Por exemplo, um *check-up* anual do cardiologista poderá se tornar urgente se você sentir que está com falta de ar, com o coração disparado. Ir ao supermercado, se você não tiver se organizado para estocar mantimentos o suficiente, vira urgência na sua casa.

Nesse processo de organização da lista de urgência, que tal pensar: só eu preciso resolver essa atividade ou alguém pode ajudar? Eu preciso parar tudo e comprar roupas novas para meus filhos que cresceram ou posso pedir para alguém da minha rede de relacionamentos me ajudar?

Que tal acionar, com muito carinho, aquelas amigas ou amigos que têm filhos e podem fazer essa doação? Com isso, você economiza tempo, dinheiro, e ainda ajuda o meio ambiente.

Na escola onde meus filhos estudam, as famílias se organizaram para trocar os livros didáticos ao final de cada ano. Eu doo os livros dos meus filhos para a turma da série mais nova que vai iniciar e recebo os livros das famílias com filhos da série que meus filhos passarão a cursar. Ideias como essa são simples, e nós economizamos tempo e dinheiro, fortalecendo nossa rede de apoio. E evitamos algumas situações que poderiam virar urgências, focando no planejamento.

Focando mais no planejamento, algumas atividades que poderiam se tornar urgência são evitadas. Assim feito, podemos utilizar a estratégia da delegação para nos ajudar a implementar essa tarefa. Essa estratégia pode nos aliviar de algumas atividades que, no piloto automático e na urgência, você acha que só você pode resolver. Há pessoas que centralizam tudo sem perceber, por hábito, falta de planejamento, perfeccionismo ou falta de confiança em delegar. O Zanutim fala bem sobre isso, e aqui cabe essa correlação em nossa vida pessoal, principalmente quanto a situações que poderiam não precisar chegar à condição de "urgentes".

Quantas mães acham que só elas sabem preparar o lanche do filho do jeito que ele gosta? Isso se torna urgente se ela não se organizar e não definir previamente quem poderia providenciar isso.

Quantas acham que só elas sabem limpar a casa, a ponto de não delegar tal tarefa a mais ninguém? Cada um tem um estilo, uma forma de pensar. Eu respeito, mas acredito que, às vezes, centralizamos em nós muitas atividades com essas crenças. E a lista de urgências no nosso dia aumenta muito. Penso nisso diariamente.

Tenho plena consciência de que não tenho facilidade para cozinhar. Sabendo disso, conto com uma aliada, muito querida, diga-se de passagem, que me ajuda com essa atividade diária. Atividade que, se for negligenciada, vira uma urgência.

E no seu caso, que itens, da sua lista de atividades, talvez você não saiba fazer bem, mas que sua rede de relacionamentos poderia ajudar?

Falando nisso, vamos discutir um pouco sobre a sua rede de relacionamentos. A rede funciona como uma planta: precisa ser regada com água e cuidada para que viva mais e melhor. Sair com os amigos de que gostamos, nos importar com o momento de vida deles, fazer ao menos uma ligação eventual é a água que rega nossa planta da amizade e, consequentemente, nossa rede de apoio, para evitar muitas situações de urgências no nosso dia a dia.

Atualmente, com a era da tecnologia, temos a ilusão de que, com as redes sociais e os aplicativos, as pessoas estão mais próximas. Sinceramente, tenho dúvidas sobre isso. Muitos estudos dizem que não. WhatsApp, por exemplo. Achamos que estamos "economizando tempo" por falar com o outro apenas o necessário, mas percebo que, frequentemente, ao nos comunicarmos por escrito ou por áudio usando esse *app* (ou outros), deixamos de ter um contato mais próximo com o interlocutor e, muitas vezes, podemos gerar mais conflitos e desentendimentos.

Gosto muito da comunicação escrita, porém, com a falsa ilusão de "economizarmos tempo", falamos o que acreditamos ser o essencial para a pessoa entender, e nisso a comunicação pode falhar. Quando percebo esse tipo de situação nas minhas conversas escritas, ligo para a pessoa na sequência, e tudo se esclarece bem mais facilmente.

Vou exemplificar com uma situação que poderia ser apenas resolvida com uma comunicação mais cuidadosa, mas se tornou uma urgência dentro do contexto e momento. Uma pessoa próxima, divorciada, me mostrou seus diálogos no WhatsApp com os *crushes* que conhecera em aplicativos e com quem, de alguma forma, vinha se relacionando. Ela estava bem envolvida com um deles, tinham saído algumas vezes e, certo dia, entrou no Tinder e viu que ele havia dado um *like* na noite anterior no perfil dela.

Veio me contar que ficou bem contrariada, dizendo: "Poxa, se ele ainda entra no Tinder, é porque não está querendo algo sério comigo". No dia seguinte, ele a procurou no WhatsApp, querendo sair, e ela recusou. Argumentou que não gostou do fato de ele ter voltado a entrar no Tinder, o que, para ela, dava a entender que continuava em busca de aventuras, e que não sairia com ele.

Nesse momento, eu a questionei, com todo respeito. "Bem, tenho duas considerações a fazer, querida amiga. Primeiro, se você o encontrou no Tinder, é porque você também usa o aplicativo. Então, está decepcionada com um comportamento dele e você está fazendo igual. Ou seja, não está sendo justa nem coerente. E com opiniões que o prejulgam sem nem sequer se comunicar a fundo com ele [não falei nesses termos, estou apenas simplificando aqui].

Segundo, se você está de fato envolvida com ele, a ponto de ficar decepcionada com essa atitude, por que não pegou o telefone e ligou? Assim, poderiam conversar calmamente sobre o assunto, ouvindo-o com empatia, e ter uma noção de todo o contexto para fazer uma avaliação mais profunda".

Um potencial relacionamento, muito especial, se fosse tratado com mais empatia e ela tivesse ligado para entender e saber o que ele estava sentindo e pensando talvez teria outro desfecho.

Quem é que nunca passou por uma situação em que, querendo economizar tempo, escrevendo frases resumidas nos *apps*, mais teve conflitos do que reações positivas? Vale a reflexão.

Pausa para lembrar um caso pessoal.

_____

_____

_____

É sabido que, ultimamente, as pessoas têm se sentido mais sozinhas e tristes. Pesquisa publicada no *American Journal of Preventive Medicine* aponta que acessar websites e *apps* como Facebook, Twitter, Snapchat, por mais de 2 horas por dia, dobra a probabilidade de alguém se sentir mais sozinho e isolado. As relações de confiança se constroem com uma comunicação próxima, transparente, realizada com cuidado e entrega. Não adianta querer economizar tempo e resolver questões mais profundas escondendo-se atrás de *apps*. Não funciona.

Voltando ao assunto da rede de relacionamentos que ajuda a diminuir as possíveis urgências: e quando você precisa tirar dinheiro do banco para fazer um pagamento, mas a lista de urgências a resolver é grande? Que tal acionar sua rede? Esposa, marido, parente, companheiro... Alguém para salvar você! Mesmo que os aplicativos de retirada e entrega de seu dinheiro possam dar conta dessa questão atualmente, nada como alguém da sua confiança para apoiá-lo em situações assim, não é mesmo?

Vale pensar se tenho formas mais simples de resolver um assunto de minha lista ou se tenho todas as informações de que preciso para solucionar a questão. Se não pensarmos um pouco antes de agir, essa atividade urgente, quando malfeita, pode gerar outras.

Ufa! Fácil não é. Importante? Muito!

Claudio Zanutim – (4) O que é desnecessário?

Uma das maiores dificuldades das empresas e das pessoas está em resolver assuntos circunstanciais e desnecessários. É justamente aqui que muitos profissionais se enroscam e perdem bastante tempo. Para solucionar isso em questões que podem esperar, você precisará trabalhar uma palavra que poucos têm coragem de dizer: **não**!

"Não, isso não é possível agora", "Não, isso pode esperar um pouco, não é minha prioridade neste momento."

É fundamental que você adote a disciplina de dizer **não** para todas as ocasiões que são circunstanciais e desnecessárias, a fim de atingir as suas metas. Essa é uma sacada extraordinária para todos aqueles que desejam "começar pelo começo" e definir os seus objetivos.

Uma ferramenta que já mencionamos aqui no livro, a **matriz G.U.T.**, de Kepner e Tregoe, lhe possibilita classificar as tarefas de maior:

> **Gravidade** – Impacto do problema analisado caso ele venha a acontecer. É analisado sob alguns aspectos, como: tarefas, pessoas, resultados, processos, organizações etc., avaliando sempre seus efeitos a médio e longo prazos, caso o problema em questão não seja resolvido.
>
> **Urgência** – Prazo, o tempo disponível ou necessário para resolver um determinado problema analisado. Quanto maior a urgência, menor será o tempo disponível para resolvê-lo. É recomendado que seja feita a pergunta: "A resolução desse problema pode esperar ou deve ser realizada imediatamente?".
>
> **Tendência** – Potencial de crescimento do problema, probabilidade de se tornar maior com o passar do tempo.

É a avaliação da tendência de crescimento, redução ou desaparecimento do problema. Recomenda-se fazer a pergunta: "Se eu não resolver agora, esse problema vai piorar pouco a pouco ou vai piorar bruscamente?". Você pode responder numa simples folha de papel. Minha sugestão é que você não perca tempo e utilize as estratégias que tem em mãos, sem enfeitar. Muitas pessoas optam por um procedimento rebuscado e acabam não fazendo nada!

Começar pelo começo é descomplicar. Use uma caneta e um papel. Na coluna relativa à **gravidade**, você deve inserir o índice de peso que tais atividades terão. Se for 5, por exemplo, mostra que a gravidade dessa tarefa é alta; se for 3, é média; se for 1, trará uma gravidade leve.

Você deve classificar também a coluna relativa à **urgência** da mesma forma. Sendo 5, 3 ou 1, o peso de urgência de cada tarefa. É você quem vai definir a classificação dessas atividades.

Na coluna relativa à **tendência**, você classificará 5 como a tendência a piorar sendo elevada; 3, como média, e 1, como leve. Contudo, há uma frase que deve anteceder a sua análise nesta coluna, que é: **Se nada for feito...**

Creio que com a **tabela 17**, ficará mais fácil.

Nota	Critério de avaliação da gravidade	Critério de avaliação da urgência	Critério de avaliação da tendência
5	Prejudica gravemente o resultado	Providência imediata	A situação piorará bastante
4	Prejudica bastante o resultado	Providência em curto prazo	A situação piorará
3	Prejudica o resultado	Providência em médio prazo	A situação pode ficar pior
2	Prejudica pouco o resultado	Providência em longo prazo	A situação não mudará
1	Quase sem efeito sobre o resultado	Não há pressa ou pode ser adiado	Será resolvida sem nenhuma intervenção

Tabela 17 – Matriz GUT, adaptada

Fonte: Kepner e Tregoe

Na matriz abaixo, você poderá fazer seu trabalho de priorização, só lembrando que não poderá dar empate nos totais, ok?

AÇÃO	G	U	T	TOTAL

Por meio dessas instruções, será mais fácil você saber por onde começar a sua lista e definir a sua prioridade, o seu plano de metas. Você conseguirá classificar melhor o tempo que investe em seus estudos, trabalho, redes sociais, websites, almoço em família, banho, visitas a clientes, entre outros.

Todo tempo que você dedica a cada uma dessas atividades tem relação direta com seus resultados e o atingimento de suas metas. Agora você pode definir o que é mais urgente, desnecessário e, por fim, prioritário em sua vida.

Como eu disse anteriormente, espero que, a esta altura, você já esteja dando seus primeiros passos rumo ao status de sucesso que tanto deseja e que tem significado para você. Você é o sucesso que deseja ser!

Existe uma forma de olhar para trás para impulsionar o futuro agora no presente: olhando para valores que lhe são caros, lembrando que não deve **departamentalizar** a vida. Somos seres completos e integrais, certo?

O desenho ou a ferramenta que você poderá trabalhar a seguir irá apoiá-lo na construção de um plano de melhoria individual. Essa ferramenta pode ajudar você a clarificar seus valores, por exemplo, ou ajudar a fazer conexões entre passado e presente de forma bem significativa. Vai ajudar a encontrar padrões de repetição de comportamentos que não o impulsionam e aqueles que o impulsionam, e, por fim, tenho certeza que irá apoiá-lo a encontrar os momentos certeiros para tomadas de decisão.

Não é um milagre, hein? É trabalho sério e disciplinado. Lembre-se de que nada muda se você não mudar.

Então, quero convidá-lo a construir uma imagem que o represente até a presente data. **Você vai trabalhar pensando em uma linha de tempo.** Assim, o eixo horizontal da matriz representará sua idade em anos, e o eixo vertical, seu nível de satisfação com a vida naquele determinado momento, com eventos bem significativos que tenham ocorrido.

Vou deixar aqui uma imagem-exemplo da minha própria matriz.

Note que são duas linhas. Sugiro aqui considerar seu momento pessoal e seu momento profissional em cada ponto. Cuidado: não estou encorajando-o a **departamentalizar** a vida, e sim a pensar em momentos distintos para que possa fazer reflexões importantes em linhas de intersecção. Esses modelos abaixo são meus mesmo, fiz em certo momento da minha vida. Vira e mexe, repito as sessões.

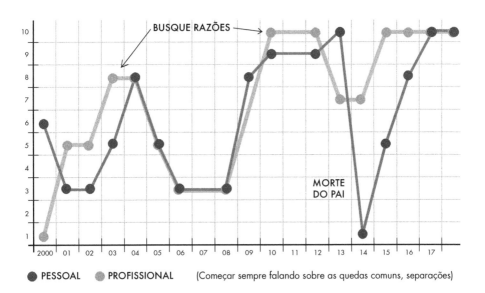

Figura 6 – Exemplo matriz tempo

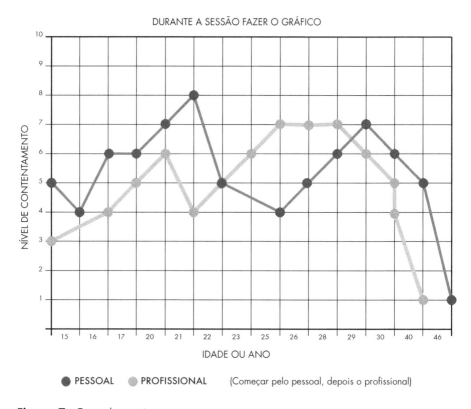

Figura 7 – Exemplo matriz tempo

Muitas decisões importantes eu tomei na vida em relação ao tempo depois que fiz este desenho. Cheguei a mudar de plano estratégico para a minha carreira, por exemplo. Decidi interromper meu doutorado e que iria passar mais tempo com a minha família. Decidi que tomadas de decisão precipitadas do passado não me afetariam mais no presente. Elas, inclusive, me fizeram regredir.

Também quero deixar algumas perguntas que você poderá fazer a você mesmo para ampliar seu horizonte de mundo e visão:

- Como você tem tomado decisões a respeito do tempo ao longo da vida?
- Observando os pontos altos e bem significativos, que força interior foi evidenciada e que você pode aproveitar hoje para gerir seus interesses?

- Observando os pontos baixos, o que você acredita que poderia tê-lo ajudado?
- Ainda observando os pontos baixos, o que você teria feito de diferente?
- O que você fará com o tempo de vida que lhe resta?
- Como você fará o que fará?

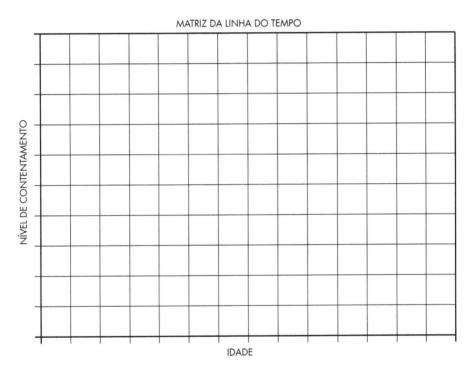

Figura 8 – Matriz tempo

Há outra matriz muito importante para o seu trabalho no sentido de aumentar seu nível de desempenho. Ela se chama B.A.S.I.C.O. e já a mencionei aqui no livro. Nela você deverá considerar quais serão os **benefícios** da ação ou da solução **para você**. Posteriormente, deverá considerar qual será a **abrangência** das pessoas beneficiadas pela solução, afinal de contas, ninguém bate meta sozinho ou constrói uma produtividade sem depender de alguém.

Você deverá pensar também no nível de **satisfação** que as pessoas envolvidas terá com suas ações ou soluções e, também, quais serão os **investimentos** necessários.

Qual será o efeito que sua ação ou solução causará para você mesmo, considerando-se como **cliente** da ação. Por fim, é preciso definir se será fácil aplicar o que você quer fazer. Então, como será a **operacionalidade** da ação ou da solução.

Devemos saber quais fatores estão contra e/ou a favor para determinar qual a melhor solução PARA VOCÊ.

Nota	Benefícios	Abrangência	Satisfação interna	Investimentos	Cliente	Operação
5	De vital importância	Total (70%/100%)	Muito grande	Pouquíssimo	Impacto muito grande	Muito fácil implementar
4	Impacto significativo	Muito grande (40%/70%)	Grande	Pouco	Grande impacto	Fácil implementar
3	Impacto razoável	Razoável (20%/40%)	Média	Médio	Bom impacto	Média facilidade
2	Poucos benfícios	Pequena (5%/20%)	Pequena	Alto	Pouco impacto	Difícil implementar
1	Algum benefício	Muito Pequena (até 5%)	Quase não é notada	Altíssimo	Nenhum impacto	Muito difícil implementar

Tabela 18 – Matriz B. A. S. I. C. O.

Vou deixar um exemplo comercial a seguir como forma lúdica para sua aprendizagem, prática e reflexão.

Para o problema priorizado "Baixo índice de recompra entre clientes", temos:

Soluções	B	Á	S	I	C	O	Total	Prioridade
Comparar e analisar produtos com concorrentes	5	5	2	4	4	3	23	2°
Ter ofertas especiais para quem já é cliente	4	5	4	4	4	4	25	1°
Realizar pesquisa de satisfação com clientes	4	5	4	2	4	3	22	3°
Montar uma equipe de vendedores especialistas	2	3	3	2	3	2	18	4°

VAMOS CRIAR UMA ROTINA

AÇÃO	B	Á	S	I	C	O	TOTAL

Com as melhores soluções escolhidas no plano de ação, é necessário agora restabelecer um modo organizado e estruturado para pô-las novamente em prática, melhoradas, de forma estratégica, que permita antecipar os problemas na implantação e preparar-se o melhor possível.

Ah! Lembrando que todo plano de ação deve ir para agenda, daí a importância de, no *quando*, você estabelecer dia e hora para iniciar e terminar.

O QUE	COMO	QUANDO

Daniela Serban – De acordo com os perfis de personalidade, acredito que as pessoas mais analíticas, mais organizadas, são bem mais receptivas à prática dessas ferramentas em sua vida.

Minha fala aqui agora é para você, que é focado no relacionamento e ainda acha que isso tudo é perda de tempo. Que estamos enrijecendo a vida e coisa e tal. Para você que ainda está cético com tudo isso.

Você precisa sentir mais a confiança dos bons resultados que essa prática trará para embarcar na mudança. Que você faz parte desse grupo. O que sugiro é que, se depois de tantas histórias e fatos, você ainda estiver inseguro sobre o funcionamento dessas práticas, que faça um primeiro teste.

Escolha um dia da semana (reservado na sua agenda como um compromisso), em que você consiga apenas 30 minutos para organizar sua semana seguinte. Será mais gostoso, rápido e produtivo se escolher um lugar para se sentar, onde não tenha interrupções nem distrações. Pense em todas as suas atividades, dos seus filhos ou de quem depende de você (se tiver e precisar da sua atuação), e anote todos na agenda. Perceberá que existem vários detalhes sobre os quais você não pensou, e poderá encontrar tempo para resolver tudo antecipadamente. Faça essa experiência uma vez.

Tenho certeza que, aos poucos, irá perceber os benefícios para você mesmo e que se empolgará a continuar com essa prática.

DICAS DOS AUTORES

Livro

- *Ser + em gestão do tempo e produtividade: estratégias e ferramentas para atingir a excel*ência no dia a dia – Márcia Rizzi e Mauricio Sita.

Texto

- Redes sociais aumentam a sensação de solidão, diz estudo – *BBC News Brasil*:

www.bbc.com/portuguese/geral-39178058

Filme

- *Homens de honra* (2000) – Direção: George Tillman Jr. Com: Robert De Niro, Cuba Gooding Jr.

Ferramentas

- Matriz G.U.T.
- Rappi
- iFood

CAPÍTULO 11
1.440 MINUTOS: UMA VIAGEM NO TEMPO

Enquanto você não se der valor, não valorizará seu tempo. Enquanto não der valor ao tempo, não fará nada de importante.

M. SCOTT PECK

Claudio Zanutim – Você já reparou que o tempo tem passado tão depressa que algumas pessoas deixam suas árvores de Natal montadas dentro do armário? Que outras nem sequer recolhem as luzinhas da varanda, apenas as desconectam da tomada esperando o próximo fim de ano chegar?

É como se o tempo tivesse encurtado, ficado muito mais veloz e rigoroso. Tudo ao nosso redor sugere **urgência, velocidade e exigência**. Em contrapartida, por mais que nos multipliquemos em várias pessoas, ainda assim não temos tempo! Não temos tempo para a demanda do nosso trabalho, não temos tempo de ler todos os livros que queremos, de assistir a todos os filmes que nos interessam, nem tempo para atender todas as ligações que recebemos, responder a tantos e-mails e curtir milhares de fotos nas redes sociais.

Muitos de nós não temos tempo para dormir a quantidade de horas que queremos e muito menos para estar ao lado das pessoas que amamos. De verdade, mal temos tempo de ler este livro até o final se não dermos prioridade a ele, não é mesmo?

Pensando em tudo isso, decidi entender: **o que foi que aconteceu com o nosso tempo?**

Precisamos interpretar o que o tempo é, de fato, para nós; dessa forma, poderemos compreender a **metodologia de gerenciar seu tempo** com mais aplicabilidade. Uma vez que temos consciência do tempo, podemos utilizá-lo melhor.

Ah! Não fique em choque, não. Este capítulo está aqui de propósito. Muitas pessoas que leram o livro no prelo (termo que utilizamos muito em mestrado e doutorado para indicar que um artigo ainda não foi publicado) disseram-me que ele deveria ser o primeiro.

O jornalista e cineasta Arnaldo Jabor, em entrevista, disse: "O tempo é uma invenção de seres viventes, porque, se não houvesse nenhum ser vivo que contasse as horas, que contasse os anos e esperasse pela velhice e pela sua morte, não haveria tempo".

Se não existisse nenhum humano, mas somente o espaço, como é que haveria o tempo estipulado, esse que contamos nos relógios e nos calendários? O ser humano inventou o tempo *cronos* e o repartiu em anos, meses, semanas, dias, horas, minutos, segundos...

Obviamente que o tempo já existia antes da humanidade, um tempo denominado de *aion* (divino). Todavia, há perguntas que não querem calar, como: quanto tempo será que a humanidade demorou para ter **consciência do tempo**? Como os seres humanos começaram a **medir o tempo**? Um tempo medido e fragmentado que hoje nos falta.

Tudo começou nas primeiras civilizações, que decidiram medir o ano pela posição do sol, a partir da leitura de que a noite e as estrelas voltavam para a mesma posição. Logo, o ano solar se tornou uma maneira quase universal de se contar o tempo.

As passagens das estações, outono, inverno, primavera e verão, também entraram em cena na hora da medição, sem contar o cair da noite, o amanhecer que trazia o sol novamente. Consequentemente, era preciso esperar outra vez o tempo para o próximo nascer do sol, o próximo inverno, o próximo dia e a próxima noite.

O tempo caiu na consciência do ser humano e, prontamente, ele entendeu que deveria plantar sementes e esperar a estação certa de colher seus frutos. Daí surgiu a invenção da agricultura. Entretanto, não foi o suficiente, então, pescar, cultivar animais para se produzir e se desenvolver predadores tornou-se uma segunda opção, enquanto o tempo da colheita não chegava.

A percepção do tempo então surgiu, e tudo naquela época era baseado no tempo de cada coisa, até no tempo ou por intermédio do tempo no nascimento dos filhotes ao nascimento dos animais de cultivo.

A revolução neolítica

A revolução neolítica deu as caras e mostrou a grande **possibilidade de agir no presente sobre o futuro**. Foi extraordinário, afinal de contas, tudo **o que fazemos hoje sempre irá repercutir amanhã**.

Não demorou muito para que os primeiros instrumentos tecnológicos **de medir o tempo** aparecessem, sobretudo na civilização grega, uma vez que era necessário fornecer o mesmo tempo da palavra para os acusados e defensores de algum caso político-social. Naquele momento, a contagem por meio do sol e da lua era totalmente ineficaz. Foi assim que obtivemos a clepsidra e a ampulheta, por exemplo.

O interessante era que as pessoas não viviam o mesmo tempo. Um agricultor que vinha do campo para vender seus frutos vivia no ritmo estacional (estações do ano), baseado em seu trabalho agrícola, enquanto o padre, que vivia na igreja, geralmente numa cidade, tinha o ritmo litúrgico. Logo, havia uma diversidade de horários. Alguma semelhança com os tempos atuais? Toda, não é mesmo?

Com o decorrer do tempo, recebemos o dispositivo mais moderno, o relógio. Daí, então, o dia passa a ter **24 horas fixas**, entre a hora do nascer do sol e a do pôr do sol, 24 horas, o que, para muitos, é bem pouco diante de tudo o que precisamos realizar.

O capitalismo tem tudo a ver com isso! A sociedade industrial, a partir do século XIX, passa a impor um ritmo excessivo, disciplinado e exigente de **horários fixos** e **metas de produção**. O relógio de ponto se instalou como regra em que o funcionário entrava na firma e "batia o seu ponto", **vendia o seu tempo** em troca de um salário e, depois, batia o ponto e ia embora. Nasce, então, o que chamamos de **vida cotidiana** ou **rotina**.

Hoje, temos **dois fatores universais**: o calendário e os algarismos. Ou seja, todos nós partilhamos o mesmo calendário dividido em 24 horas, em que 1 hora tem 60 minutos e cada minuto, 60 segundos. Com isso, nosso dia tem 1.440 minutos. **Trata-se de uma invenção humana**. Por esse motivo, Santo Agostinho, em seu livro *Confissões XI*, questionava: "O que é, pois, o tempo?". Há mais de 3.500 anos atrás, a **astronomia babilônica** instaurou a contagem de 24 horas por dia, e não de 30, 15 ou 100 horas por dia, por exemplo, e permanecemos nessa divisão até hoje.

Isso prova que o **dia poderia ter 60 horas** se a astronomia babilônica assim tivesse declarado... Como o tempo não existe de fato, mas foi uma invenção humana, exceto pelo tempo *aion*, isso explica por que "um dia para Deus é como mil anos, e mil anos é como um dia" (2 Pedro 3:8)

Daniela Serban – E aqui, Zanutim, se me permite, veio-me um pensamento... Como será no futuro essa divisão do tempo, com todas as mudanças climáticas, as estações menos definidas, vida em outros planetas? E quem sabe mais o que virá pela frente? Será que existirão no futuro outros tipos de medição do tempo?

Bradford Skow, filósofo americano, defende que o passado, o presente e o futuro coexistem. Tenho dificuldade em compreender essa teoria. Por outro lado, o astrofísico e professor Stephen Hawking teorizou em seu último livro, *Uma breve história sobre o tempo*,[40] a respeito do funcionamento do universo, pautado muito pelo tempo e pelo

---

40 Stephen Hawking, *Uma breve história do tempo*, Rio de Janeiro, Intrínseca, 2015.

espaço. Uma visão bem inovadora, relacionando esse tema com o que essas novas descobertas significam para o homem e a filosofia e a religião comuns.

> A descoberta de que o universo estava se expandindo também forneceu a primeira sugestão do *Big Bang* – o ponto em que a expansão começou. A velha ideia de um universo essencialmente imutável, que poderia ter existido e poderia continuar a existir, foi substituída para sempre pela noção de um universo dinâmico e em expansão que parecia ter começado havia um tempo finito atrás e que poderia terminar em um tempo finito no futuro.[41]

Hoje, os cientistas usam duas teorias básicas – ambas incompletas – para descrever o universo. Uma é a teoria geral da relatividade, do físico alemão Albert Einstein, que descreve a força da gravidade e a estrutura em larga escala do universo. Outra é a mecânica quântica, que trata de fenômenos em uma escala extremamente pequena – um milionésimo de um milionésimo de polegada. Como os resultados dessas duas teorias são muito questionados, não podem estar ambas corretas. Uma das principais iniciativas das ciências físicas hoje é encontrar uma nova teoria que incorpore as duas – eventualmente chamada de teoria quântica da gravidade.

Claudio Zanutim – No final das contas, não existe tempo, mas existe medição!

O cosmólogo e físico Luiz Alberto Oliveira disse que o relógio mecânico e a sua disseminação foram mais revolucionários do que a pólvora, que mudou o movimento, do que o papel, que mudou a memória, e do que a bússola, que mudou o espaço, porque o relógio mecânico mudou o tempo para sempre!

Crescemos, evoluímos e nos tornamos os "donos do mundo", mas não do nosso próprio tempo. Todavia, temos uma diversidade de instrumentos para **poupar o tempo**, como o telefone, o avião, o carro e até computadores, que nos permitem evitar as antigas cartas, trocando-as por *e-mails*.

---

41 Ibidem.

Temos **instrumentos de "enriquecer o tempo"**, como rádio, podcast, YouTube, televisão, DVD, videogame. **Instrumentos de "estocar o tempo"**, como CD, *notebook* e secretária eletrônica. Por fim, temos **instrumentos de "programar o tempo"**, como despertador, cronômetro e agenda eletrônica. Mesmo assim, com todas essas facilidades, continuamos sem tempo, esperando pela próxima urgência!

Daniela Serban – E, ao longo dos anos, milhares de produtos e serviços são inventados para "economizar o nosso tempo". Bem tão precioso, criou mercado para entrada de novos serviços como vários aplicativos para a entrega de compras de supermercado, sacolão, farmácia, refeições, encomendas, tudo em nossa casa.

As *fintechs*, bancos com novos formatos, os *bitcoins*, tudo para nos ajudar a ter mais dinheiro, a economizar o nosso tempo de troca desse dinheiro que ganhamos ao longo da vida, trabalhando duro, a acumular mais dinheiro em menos tempo. Para quê? Para termos mais tempo livre para usufruir a vida.

Para sentir o valor do tempo, convido-o a fazer a seguinte experiência: fique parado olhando para um relógio de ponteiros e ouça o barulho destes durante 2 minutos. Se preferir, feche os olhos. Sinta a passagem do tempo.

E aí? Como foi? Sentiu um aperto no coração por estar parado durante esse tempo aparentemente sem fazer nada? Ou paz por estar em contato com você mesmo?

Quando você sente a passagem do tempo, mais valor passa a dar a ele. Aqueles minutos que você vivenciou não voltam mais. Já viraram passado e você não tem como interferir mais neles. Quanto mais tivermos a consciência sobre o valor da passagem do tempo, melhor faremos nossas escolhas por minuto.

Claudio Zanutim – As coisas estão ficando cada vez mais rápidas. Mal conseguimos apreciar as nuvens do céu, o barulho do avião ou o soar do martelo que bate na madeira na construção ao lado – se é que os notamos.

Não percebemos mais o cantar dos "pássaros suburbanos" nas manhãs corridas, entre outros espetáculos que a natureza nos proporciona. Vivemos com um fone nos ouvidos ou distraídos com as preocupações do tempo curto. Vemos nossos filhos nascendo e crescendo numa velocidade assustadora, e, como num piscar de olhos, quando olhamos para eles, já estão indo para a universidade, se casando e saindo de casa. Não temos tempo de brincar com eles na infância e, agora, talvez eles não tenham mais tempo para nós, os pais, que já estão velhos e não entendem muito sobre tecnologia ou seus assuntos modernos.

Tempo, tempo, tempo...

No fim, o que nos resta é olhar para o passado e pensar: "Ah, se eu pudesse voltar no tempo, teria sentado mais vezes na sala com meus avós, que hoje não estão mais aqui... Teria **desacelerado** para aproveitar mais a minha juventude, os meus filhos ou aquela casa que tanto amei e hoje se tornou prédio. Se eu pudesse voltar no tempo... Iria mais vezes à minha sacada sentir a brisa da tarde, ver o movimento da rua e observar as poucas casas avarandadas que estão desaparecendo dia após dia. Separaria um tempo para ouvir as histórias das pessoas mais velhas, cheias de sabedoria, da minha família. Se eu tivesse mais tempo, teria saído das redes sociais e passado mais tempo no chão da sala com meus filhos. Teria jantado mais devagar ao lado de quem amo. Teria, ao menos, me sentado à mesa...

Teria abraçado demoradamente, caminhado mais vagarosamente até o ponto de ônibus, e não me preocupado tanto com o amanhã, que, por sinal, ainda nem existe. Obviamente, faria planos promissores para o futuro e, para isso, deixaria de **gastar tempo** com coisas supérfluas. Criaria uma rotina que me proporcionasse realizar tudo o que desejaria, se eu tivesse mais tempo".

No final, como os Titãs cantam, em *Epitáfio*: "Devia ter amado mais/Ter chorado mais/Ter visto o sol nascer/Devia ter arriscado mais/E até errado mais/Ter feito o que eu queria fazer/Devia ter complicado menos/Trabalhado menos/Ter visto o sol se pôr/Devia ter me importado menos/Com problemas pequenos...".

E, para vivenciarmos um pouco do que essa canção nos declara, é bom desligarmos todas as telas e olharmos para o céu de vez em quando.

Nem todos os filósofos, escritores, religiosos, pensadores e professores do mundo todo são capazes de dizer **o que é o tempo**. A única coisa que se sabe é que ele é um instante! Por isso, a minha missão como profissional é ajudá-lo você a **gerenciar o seu tempo,** a fim de que atinja as suas metas e tenha mais tempo para viver a vida, que passa tão depressa!

O que eu posso dizer é que eu tenho tentado, a cada dia, ser melhor e gerir meu tempo de forma que possa fazer essas coisas cada vez mais. Já não tenho carro, não tenho casa, não tenho sítio e tantas outras coisas, para *ser* mais do que *ter*. Viver mais do que sobreviver. Estar mais presente que ausente. Não é fácil, mas não é impossível! Vou morrer buscando ser melhor.

Reflita sobre isso. Estamos chegando ao final deste livro. Percebeu por que, para mim, fazia todo sentido este não ser o primeiro capítulo?

DICAS DOS AUTORES

Livro

- *Uma breve história do tempo* – Stephen Hawking.

Texto

– *ZAP Aeiou*:

zap.aeiou.pt/nova-teoria-tempo-passado-presente-futuro-existem-simultaneo-57106

Filme

- *A teoria de tudo* (2014) – Filme dirigido por James Marsh. Com Eddie Redmayne, Felicity Jones.

Vídeo

- *Use filtro solar* – *Wear Sunscreen* (2012) – Canal Thayane Dantas no YouTube. Disponível em:

www.youtube.com/watch?v=n6tXgKV_G7g

Ferramenta

- *Inside Timer* – *app* de meditação

CAPÍTULO 12
O TEMPO DETERMINADO

Todos os dias quando acordo, não tenho mais o tempo que passou. Mas tenho muito tempo. Temos todo o tempo do mundo. Todos os dias, antes de dormir, lembro e esqueço como foi o dia. Sempre em frente. Não temos tempo a perder.

LEGIÃO URBANA, "TEMPO PERDIDO"

Claudio Zanutim –As pessoas não se atentam para a velocidade com que a vida passa. E ela passa depressa! Percebi isso em minhas palestras e treinamentos sobre os 1.440 minutos: um percentual assustador dos ouvintes em minhas salas sequer parou para pensar em algum momento da vida que um dia tem somente 1.440 minutos.

Quero fazer algumas perguntas de percepção aqui, Dani, para que nosso leitor pare por 1 minuto e reflita (você pode pegar um lápis ou caneta e escrever suas respostas aqui):

Quanto vale um ano para um estudante que foi reprovado?
___
___
___
___
___
___

Quanto vale um mês para a mãe que teve um bebê prematuro?
___
___
___
___
___

Quanto vale 1 hora para alguém que espera pela pessoa amada?
___
___
___
___
___

Quanto vale 1 minuto para alguém que acabou de perder um voo importante?
_____
_____
_____
_____
_____

Quanto vale 1 segundo para quem sobreviveu a um acidente?
_____
_____
_____
_____
_____

Quanto vale 1 milésimo de segundo para um corredor de 100 metros?
_____
_____
_____
_____
_____

    Segundo a Bíblia, no livro de Salmos, os dias do ser humano são semelhantes a um sopro ou a uma flor que murcha e cai. Uma analogia perfeita, que retrata a duração da vida efêmera de cada um de nós.

    Nós, que vivemos em média 75 anos, somos especialistas em fragmentar a vida em três grandes partes: do 0 aos 20 anos, estamos decifrando quem somos, correndo atrás de formações, carreiras e decisões que trarão consequências para toda a vida; anos que nunca mais voltarão. Dos 25 até aos 50 anos, estamos trabalhando e produzindo em alta intensidade. A essa altura, já formamos família, temos filhos, e queremos nos aposentar para curtir a vida. Por fim, dos 50 aos 75 anos, estamos lembrando o passado, revendo as escolhas e contratando planos de saúde para garantir o conforto na velhice.

Esta última classificação é o período em que, na mesa do café da manhã, há mais remédios do que alimentos... Aquela fase em que nos arrependemos profundamente de ter optado por uma vida sedentária e uma má alimentação, por exemplo.

O escritor Mario Sergio Cortella afirma: "De 25 a 50 anos nós construímos, e dos 50 aos 75 anos nós desmontamos" (desmontamos em nosso corpo físico, na agilidade e na saúde).

Passamos a maior parte de nossas vidas estudando, trabalhando, frequentando palestras e correndo atrás dos nossos sonhos e planos, mas, depois de tudo, simplesmente partimos deste mundo.

Acho tudo isso incrível, maravilhoso e uma dádiva. Só aqui poderei deixar meu legado e viver meu propósito, aquilo que Aristóteles chamou de natureza, ou seja, eu sei para que vim e minha função na terra.

Ah, então eu devo abandonar tudo e viver numa praia paradisíaca esperando a morte? Claro que não! Ou, claro que sim! O tempo é seu.

Ando meio de bode de quem fala: "Você tem que...

... ler este livro.

... ver este filme.

... assistir a esta peça.

... acordar às 5 horas da manhã.

Você e eu temos de fazer aquilo que faz sentido para nós, para o nosso propósito. Então, você não "tem de..." nada. Se quiser viver na praia, viva. Se quiser trabalhar, trabalhe. Se quiser estudar, estude. Está mais do que na hora de você viver a sua vida e não a de outra pessoa. Ser você mesmo dá um baita trabalho em mundo em que tudo "tem de" ser igual e perfeito.

Só tenha em seu radar que o tempo passa, com você ou sem você. Isso que falei me fez lembrar do que teorizou Leandro Karnal: o grande direito que todos nós temos é o de errarmos por nós mesmos. Ninguém precisa de auxílio para errar. Deixe-me errar sozinho. Deixe-me pensar sozinho. A partir de tudo o que os outros dizem, deixem-me ser, porque não existe nada pior do que alguém que lança mão sobre você e quer que você seja o sonho de outra pessoa. A vida é curta para isso.

Toda essa observação é para entender que você deve ser importante em tudo aquilo que executa hoje e dedicar o seu tempo no que realmente é significativo e faz sentido, ou dá sentido ou tenha sentido, para você. Não se trata de egoísmo, mas, sim, de cuidar da vida de forma respeitosa e integral.

Daniela Serban – Nossa, Zanutim, para mim tudo isso que você falou faz muito sentido. Lembrou-me de um pensamento de Viktor Frankl, neuropsiquiatra austríaco: "Entre o estímulo e a resposta tem um espaço. Nesse espaço está o nosso poder de escolher a nossa resposta. Na nossa resposta está o crescimento e a liberdade".

Quanto maior a consciência que adquirimos entre o estímulo e a resposta, mais liberdade conquistamos para pensar e escolher qual caminho seguir.

Certa vez, na sala de espera de uma empresa para uma reunião, presenciei uma cena muito bizarra. Uma pessoa que ali trabalhava chegou para a recepcionista gritando e disse: "Por que você não me avisou em qual sala de reuniões o diretor estava me esperando? Perdi meu celular hoje e nem para você me procurar pela empresa?". A recepcionista tentava responder, mas ele não parava de falar, de gritar e de acusá-la. Estarrecida e depois de tentar falar por três vezes sem sucesso, começou a chorar. Ele simplesmente virou as costas e saiu. Nem quis ouvi-la. Assim ela permaneceu. Calada, chorando.

Quantos diálogos diferentes daquele seriam possíveis se ele pensasse antes de falar, tomando cuidado com os sentimentos da interlocutora? Mesmo contrariado e com seus motivos, poderia tentar resolver a questão de forma diferente.

Um segundo de respiro, entre o estímulo e uma resposta cuidadosa. Ouvir e falar.

> Percebi a importância do respiro pela primeira vez quando estava trabalhando em uma campanha política em 2004. Já existia o celular, e as ligações não passavam mais por alguém no telefone fixo, era direto celular-celular. Quantas confusões foram evitadas no curto tempo de reflexão entre uma pessoa atender ao telefone e colocar a outra na linha? O desabafo passou a dar o tom na comunicação. (Depoimento de Marta Gucciardi)

Isso tudo tem a ver com inteligência emocional, ou seja, com a forma de lidar com suas emoções ao reagir ou agir mediante as situações que você vivencia.

De acordo com os conceitos de Daniel Goleman,[42] ícone em inteligência emocional, você pode acessar seus recursos internos de **autoconhecimento, consciência social, autogestão e gestão do relacionamento** para conduzir sua vida na sua máxima potência. Com toda a propriedade, Goleman classifica doze competências, dentro de quatro domínios.

AUTOCONHECIMENTO	AUTOGESTÃO	CONSCIÊNCIA SOCIAL	GESTÃO DE RELACIONAMENTO
Autoconhecimento emocional	Controle emocional	Empatia	Influência
	Orientação de conquista		*Coach* e mentoria
	Panorama positivo	Consciência organizacional	Administração de conflitos
	Adaptabilidade		Trabalho em equipe
			Liderança inspiradora

Tabela 19 – Domínios e competências da inteligência emocional

Fonte: More Than Sound, LLC, 2017

Autoconhecimento está em saber o que você gosta, em ouvir a sua voz interior, no que faz bem a você, no seu estilo. Nesse espaço do autoconhecimento, você está com seu piloto automático desligado.

Uma técnica superantiga, ainda atual, que pode nos ajudar nesse processo e que incorporei em minha vida, é o *journaling*. É uma técnica em que registramos, de forma livre, num caderno ou diário, os sentimentos, emoções, pensamentos que estamos vivendo naquele dia.

Muitas pessoas famosas tinham esse hábito, como Albert Einstein, Leonardo da Vinci, Charles Darwin, Isaac Newton. Com essa prática você pode:

- Anotar ideias que tem para resolver alguma questão da sua vida.
- Escrever perguntas filosóficas, pensamentos que vierem à sua mente.

---

42 Daniel Goleman, *Inteligência emocional*: a teoria revolucionária que define o que é ser inteligente, Rio de Janeiro, Objetiva, 1995.

- Escrever sobre o que faz você feliz.
- Falar sobre alguma questão política ou social que o mobiliza, que o incomoda.
- Criar uma pessoa que não existe, um novo lugar, um produto, algo que vier à sua mente.
- Algum sonho que você tenha.

Quando organiza um pensamento para escrever, você consegue identificar melhor os sentimentos relacionados a ele, ou isso pode ser uma válvula de escape para você desabafar. E estimular a criatividade e a inovação.

Fiz uma experiência com o *journaling*, muito produtiva e prazerosa, que foi escrever, em detalhes, como me via daqui a cinco anos. Onde estaria morando, como viveriam as pessoas da minha família, com quais amigos eu me relacionaria, com quem estaria trabalhando. Tudo com riqueza de detalhes, de cores, formas, cenários, cheiros. Foi fantástico! Vi essa realidade como se estivesse acontecendo hoje.

Quando pratiquei essa técnica me veio um *insight*: que ela pode nos apoiar muito para o alcance das nossas metas. Mesmo quem não se sente muito confortável com o método de escrita de metas e submetas, de uma forma mais estruturada, como apresentamos no livro, pode usar essa alternativa de livre escrita.

Essa imagem constantemente volta à minha cabeça e me faz pensar em como realizar esses sonhos.

A **autogestão** se relaciona ao que já falamos sobre o tempo de pausa entre o estímulo e a resposta, diminuindo a impulsividade nas relações. Está totalmente ligada às nossas emoções. São os impulsos que temos para agir, muitas vezes biologicamente influenciados, porém também moldados, pelo ambiente em que vivemos.

Crê-se que 50% da nossa personalidade seja moldada pelo meio, isto é, se existem dois irmãos gêmeos, com a mesma carga genética, criados na mesma casa, mas com histórias e contextos de relacionamentos bem individualizados, eles certamente terão perfis bem diferentes um do outro.

Em termos de **consciência social**, tendo atenção para com os nossos sentimentos e os dos outros, conseguimos ser empáticos e, com isso, ter melhores relacionamentos, negociações ganha-ganha, solucionar conflitos com tranquilidade e uma vida saudável, com

produtividade equilibrada. Isso impacta diretamente na vida profissional, na compreensão das questões das organizações. Quanto maior a empatia nas relações profissionais, maiores as chances de bons resultados.

Do ponto de vista do outro, é o altruísmo, ou seja, atitudes de ajuda ao próximo, ao vizinho, ao colega de trabalho, a amigos, a pessoas necessitadas, que nos possibilita aumentar a consciência social. Com a prática da gratidão, acolhemos e reconhecemos as bênçãos recebidas e fortalecemos nossa consciência social, nossa interação com o mundo. Percebemos o impacto do outro na nossa vida. Só assim também podemos retribuir. A gratidão pode se dar no simples fato de estarmos vivos, com saúde, alimento, um teto para morar, uma família com quem nos relacionar. Ou no trabalho ao qual nos dedicamos e nas relações que construímos.

Com isso, vem a **gestão dos relacionamentos**, que envolve a capacidade de influenciar, ensinar, orientar e lidar com conflitos de forma positiva e visando relações ganha-ganha. Onde há relacionamento, há troca de interesses.

Não me julgue por esse comentário. Deixe-me explicar. Os interesses seriam no sentido de trocas entre as relações. Procuro uma amiga que possa me ouvir, me compreender e, assim, sinto alívio nas minhas angústias ou dúvidas do dia a dia. Ela, por outro lado, também conta comigo para o que precisar.

Um cliente me procura por acreditar que eu possa resolver algum problema ou desafio em questões de desenvolvimento comportamental e desempenho, e eu preciso dele para a saúde e a sustentabilidade da empresa para a qual trabalho.

Um pai ajuda seu filho suprindo o que ele precisa para viver e, em troca, recebe amor, satisfação, companhia.

Se apenas um dos lados supre o relacionamento, sem receber nada em troca, está fadado ao fracasso. Tem um tempo de vida útil curto e limitado. Onde não há troca saudável com um lado nutrindo o outro, não há relacionamento. Isso é certo.

Claudio Zanutim – Certamente a inteligência emocional tem uma base bem significativa na empatia e no saber ouvir. Gostei de suas observações sobre a inteligência emocional e sei também que se trata de um tema complexo, bem estruturado e bastante estudado na área da psicologia.

Há um trabalho incrível do autor David Allen, *A arte de fazer acontecer*,[43] em que ele discorre sobre a necessidade da disciplina para poder organizar as coisas e a vida, oferecendo uma metodologia de trabalho com um *canvas*.

Quero discorrer rapidamente sobre o pensamento de Allen no tocante à organização para oferecer um breve resumo de como você pode fazer para melhorar sua produtividade e utilizar muito bem seus 1.440 minutos diários de vida.

Ele nos provoca a pensar sobre um fluxo de trabalho com cinco passos para dominar ou controlar a vida. Esses passos ajudam a gerenciar o aspecto horizontal, combinando, em um sistema organizado, tudo o que merece a sua atenção em determinado momento.

Capturar

Esse é o momento mais crítico, e você pode utilizar vários tipos de ferramentas de registro, tais como um escaninho para papéis, que sirva como uma "caixa de entrada física", bloco de anotações e cadernos, dispositivos eletrônicos para anotações, dispositivo de gravação de voz, e-mails e mensagens de texto. Tire da cabeça tudo o que chame a sua atenção e insira nas ferramentas o que for possível. Nesse tempo que você tirou para organizar melhor, você deve ter concentração total e nenhum bloqueio ou crença limitante que fique desviando a sua atenção ou lhe dizendo que a forma como está fazendo ou começou a fazer está errada. Momentos de revisita para esvaziar suas ferramentas de registro regularmente, descartando ou processando as informações, também são muito importantes. Afinal, você se lembrará de mais coisas depois.

Esclarecer

Parece meio bobo fazer pergunta para si mesmo, não é? Mas, quando você se questiona em voz alta, libera um pensamento mais assertivo e melhora sua tomada de decisão quanto aos esclarecimentos.

Pergunte-se: "O que é isso?". Perguntar-se o que é cada item vai ajudá-lo a decidir se irá arquivá-los para ser utilizados mais tarde ou descartá-los.

---

43 David Allen, *A arte de fazer acontecer*: o método GTD – Getting Things Done, estratégias para aumentar a produtividade e reduzir o estresse, Rio de Janeiro, Sextante, 2016.

Organizar

Estabeleça um sistema de organização, tal como a colocação de itens que não exigem ação imediata em categorias. Se servirem para uma ação imediata, enquadre-os na categoria apropriada, tal como uma lista de projetos, planos de projetos, calendário, lista de lembretes das próximas ações ou de coisas de que você está à espera.

Refletir

Estipule um horário para fazer uma revisão semanal. Em seguida, dê uma olhada em todas as suas ações e opções identificadas. Durante esse tempo, processe todos os itens, reveja o seu sistema e atualize listas.

Engajar

Utilize quatro critérios para determinar o que fazer. Primeiro, considere o "contexto", que é o local ou as ferramentas necessárias para você realizar uma ação (por exemplo, em casa, com seu computador pessoal). Em segundo lugar, veja se dispõe do "tempo disponível" para tal. Em terceiro, pergunte a si mesmo se tem "energia disponível", física ou mental, suficiente para a tarefa. Por fim, estabeleça "prioridades", ou seja, se há contexto, tempo e energia disponíveis, qual é a ação mais importante agora?

Pois bem, geralmente as pessoas dão atenção demasiada a tarefas pouco importantes e pouca atenção aos objetivos críticos. Assim, para fazer um trabalho com esses cinco passos, você terá de ter **disciplina** e, também, deixar sua mente livre de estresse, perceber como você reage a novas tarefas, se isso se dá tal como pedras caindo em uma lagoa. As pedras grandes criam ondulações grandes e as pequenas, ondulações pequenas. Qual o tamanho de sua pedra, ou quais os tamanhos de suas pedras?

Um bom sistema de organização gera respostas adequadas a todas as tarefas, e sua capacidade de definir as tarefas que precisa fazer agora, mais tarde ou no futuro em um sistema lógico e organizado certamente vai auxiliá-lo a ter mais tempo disponível para outras coisas.

Nossa cabeça fica sobrecarregada de vez em quando, levando-nos à improdutividade, principalmente no que tange ao esquecimento de ações, tarefas, informações; então, transfira tudo o que estiver em sua cabeça para um sistema confiável, o qual você possa acessar regularmente. Eu, às vezes, até gravo os pensamentos e deixo-os em um arquivo no celular ou então em um grupo comigo mesmo no WhatsApp. Por saber que determinada tarefa está capturada em seu sistema, você pode parar de se preocupar com ela.

Utilize os controles horizontais para inserir tudo o que comanda a sua atenção em uma estrutura organizada e os verticais, para planejar projetos de forma eficaz.

Para pôr projetos em andamento, defina seus objetivos e princípios pessoais, visualize os resultados, faça *brainstorming*, organize e identifique ações. Dessa forma, você poderá perceber claramente tudo o que está fazendo e o que tem por fazer para assumir um controle sobre a sua vida de forma mais efetiva.

Que seja persistência, não desistência.

Que tal ser relevante em sua família, no seu trabalho e onde você estiver? Dedicar o seu tempo a atividades que trarão retornos positivos, consequências benéficas em longo prazo para você e as pessoas do seu convívio? O que acha de deixar um legado para seus herdeiros ou marcar a sua geração com algo inusitado?

Quero provocá-lo a pensar sobre deixar coisas sólidas para o futuro, porque, um dia, você não estará mais aqui, e o que restará? Eu sei, é um papo-cabeça, meio reflexivo e talvez pouco atraente. No entanto, precisamos falar sobre a nossa existência, o tempo que temos e sobre a vida que jogamos pela janela todos os dias na maioria das vezes.

Será mesmo que estamos neste cosmo apenas para ser **ninguém**? Acredite, todos os resultados que você anda tendo atrelam-se diretamente àquilo que faz com seu tempo de vida! Somos importantes, e Deus conta conosco, com cada um de nós, de formas e em tempos diferentes.

O tempo que detemos é pouco diante de tantas atividades que precisamos realizar, não é mesmo? Mas, no fundo, parece que muitos de nós gostamos de justificar **a falta de tempo** como o fator responsável pela nossa negligência.

Segundo pesquisas da CareerBuilder, durante os 75 anos que temos de vida, comemos cerca de 42 toneladas de alimentos, dormimos cerca de 25 anos, e desperdiçamos cerca de 10 anos com fofocas, internet e televisão. Não encontramos 60 minutos, no entanto, para fazer uma caminhada, olhar o luar com o cônjuge, ler um livro interessante ou cuidar da espiritualidade, por exemplo.

Muitos de nós não temos tempo para fazer uma atividade voluntária, curtir mais os filhos no tapete da sala ou apenas ficar em silêncio com alguém que amamos sem o celular entre os dedos, mas, normalmente, no início do ano, gastamos horas em frente à televisão assistindo a pessoas confinadas comendo, bebendo e dormindo.

Ao comermos 42 toneladas de alimentos no decorrer de 75 anos, como vimos, certamente também deixaremos muitas toneladas de dejetos e, assim, quando você não estiver mais neste universo, quais terão sido os seus feitos?

> Mario Sergio Cortella, em seu livro *Qual é a tua obra?*, diz:
> Estamos vivendo no reino da mediocridade. Sabe o que as pessoas que estão à beira da morte costumam dizer aos médicos quando descobrem que têm alguns dias de vida ou horas? Elas não pedem para viver mais com a finalidade de continuarem humilhando mais pessoas, mandando e sendo autoritárias como sempre foram ou gastando as suas vidas em compras e futilidades. Elas pedem: "Doutor, me deixe viver mais um dia para que eu possa abraçar o meu irmão. Eu briguei com ele há dez anos e desde então não nos falamos mais". "Doutor, me deixe viver mais um pouco só para eu brincar com os meus filhos, porque eu achava que não tinha tempo". "Doutor, me deixe ficar vivo mais um dia apenas para dizer à minha esposa o quanto a amo; eu pensei que, se dissesse isso todo dia, ela iria acabar mal acostumada".[44]

Quando descobrimos que não temos mais tempo, vemos **quanto valor tem o tempo**! E como já disse, durante um bom período de minha vida o tempo tinha preço, mas agora ele tem muito valor. Não quero ser daqueles que apequenam a vida.

Eu gostaria de ter tido o privilégio de assistir às minhas palestras 25 anos atrás, de poder ter tido acesso a um livro como este naquela época, como você está tendo agora, principalmente se você é um jovem ou uma jovem. Valorize já o seu tempo! Não espere que alguém

---

[44] Mario Sergio Cortella, *Qual é a tua obra?* Inquietações propositivas sobre gestão, Petrópolis, Vozes Nobilis, 2015.

dê valor ao seu tempo em seu lugar, pois, na maioria das vezes, as pessoas irão precificá-lo.

Estamos caminhando para o final do livro, só falta mais um capítulo para finalizarmos, por isso não poderia ser um conteúdo menos reflexivo. Tivemos uma jornada e tanto, não? Aprendemos por meio de fundamentos filosóficos, com pensadores, doutores e religiosos, sobre a importância do tempo, que nos foi de grande valia!

Para finalizar, gostaria de frisar o valor que seu tempo tem. Aproveite cada segundo para ser o profissional que deseja, estudar e ser alguém de quem a sua posterioridade se orgulhe. Pare com essa história de que não tem tempo para a sua família, para a sua saúde e para se profissionalizar visando ser o melhor em seu segmento. Sim, temos todo tempo do mundo!

E lembre-se:

> Tudo tem o seu tempo determinado, e há tempo para todo o propósito debaixo do céu. Há tempo de nascer, e tempo de morrer; tempo de plantar, e tempo de arrancar o que se plantou.
>
> Tempo de matar, e tempo de curar; tempo de derrubar, e tempo de edificar.
>
> Tempo de chorar, e tempo de rir; tempo de prantear, e tempo de dançar.
>
> Tempo de espalhar pedras, e tempo de ajuntar pedras; tempo de abraçar, e tempo de afastar-se de abraçar.
>
> Tempo de buscar, e tempo de perder; tempo de guardar, e tempo de lançar fora. Tempo de rasgar, e tempo de coser; tempo de estar calado, e tempo de falar.
>
> Tempo de amar, e tempo de odiar; tempo de guerra, e tempo de paz. (Eclesiastes 3:1-8)

O seu tempo é hoje. Não desperdice sua vida.

DICAS DOS AUTORES

Livros

- *Mais tempo, mais dinheiro: estratégias para uma vida mais equilibrada* – Gustavo Cerbasi e Christian Barbosa.
- *Inteligência emocional: a teoria revolucionária que define o que é ser inteligente* – Daniel Goleman.

Texto

- A inteligência emocional possui 12 elementos. Em quais você precisa melhorar? – Daniel Goleman e Richard E. Boyatzis, *Harvard Business Review*:

hbrbr.uol.com.br/inteligencia-emocional-12-elementos/

Vídeo

- *Legião Urbana – Tempo perdido (ao vivo) – Especial* (1988) – Canal Leonardo Rodrigues no YouTube. Disponível em:

youtu.be/2hr7Uqu6G80

O TEMPO DETERMINADO

Ferramenta
- Teste de inteligência emocional:

drive.google.com/drive/u/0/folders/1SZUV-ZAt0APlr2be7NuvRdRHSakqmFkC

CAPÍTULO 13
A COMUNICAÇÃO E A CORAGEM

Para ter força, sê um artesão das palavras. A força de um ser é sua língua e as palavras são mais eficazes que qualquer forma de luta.

FARAÓ MERICARÉ

Daniela Serban – Há um fator que não é medido objetivamente, não tem metas nem indicadores, mas que acredito ser um dos maiores desperdiçadores de tempo. Vale este capítulo derradeiro para nos aprofundarmos a respeito da qualidade de nossa comunicação.

A palavra *comunicação* vem do latim *communicare*, de "partilhar", "tornar comum". Por meio da comunicação, partilhamos informações, necessidades, desejos, tornando o ato de nos comunicar essencial para a vida em sociedade. Para que eu consiga partilhar e ter algo em comum com o outro, onde fica a responsabilidade pelo conteúdo e pela forma de comunicação? Certamente, comigo.

É fácil terceirizarmos a responsabilidade pela incompreensão do outro, dizendo: "Eu falei. Você que não me ouviu ou não me entendeu" ou "Já falei isso outras vezes e você não está me ouvindo".

Se você costuma achar que as pessoas não entendem o que você quer dizer, sinto informar que é você quem precisa rever a forma como está se comunicando. A comunicação não é o que se diz, é o que o outro entende.

Se as pessoas costumam perguntar algumas vezes e você precisa repetir a explicação de suas ideias, isso pode ser sintoma de que não está se comunicando bem.

Podemos usar várias técnicas e ferramentas para melhorar nossa produtividade, mas sabemos que, para alcançá-la, as pessoas com quem nos envolvemos, amigos, familiares, colegas de trabalho, conhecidos em geral, fazem parte dessa trajetória. Estamos tocando o coração das pessoas ao nos comunicarmos?

Um professor que ensina algo e muda sua vida. Uma pessoa por quem você se encanta, com quem namora e quer se casar. Uma cultura empresarial que mexe com você e desperta a vontade de contribuir para esse contexto. Todas essas situações que vivemos envolvem várias pessoas de alguma forma. Se sou mãe e tenho um bebê, e quero fazer uma academia pela manhã, dependo de alguém para ficar em casa enquanto vou praticar essa atividade.

Se você está com a sensação de não ser bem compreendido, ouvido, de que não cooperam com você, por que não tentar outras estratégias para se comunicar e se fazer entender? Como dizia Albert Einstein, "insanidade é fazer a mesma coisa repetidamente e querer resultados diferentes". Parece clichê, mas, na prática, tudo impacta na forma como o outro me compreende. O tom de voz, por exemplo. Se eu pergunto para uma pessoa da minha equipe: "Você conseguiu me entender?", num tom carinhoso e com cuidado, isso pode gerar conexão, mas, se o fizer de forma arrogante, gera conflitos, discórdia.

As palavras que eu uso ao me comunicar estão aderentes à pessoa com quem estou falando? Leio vários textos no LinkedIn em que as pessoas escrevem com siglas e não as explicam, como se todos as conhecessem, ou usam termos técnicos, subentendendo a compreensão pelo leitor. Ao escrevermos algo, que tal relermos com o olhar de alguém leigo no assunto e tentarmos perceber se a mensagem tem boas chances de ser compreendida?

Minha expressão facial e corporal me ajuda a comunicar? Ou vai na direção contrária das minhas intenções? Quando assistimos a um show de dança, quanto compreendemos, ou imaginamos compreender apenas pela observação do movimento dos artistas, ritmo, olhares, cenário, música, expressão facial e corporal deles? Nesse sentido, penso nas apresentações do Cirque du Soleil, que tanto sucesso fazem no mundo todo, usando poucas palavras e comunicando tanto!

Acredito que a estratégia de comunicação, ou seja, **como eu me comunico**, é a chave para o sucesso do alcance de todas as metas, alta produtividade, conexão entre pessoas e felicidade!

Não adianta ter um plano de metas, ferramentas de produtividade, se tento alcançá-las sem cuidar do jeito com que me conecto e me comunico com as pessoas no meu entorno. Quando falo sobre isso, lembro muito o conceito de **comunicação não violenta**, de Marshall Rosenberg, sobre o qual já falamos um pouco neste livro. Ele defende que toda violência na comunicação é uma forma de necessidade não atendida. É bem profundo esse pensamento.

Quando alguém diz para seu cônjuge: "Poxa, já pedi várias vezes para colocar as roupas sujas na cesta e você não coloca", pode parecer uma frase agressiva, mas você pode parar e pensar a respeito. Existe na fala dessa pessoa uma necessidade de ela se sentir bem no ambiente em que vive, com organização.

A beleza da técnica vem para comunicar de um jeito que o outro vá ouvir, compreender e, consequentemente, gerar conexão entre vocês. Falarei a seguir sobre os passos dessa técnica.

Ao nos comunicarmos, precisamos primeiramente nos pôr no lugar do outro, ou seja, sermos **empáticos**, imaginando quais as necessidades e sentimentos do outro para que eu os considere em minha comunicação. Assim, percebo que elas foram consideradas na fala do outro. Consigo abrir meu coração para ouvir melhor.

Gosto deste conceito de empatia do psicólogo austríaco Alfred Adler: "Enxergando com os olhos do outro, escutando com os ouvidos do outro, sentindo com o coração do outro".

Há um vídeo bem breve, de que gosto muito, de Brené Brown, apresentadora e conferencista, que se chama *O poder da empatia*. Ele mostra três animais: uma cabra, uma raposa e um urso. A raposa está em apuros dentro de um buraco bem fundo, pequeno e escuro, e, lá debaixo, grita: "Está escuro! Estou presa e esmagada". Nesse momento, o urso pega uma escada, vai até a raposa e diz: "Sei como é estar aqui. Estou ao seu lado". Em outra cena, a cabra, depois de ouvir as lamentações da raposa, diz lá de cima: "Ah! Ruim, né?". Pega um sanduíche para comer na frente dela e pergunta se ela também quer. E continua lá em cima.

Em qual das cenas você acha que o animal foi mais empático? Certamente você escolheu o urso.

Essa ilustração denota a diferença entre ser simpático e empático. Posicionando-se ao lado da raposa, o urso demonstrou sentir as dores dela e que, de fato, quer ajudá-la. Certamente essa conexão do relacionamento ocorreu muito mais forte.

Nesse ponto, entra a questão da **escuta ativa**. Para eu conseguir ser empático, quão presentes estamos, ouvindo o outro com entrega total, sem preconceitos ou interferências?

Esse é um dos maiores desafios da atualidade, quando a quantidade de estímulos externos e internos nos bombardeia a cada minuto. Mídias sociais, *e-mails*, telefones, preocupações, julgamentos, cansaço físico e mental interferem na qualidade de nossa escuta. Se estivermos atentos a essas questões, certamente a qualidade de nossas relações e produtividade vai potencializar muito!

Claudio Zanutim – Sabe, Dani, é preciso cada vez mais ter estado de presença. A falta de estado de presença gera falta de foco, e a falta de foco gera falta de concentração, que, por sua vez, gera desconectividade, retrabalho e improdutividade. O que mais vejo e presencio por aí em muitos dos meus treinamentos sobre produtividade é a esperança das pessoas em receber uma dica poderosa, uma fórmula milagrosa que possam torná-las mais produtivas do dia para noite.

A produtividade, ou a gestão dos 10.080 minutos semanais de vida que temos, está diretamente ligada à disciplina, à constância

A COMUNICAÇÃO E A CORAGEM

e ao foco nos detalhes, acompanhada de uma poderosa mudança de comportamento.

Você, Dani, veio discorrendo em seu texto até este momento em que a interrompi (desculpe!) sobre o poder da comunicação e da concentração para se produzir melhor.

Ah! Outra coisa: as pessoas também têm a mania de associar produtividade a mais ganhos financeiros, e creio que já ficou muito claro para você que está lendo este livro que não falamos de qualidade de vida e de vida completa e integral sem departamentalização.

Afinal, para nós, gerir os 1.440 minutos de vida por dia tem relação direta com o fato de termos mais vida e vida em abundância – até o momento da morte, que virá, inevitavelmente. Graças ao bom Deus, não sabemos quando ocorrerá, nem onde, nem do quê.

Retomo, então, a reflexão de nossa discussão no sentido de entendermos e compreendermos que se fazem necessários conhecimento e mudança de comportamento para se ter mais tempo. Para isso acontecer, tenho de me conhecer e saber como funciono. Nosso cérebro não está preparado para fazer duas coisas ao mesmo tempo com excelência.

Só para ter uma ideia, como você sabe, gosto de correr e de caminhar pelas ruas das cidades onde estou e, principalmente, em São Paulo, capital, onde resido. Pois bem, costumo dar muitos exemplos com relação a essa atividade, afinal, tenho muitos *insights* enquanto a pratico.

Certa vez, eu caminhava na companhia de um grande amigo pela Avenida Sumaré, importante via da cidade, bem próxima de onde moro, e lhe pedi que alterássemos para um trote e, posteriormente, para uma corrida leve. Em determinado momento dessa corrida leve, pedi que ele fizesse um cálculo um pouco complexo, do tipo 1.440 x 7. Eis que ele desacelera e quase chega a parar de correr para poder fazer essa conta de cabeça. O que de fato aconteceu nesse momento foi uma grande disputa por recursos limitados do sistema 2, levando-o a desenvolver uma atividade de cada vez para fazê-las com excelência.

Na arte da produtividade, é como você, Dani, vem discorrendo sobre comunicação, atenção, foco e concentração.

Quis trazer essas reflexões para que o nosso leitor possa de fato perceber que o consumo por energia de nosso cérebro é gigantesco e, para desenvolver atividades que exijam mais de nós, é preciso saber e compreender que somos limitados e que, para termos mais sucesso na produtividade e na utilização do nosso tempo, temos de fazer uma coisa de cada vez com excelência. Veja bem, não estou afirmando aqui que nós não podemos ou não conseguimos fazer duas ou três atividades em segundos muito próximos.

Opa! E aqui uma breve pausa para falar sobre esses segundos muito próximos.

Veja este exemplo: certa vez, eu estava na cozinha envolvido em determinada atividade na pia e decidi encher uma garrafa com água gelada do filtro para gelar mais na geladeira.

Muitos de nós temos a falsa crença de que estamos fazendo várias tarefas ao mesmo tempo para ter a sensação de produtividade, mas ela é enganosa, já que só podemos fazer bem uma coisa de cada vez. Em 1 segundo, ou 1 milésimo de segundo, tive de parar a atividade na pia para colocar a garrafa para encher. O *cronos* não para e nos engole a todo momento.

Essa falsa percepção não nos deixa, portanto, é preciso perceber que não utilizamos o mesmo tempo, mas, sim, distâncias de segundos que não paramos para medir. Ou seja, as tarefas aconteceram em milésimos de segundos de diferença ou em segundos diferentes. A falsa percepção do tempo faz imaginar que as fazemos em simultâneo.

Lembra o exemplo da utilização do Instagram? Deixe-me contar outro. Certa vez, eu ministrava um curso em uma grande fabricante de bebidas e, lá pelas tantas, pedi para que algumas pessoas que participavam do treinamento me dissessem quanto de seu tempo diário de vida estavam sendo investido na utilização do Instagram (essas pessoas não viviam nas redes sociais, tampouco eram blogueiras e *youtubers*). Fui anotando no *flipchart* alguns dos tempos indicados por elas. Bem parecido com a minha pergunta na palestra da fabricante de cosméticos, lembra?

Ao final, pedi para que cada uma delas acessassem seus aparelhos móveis e entrassem no Instagram, fossem até as três barrinhas superiores do canto direito e acessassem o ícone *minhas atividades*. Logo se deram conta de que todas estavam equivocadas diante da percepção da utilização do tempo. Mais de 70% das pessoas acreditam utilizar menos o Instagram do que de fato o fazem, ou seja, declaram utilizá-lo, por exemplo, por 40 minutos, quando, na verdade, consomem 1,5 hora. Outros declaram que investem 1 hora e utilizam 30 minutos. Portanto, sempre vivencio nos treinamentos e palestras que as pessoas têm, em sua maioria, uma grande falha na percepção da utilização do tempo.

Tenho visto e percebido que uma das grandes responsáveis pela pouca produtividade é, sim, a falta de percepção real do investimento de tempo nas atividades e a falta da gestão da produtividade e dos 1.440 minutos diários de vida.

Como dei o exemplo da corrida e outros tantos, e também falei sobre o sistema 2, quero acrescentar mais alguns parágrafos aqui em nossa conversa antes de lhe dar a palavra novamente, Dani.

Daniel Kahneman, israelense nascido em 1934, teórico da economia comportamental e Prêmio Nobel de Economia em 2002, escreveu várias obras incríveis, dentre elas *Rápido e devagar*, o qual tenho como uma obra-prima, no qual discorre sobre o sistema 1 e o sistema 2 do cérebro, e os define desta forma: "O sistema 1 opera automática e rapidamente, com pouco ou nenhum esforço e nenhuma percepção de controle voluntário, e o sistema 2 aloca atenção às atividades mentais laboriosas que o requisitam, incluindo cálculos complexos. As operações do sistema 2 são muitas vezes associadas com a experiência subjetiva de atividade, escolha e concentração".[45]

Nosso cérebro está programado para agir em atalhos, economizando, assim, energia. Quebrar esses atalhos ou fazê-lo pensar de forma diferente é um exercício que pode ser praticado. Nosso cérebro precisa de exercícios, tanto quanto o nosso corpo.

Segundo Kahneman, nosso sistema 1 tem respostas prontas e tomadas de decisão rápidas. Não que isso seja ruim, é só uma forma de pensar. Nosso sistema 2 é mais lento e mais reflexivo. Para mim, portanto, quando um hábito se cria, ele passa a pertencer a um modo rápido e automático de pensar, ou seja, todas as vezes que repetimos um comportamento, ele se solidifica e fica mais poderoso, levando-nos a fazer tais coisas ou a tomar determinadas atitudes sem ao menos pensarmos a respeito.

Quero refletir aqui sobre a necessidade da mudança para você ser mais produtivo, quer para se comunicar melhor, quer para ouvir atentamente, quer para ter mais concentração, com estado de presença e foco.

Os níveis de exigência que as pessoas imprimem sobre nós – chefe, marido, esposa, filhos, pais, sogros etc. –, muitas vezes, nos sufocam e geram uma ansiedade ou um estado de inércia enorme. Isso quando não nos deprimem. Esses níveis devem ser controlados por nós mes-

---

45 Kahneman, op. cit., p. 29.

mos, e não podemos terceirizar a gestão da nossa agenda se quisermos gerir melhor nossos 1.440 minutos de vida diários.

Como costumo dizer: se você não tem agenda, alguém terá agenda para você em seu lugar!

Lembre-se: dizer **não** é um recurso poderoso para você ser mais produtivo, pois quem faz tudo o tempo todo para todo mundo não faz nada.

Outra coisa legal sobre concentração e foco é dividir o trabalho em blocos de concentração de 20 a 25 minutos de trabalho ou estudo intenso, com pausas de 3 a 5 minutos, retomando-o na sequência.

Níveis de atenção melhores fazem com que você também escute melhor.

Daniela Serban – Pois bem, Zanuta, achei muito pertinentes as suas colocações. Detalhando um pouco mais a questão da escuta presente e livre de crenças limitantes, vale falarmos das consequências de não o fazer.

Cuidando dessa escuta, teremos mais entendimento na comunicação, mais aliados para atingir as metas que são, aparentemente, individuais, porém a viabilidade delas só acontece em conjunto com muitas outras pessoas. "Entre o que eu penso, o que eu quero dizer, o que eu digo, o que você ouve, o que você quer ouvir e o que você acha que entendeu, há um abismo", dizia Alejandro Jodorowsky, cineasta e escritor chileno.

Falemos um pouco mais da CNV, abreviação carinhosa para comunicação não violenta. Esse método contempla quatro etapas: (a) observação dos fatos; (b) expressão dos sentimentos; (c) necessidades individuais; e (d) pedido.

O primeiro componente da CNV é a **observação** sem julgamentos. Sabe aquela frase: "Hoje meu chefe está de péssimo humor"? Você acha que é julgamento ou observação? A observação é objetiva, ligada a fatos e dados. Por outro lado, o julgamento traz uma opinião pessoal, uma crença limitante, experiências anteriores, entre outros. Nesse caso, entendo que é um julgamento.

Para ser uma observação, poderíamos dizer: "Hoje meu chefe respondeu gritando quando perguntei para quando era a entrega do relatório". Diferente? Um pouquinho, não? Estou citando um fato que aconteceu comigo, um relato, sem opiniões pessoais, como se fosse algo de que eu pudesse tirar uma fotografia. Se eu quiser ter uma comunicação que me ajude na produtividade, quanto mais eu me ativer a fatos, mais bem compreendida serei e terei colaboração.

A segunda fase é a **expressão dos sentimentos, minha e do outro**. O sentimento é 100% individual. Só você é responsável pelo que sente. Um determinado fato pode gerar uma reação diferente em cada uma das 10 milhões de pessoas que passarem pela mesma situação. Logo, não podemos mudar os fatos, mas podemos mudar a forma como reagimos a eles. O sentimento gerado por determinada situação é só seu. O tempo entre o que sentiu e como reagiu é o que pode fazer a diferença na condução de sua comunicação.

O brasileiro tem uma forte característica cultural de expressar intensamente suas emoções. Genericamente falando, claro. Por outro lado, fomos educados a não expressar nossos sentimentos, por ser visto como algo "místico" ou uma exposição de nossas fraquezas. Nas escolas, a formação sempre teve enfoque em conteúdo para o aprendizado. Esse movimento para expressão das emoções e relacionamento interpessoal é tímido, ainda incipiente, que começa a fazer parte de alguns currículos escolares mais recentemente no Brasil.

Isso gera um conflito interno, pois nossa comunicação não verbal acaba demonstrando nossos sentimentos mesmo que não falemos, mas por meio da nossa expressão facial, tom de voz, postura etc.

Quando verbalizamos nossos sentimentos, permitimos que a outra pessoa se conecte melhor conosco, entenda mais nosso ponto de vista, por meio da empatia. Possibilitamos resolver situações de forma mais assertiva e madura. Por exemplo: "Pedro, todas as vezes que marcamos reunião na sexta, você não aparece!". Que tal dizer: "Pedro, nas últimas três sextas-feiras em que teríamos reunião, você não veio e me senti desapontado, pois preciso resolver o assunto da Marta com você".

O cuidado necessário é o de não se vitimizar na comunicação ao expressar os sentimentos, apontando o outro como responsável pelos *seus* sentimentos mal resolvidos.

Se você não foi convidado para almoçar com os amigos do trabalho, poderia dizer: "Poxa, por que vocês não me convidaram para almoçar?", ou simplesmente esperar um próximo dia e convidá-los para um almoço, dizendo até que eles são importantes para você. Seja protagonista de sua vida e de sua comunicação! Seja positivo!

Epiteto, filósofo grego, dizia: "As pessoas não ficam perturbadas pelas coisas, mas pelo modo como as veem". Assim, vamos ajudar nossos interlocutores a enxergarem mundos coloridos e felizes pelos óculos da vida?

Pegando o gancho com o assunto do sentimento, agora vem a questão de expressar as **necessidades** da pessoa, que estão por trás do seu comportamento. Temos aí várias escalas de necessidade, passando pelas físicas, de autonomia, de celebração, de integridade, de lazer, de interdependência e de comunhão espiritual. Quanto maior o autoconhecimento para identificarmos nossas necessidades naquele momento e as compartilharmos com o interlocutor, melhor a compreensão por parte dele e a possibilidade de um acordo de qualidade. Uma comunicação que nos ajuda na produtividade, foca nas necessidades e não na culpa. Ficar achando culpados não resolve nada. Só alimenta uma relação negativa e destrutiva.

Em vez de dizer para seu cônjuge: "Poxa, de novo você chegou atrasado ao cinema", não seria melhor dizer: "Sinto-me frustrada quando você chega atrasado ao cinema, pois assim não conseguimos um assento com visão central para assistir ao filme"?

Em outro vídeo da ilustre Brené Brown, *O poder da vulnerabilidade*, ela ressalta que, ao mostrarmos nossos sentimentos e necessidades, estamos nos tornando vulneráveis e, para isso, é preciso muita coragem; com isso, ganhamos força e conexão com o outro.

Para finalizar nossa comunicação, vem o **pedido (que não deve ser uma exigência, cuidado!)**. Esse pedido tem uma abordagem positiva, em linguagem clara, específica com sugestão para alguma ação concreta. No exemplo do cinema, a conversa poderia terminar com alguma coisa como: "Podemos combinar, da próxima vez que viermos ao cinema, de chegar antes para jantar e com tempo para escolher melhor o lugar?".

Fácil? Não. Espontâneo? Não. Vale a pena? Muito! Isso pode ser utilizado em todas as situações? Acredito que não. Desafio você a estar atento a onde poderá praticar essa técnica e tornar suas palavras "janelas" que se abrem com a comunicação, e não "paredes" que as fecham.

Pegando o gancho da questão da vulnerabilidade ao se comunicar, entendo e acredito que, para mostrarmos nossas fraquezas, inseguranças e medos ao nos comunicarmos, precisamos de muita coragem!

Coragem de ouvirmos uma opinião muitas vezes envíesada, de não sermos compreendidos, de sermos julgados e não termos o retorno que gostaríamos.

É preciso muita coragem para se expor. Ousadia! O que significa viver com ousadia?

Cito a seguir o trecho do discurso "Cidadania em uma República", proferido na Sorbonne por Theodore Roosevelt, em 23 de abril de 1910:

> Não é o crítico que importa; nem aquele que aponta onde foi que o homem tropeçou ou como o autor das façanhas poderia ter feito melhor. O crédito pertence ao homem que está por inteiro na arena da vida, cujo rosto está manchado de poeira, suor e sangue, que luta bravamente; que erra, que decepciona, porque não há esforço sem erros e decepções; mas que, na verdade, se empenha em seus feitos, que conhece o entusiasmo, as grandes paixões; que se entrega a uma causa digna; que, na melhor das hipóteses, conhece no final o triunfo da grande conquista e que, na pior, se fracassar, ao menos fracassa ousando grandemente.

E, para se permitir ousar, errar, aprender, desaprender, reaprender, é preciso ter, em primeiro lugar, compaixão pelo outro e por si mesmo. Compaixão, de acordo com Dalai Lama, "é o senso de preocupação com o outro; mas, mais do que isso, é a noção clara de que todos os seres têm exatamente o mesmo direito à felicidade".

É uma compreensão para com o outro e consigo mesmo, em que eu tenho minhas questões pessoais para me desenvolver, sou mais resiliente com as diferenças entre as pessoas, e consigo melhores relacionamentos, qualidade de vida melhor.

Vou contar agora um exemplo bem interessante. Em Portugal, existe o Banco de Tempo. É um banco onde a moeda de troca não é dinheiro, e sim tempo. Todo tempo tem o mesmo valor, independentemente do serviço que a pessoa vai precisar ou disponibilizar. Desde serviços como manicure, cabeleireiro, auxílio para buscar os filhos na escola, assistência para tecnologia em casa, massagens, entre outros. A pessoa presta um serviço, ganha um cheque com determinada quantidade de tempo e pode consumir algo no banco.

Ou seja, trata-se de uma outra percepção e outro uso do tempo. O valor do tempo de cada pessoa que tem valor na vida do outro. Requer coragem para fazer algo diferente. Compaixão para pensar e disponibilizar algum serviço que será útil ao próximo.

Muito nobre essa prática. Parece ultrapassada, não? Entendo que é atemporal.

Agora ilustro com um outro exemplo, mais pragmático. Você se atrasa para um compromisso. Está gastando seu tempo inadequadamente e o tempo das pessoas que estão esperando você. Já pensou nisso? Para demonstrar que você se importa com a vida delas e com a sua, tenha o cuidado de, pelo menos, avisar que irá se atrasar, para que possam se reorganizar e cuidar de seu tempo.

Outra situação: você combina um passeio que envolve pessoas, que organizam suas vidas para estarem lá naquele horário, e você cancela na última hora. Nesse caso, tem o seu tempo envolvido e o delas também. Portanto, tenha cuidado e empatia com a vida das pessoas e com a sua.Não estou querendo dizer que isso não possa e que não irá acontecer, até porque, muitas vezes, não depende só de você. Mas demonstrar que você se importa com as pessoas envolvidas fará toda diferença!

Desejamos a você que possa vivenciar nossas reflexões, ideias, pensamentos, dicas, e que tenha momentos cada vez melhores de vida!

Claudio Zanutim – Dani, já que você discorreu muito bem sobre a comunicação e que já discutimos sobre foco, concentração e tudo mais, quero terminar falando sobre a última palavra deste capítulo: coragem.

Essa é uma palavra que, segundo estudos, deriva do francês *courage*. Sempre foi utilizada para designar o valor, a bravura ou a valentia. Por exemplo: "Com muita coragem, o bombeiro entrou pela casa em chamas para resgatar aquela senhora", "A atriz, novata, demonstrou sua coragem ao atuar dessa forma na peça", "Falta coragem aos juízes deste país para se acabar com a corrupção".

O ato de coragem ou de agir com coragem é considerado por muitos como uma virtude humana. Creio que se trate de uma força que nós, seres humanos, temos para agir apesar das dificuldades, obstáculos e/ou dos perigos. Graças à nossa coragem, que também pode significar um *coração que age*, podemos superar os obstáculos e levar avante uma ação.

Pode-se dizer que a coragem é necessária para deixarmos para trás o medo, mas o medo também nos ajuda a evitar coragem demasiada. Cautela faz parte da coragem, pois o cauteloso não necessariamente é ou será um covarde, considerando que a covardia é um comportamento que reflete falta de coragem, e o covarde é quem age com temor diante de alguém ou de algo, sem apresentar valentia. Podemos dizer que a coragem é necessária para deixar para trás o medo da dor física, da morte, do fracasso, das críticas e, também, da possibilidade de dizer muitos nãos para ser mais produtivo. Se o sujeito for covarde, em contrapartida, o temor irá paralisá-lo e impedi-lo de agir.

Não podemos ser covardes diante da possibilidade da mudança. Devemos, sim, encarar a mudança como algo tão inevitável quanto a própria morte.

Para mim, Dani, e para o leitor, é preciso ambicionar uma vida mais abundante ou uma vida por inteiro, ou, como digo aqui, uma vida integral, que é aquela que não sofreu diminuição ou restrição, ela é total e completa. É uma vida que se apresenta com todos os seus componentes e propriedades originais.

Precisamos mudar. E mudar para melhor, coisa que nem sempre é normal ou padrão. Depende da sua coragem, da sua vontade de agir ou da sua motivação para ser mais produtivo. Está por sua conta ter uma vida mais abundante. Cuidado! Não estou falando de *ter* sucesso, mas, sim, de *fazer* sucesso. Um sucesso que tenha sentido para você, de modo a poder desfrutar de uma vida integral.

É comum eu ter receio de utilizar a palavra *sucesso*, pois as pessoas tendem a associá-la diretamente a dinheiro, e sucesso não é ter dinheiro, mas, sim, resultados positivos naquilo que se tenha empreendido. Sucesso como forma de trazer significado, ou seja, dar importância e sentido para o que se está fazendo, que é a forma de tornar o sucesso tangível e percebido.

Por exemplo: o significado deste livro, para mim, é que ele seja um divisor de águas para você, que seja importante para a sua vida e em suas tomadas de decisão, que possa fazê-lo mudar seus comportamentos para ser mais produtivo e aproveitar melhor a vida. Para isso, você vai precisar de coragem!

Daniela Serban – Quero encerrar este capítulo confessando-lhe, caro leitor, que entrei no projeto da escrita deste livro com o Zanutim muito por ouvir minha voz interior, que me mobiliza a contribuir com o universo. Não imaginava o tamanho do trabalho, do envolvimento e do compromisso que ele demandaria.

Tudo isso levou tempo.

Para concluir, foram muitas escolhas na utilização do meu tempo. Dedicação, disciplina, prazo. E conseguimos!

Pude constatar que, ao fazer algo dentro do meu propósito de vida, tudo flui de modo fácil, leve e proveitoso, porém precisei aplicar muito do que falamos aqui, para conseguirmos concluir o livro.

Foi preciso coragem para expor minhas vulnerabilidades e trazer você para mais perto de mim. Muita empatia para me pôr no seu lugar e identificar quais informações seriam relevantes, a abordagem adequada, exemplos que fizessem sentido e pudessem agregar à sua vida.

Com este poema de Ruth Bebermeyer, encerro o capítulo desejando que suas palavras sejam janelas bem abertas para você!

Palavras são janelas

Sinto-me tão condenada por suas palavras,
Tão julgada e dispensada.
Antes de ir, preciso saber:
Foi isso que você quis dizer?
Antes que eu me levante em minha defesa,
Antes que eu fale com mágoa ou medo,
Antes que eu erga aquela muralha de palavras,
Responda: eu realmente ouvi isso?
Palavras são janelas ou paredes.
Elas nos condenam ou libertam.
Quando eu falar e quando eu ouvir,
Que a luz do amor brilhe através de mim.
Há coisas que preciso dizer,
Coisas que significam muito para mim.

Se minhas palavras não forem claras,
Você me ajudará a me libertar?
Se parece menosprezar você,
Se você sentiu que não me importei,
Tente escutar por entre as minhas palavras
Os sentimentos que compartilhamos.

DICAS PARA TER MAIS PRODUTIVIDADE

À noite
- Antes de finalizar seu dia, invista 10 minutos para estabelecer sua linha de prioridade: escolha cinco tarefas para produzir com alto nível de concentração e foco no dia seguinte. Pode utilizar a G.U.T., lembra?

Exercícios físicos
- Durante a prática de exercícios físicos, o corpo libera uma variedade de hormônios que ajudam na produtividade e a ter uma mente saudável.

Durma bem
- Muitas pessoas ficam irritadas por não dormirem bem. Isso também pode gerar falta de foco e de concentração. Faça o possível para ter bom sono.

Beba água
- Não se esqueça de se hidratar. Se você não ingerir líquido, seu cérebro entrará em modo de segurança e seu foco será menor.

Técnica do Pomodoro
- Trabalhe 25 minutos e descanse 5. Ou fique à vontade para definir o seu próprio tempo de trabalho e descanso.

Música
Coloque fones de ouvido e escolha uma música que lhe dê foco.

O tempo é nosso bem mais valioso e o recurso mais escasso. Temos 1.440 minutos de vida por dia e quando você percebe o real valor do tempo de 1 minuto e o que dá para fazer nesse tempo, então saberá que cada minuto é muito valioso.

Saber diferenciar a linha de importância deve fazer você parar e pensar em respostas para a seguinte pergunta: qual das minhas tarefas fará real diferença diante de um projeto ou de minha vida? Defina e foque nela todos os dias pela manhã.

Tenha sempre uma agenda em mãos, deixe a velha lista de tarefas para lá. Agenda é uma questão de prioridade e intenções genuínas, então determine prazos e lembre-se de que toda ação deverá estar na agenda.

Aja antes de se autossabotar, só assim você vencerá a procrastinação. Atente-se às desculpas constantes que você dá para não fazer algo, pois só assim poderá criar mecanismos para desligar esse gatilho da procrastinação.

Sempre haverá trabalho e tarefas para o futuro. O fundador da Intel, Andy Grove, disse certa vez que seu dia sempre acabava quando percebia que estava cansado e pronto para ir para casa, e não ao terminar o que estava fazendo, porque de fato isso nunca termina de verdade. Sempre haverá mais a ser feito, em muitas empresas, eu, Claudio Zanutim, sempre digo uma frase de impacto para os colaboradores nesse sentido: "Fique sossegado, se você morrer hoje, haverá outro em seu lugar amanhã cedo".

Anotar é muito importante, tenha em mãos um bloco de notas ou grave áudios em seu celular para registrar ideias diárias que surgem, nosso cérebro sempre é muito melhor processando do que armazenando.

Depois de tudo que vivemos com a pandemia do coronavírus de 2020, já podemos dizer, para aqueles mais céticos, que reunião deve ser o último recurso, ainda mais as improdutivas. Segundo Richard Branson, poucas são as reuniões que precisam durar mais de 5 ou 10 minutos. E, se forem online, melhor ainda. Ah! Tem de haver pauta e ata, sempre!

Dizer não é uma questão de escolha, lembre-se de que cada sim que você dá para tarefa, meta ou objetivo faz com que tenha de abdicar de muitas outras coisas; só temos 1.440 minutos de vida por dia, portanto, foco é imprescindível.

Produtividade é energia e foco, não se trata só de tempo ou da gestão dele, mas, sim, de pessoas mais produtivas porque

> cuidam de si mesmas, mental, espiritual e fisicamente. Pausas entre tarefas são primordiais.
>
>   Ah! Para fechar, eu creio que a pandemia que vivemos deve ter gerado a percepção de que a vida é uma só; mesmo curta, ela deve ser integral. Vida é vida, e não pode mais ser departamentalizada. Um novo mundo surge, em que as pessoas terão de tratar gente como gente deve ser tratada.

A COMUNICAÇÃO E A CORAGEM

DICAS DE INSTRUMENTOS

Big Five
- Medidas de personalidade

 www.integracao.com.br

MBTI
- Teste de personalidade

 mbti.claudiozanutim.com.br

DISC
- Teste de personalidade

 disc.claudiozanutim.com.br

DICAS DE FERRAMENTAS GRATUITAS QUE PODEM AJUDAR

Kill News Feed

- Limpe o seu *feed* de notícias do Facebook e não se distraia mais com postagens. Extensão para o Google Chrome.

Trello

- Organize as suas atividades em listas e, se necessário, compartilhe-o com a sua equipe e divida tarefas. Disponível em PC, iOS, Android e Windows Phone.

Remember The Milk

- O aplicativo lembrará você das suas tarefas com notificações por e-mail, celular ou mensagens instantâneas. Em inglês. Disponível em PC, Android e iOS.

ClearFocus

- O aplicativo é voltado para o gerenciamento do tempo e para alternar sessões de trabalho com pausas curtas. É possível personalizar a configuração. Para Android e iOS.

Posfácio

O TEMPO DA ARTE

Fernando Cardoso[46]

A arte tem o poder de atração e inspiração há séculos. Em alguns casos, tem como objetivo retratar a realidade, em outros, criar uma nova realidade, e sempre de estar à frente de seu tempo.

A arte tem o poder de ser única, de gerar impacto, de atrair a atenção, se fazer presente, representar o seu povo. E a verdadeira arte é reconhecida como o estado da arte.

A arte tem inspirado também o mundo corporativo, que busca meios para encontrar a sua perfeição, a ponto de dizermos que todos os profissionais e empresas estão buscando o estado da arte em sua atuação. Como sou escultor e empresário, fui convidado a explicar qual é o tempo da arte.

Nossa geração vive em um ritmo acelerado, sendo que nossos sentidos *são* bombardeados por estímulos incríveis, como nunca antes. Esses estímulos incluem gastronomia, doces e açúcares, viagens para lugares incríveis, informação sendo produzida em uma curva exponencial, recursos e tecnologias, belezas e experiências, oferecidos por todos os tipos de empresa.

No mesmo grau em que recebemos esses estímulos, respondemos ao mundo com mais estímulos criados por nós, seja a necessidade de nos locomover, de estar em algum lugar outro que não o atual, seja em estar atrasado ou perseguindo algo que não possuímos neste momento, interagindo com nossos eletrônicos, tirando fotos, jogando, publicando. Respondemos a esses estímulos também com nosso trabalho, com trabalho acelerado, produtividade, excelência, sempre buscando

---

46 Sócio-diretor da Integração Escola de Negócios e escultor internacional.

a perfeição, a construção desse desejado estado da arte. Esse é o cenário para falarmos do tempo da arte.

Quero que se imagine andando em uma estrada de terra, só você e a natureza, reparando as árvores ao seu redor, flores, cheiros, ouvindo os pássaros, sentindo o calor do sol em um final de tarde, a luz tênue do dia já se despedindo, até que, de repente, um carro passa ao seu lado, a 60 quilômetros por hora, digamos, levantando poeira.

Uma intervenção de alguns segundos que, tão rápido como chegou, se vai e, assim que a poeira baixar, você retoma a tranquilidade de antes. Quero que você repare em sua percepção do tempo em relação à desse motorista. Para você, o tempo é um, o microambiente em que você se encontra é um mundo, com o qual está conectado, em que percebe tudo ao seu redor mesmo em silêncio, comunicando-se com esse micromundo.

Já para o motorista, o mundo é outro, um mundo maior, com uma visão mais acelerada e superficial, no qual percorre distâncias maiores, sendo esse seu micromundo um mero detalhe entre ponto A e ponto B, comunicando-se com o ambiente de uma forma totalmente diferente.

São dois tempos dissonantes coexistindo, duas formas de se relacionar com o mundo completamente distintas, no mesmo espaço.

Conto essa parábola para ilustrar que há diferentes modos de você se relacionar com o tempo e para sustentar a afirmação de que, "para a arte, não há tempo". O tempo é um fator inibidor da arte.

Para se criar uma obra de arte ou para encontrar o seu estado da arte, o tempo é um "inimigo". Não estou sugerindo um completo descompromisso com o tempo ou com prazo, mas que, na primeira etapa de seu projeto, etapa em que criará suas diretrizes, a personalidade do projeto, você "pare o carro, desça e siga a pé".

Administração do tempo é um dos temas mais importantes para nossa eficiência profissional. Precisamos ser rápidos e produtivos, correr na velocidade do "mundo" ou, se possível, mais rápido. Nessa velocidade, acabamos negligenciando a arte do nosso trabalho, aquele toque de genialidade que nos permite realmente acertar um alvo – ou encontrar o estado da arte.

Na arte não é diferente. Por mais que ser artista envolva idealismo, envolve também muito trabalho operacional e mecânico. Então, como artista, preciso ter certeza que estou no caminho de algo que se possa acreditar ser a verdadeira arte e, para isso, me conectar com o tempo,

POSFÁCIO

para só então me permitir produtividade menos criativa ou mais mecânica (zona de conforto).

O primeiro aspecto importante é entender que muito de um projeto é definido no momento zero. Um exemplo bem simplista é você querer ser empresário e estar na dúvida entre abrir um posto de gasolina e um restaurante, ou entre um restaurante próprio e uma franquia. É uma única decisão que vai determinar tudo o que acontecerá nos próximos cinco anos da sua vida. Essa é uma decisão que não deve ser apressada, mas, sim, lenta e dramática: ela determinará a direção do seu caminho.

Decisões fundamentais, como definir estratégia, direção, atributos, personalidade de negócios, questões sensíveis e intangíveis necessitam tempo. Tempo para reflexão, observação, comunicação, intuição, questionamentos, pesquisas. Não há arte sem esse tempo.

Como artista, acredito que a verdadeira arte não é uma obra do acaso. Por mais que o acaso seja aceito no mundo da arte, quando se observa o conjunto da obra de um artista, não há acaso lá.

Para se criar uma obra de arte, é necessário conectar-se a ela e a todos os atributos que se pretende imprimir na ideia. Essa conexão é o oposto do mundo em velocidade. Ela é lenta, exige estado de presença, observação, sensibilidade e intuição.

Por mais que estejamos vivendo em tempos de alta velocidade, precisamos encontrar o momento certo para o nosso estado de presença e impregnar esse momento com o nosso melhor.

Será o conjunto da obra que eternizará o artista.

E é necessário que o tempo seja seu melhor aliado.

Considerações finais

PARTE 1

Quem conhece os outros é sábio.
Quem conhece a si mesmo é iluminado.

LAO-TSÉ

Claudio Zanutim – Gostaria de ter desfrutado de um conteúdo como este quando tinha uns 20 anos, de ter tido acesso a tantas informações, reflexões e provocações a propósito do tempo como estas que tratamos aqui.

Não que eu me arrependa do meu tempo ou dos meus *kairóses*, mas é que, se eu tivesse isso, minha vida teria sido melhor ainda.

Falando sobre isso certa vez, em uma palestra minha, uma pessoa me abordou ao final, no meio do corredor, e perguntou: "Você se arrepende de coisas que fez no passado?".

Eis o que eu disse: "Sim, não só me arrependo como, em muitos momentos de conversas íntimas com Deus, me arrependi de muitas ações e coisas que fiz, e pedi perdão".

Para mim, esse papo de "não me arrependo de nada que eu tenha feito no passado" é furado. O passado conta nossa história, o futuro é incerto, mas o presente se chama presente porque é uma dádiva. Não apagamos o passado, mas o perdão e a liberação de perdão nos libertam dele.

Nós construímos o futuro no hoje, no *kairós* e no *cronos* em que estamos.

A minha fé sempre foi enorme, mas suficiente para um dia, para o dia de hoje. Quando abro meus olhos todos os dias pela manhã bem cedo e percebo que estou vivo, então dou graças a Deus e peço para que minha fé me seja suficientemente grande, a ponto de me pôr em pé e realizar tudo o que aquele dia me preparou e que eu preparei.

A esperança me sustenta, mas a esperança no sentido de esperançar, e não de esperar. A esperança do porvir, para mim, é combustível potente para este corpo, que, muitas vezes, falha em se manter acelerado e acelerando, rumo ao futuro.

Assim, amo a vida que tenho, da forma como ela é e me é dada. Quando penso na fé, na esperança e no amor, sinto que a vida tem sentido e faz sentido. O tempo pode ser meu amigo ou meu inimigo, mas, hoje, por causa da fé, da esperança e do amor, ele tem sido meu amigo e o trato assim, como um amigo.

Os tempos e momentos que já se foram até o instante em que escrevo este texto consumiram 17.885 dias, ou 429.240 horas, ou 25.754.400 minutos de muita vida, muita história (parte delas contadas neste livro). A esperança, no entanto, de muitos e muitos minutos vindouros me põe de pé diante de todos os desafios da vida.

Não desista de seus sonhos e planos. Todo objetivo nasce de um sonho, e quem não sonha está morto.

Minha expectativa é que, na leitura destes capítulos, muitos sonhos possam ter sido resgatados, outros, impulsionados, e outros ainda, deixados de lado ou esquecidos de vez. Que você possa ter percebido que nenhuma planilha, ou ferramenta, ou livro fará algum milagre por você, mas, sim, sua força de vontade e sua capacidade de mudar de comportamento para ter uma vida integral, apoiando-se na produtividade e na gestão do tempo.

Também quero que você não se sinta pressionado a nada. Digo que você não "tem de..." nada, ninguém manda em você. Uma grande amiga, Tarsila Naito, sempre brinca, dizendo: "Você não manda em mim".

Hoje em dia, vivemos sob uma pressão desnecessária, em que as pessoas falam o tempo todo para nós que "temos de" ler tal livro, "temos de" assistir a tal filme, "temos de" ver tal lugar, ou restaurante, ou uma série nova etc.

Sinceramente, nós não "temos de..." nada. Nem eu, nem você. Exceto coisas que tenham sentido para o nosso propósito e para o legado de vida que queremos deixar; a nossa agenda é uma questão de interesses e intenções genuínas. Portanto, muito cuidado com os **SIM's** e **NÃO's** que você fala durante a vida.

Ou vai me dizer que você nunca esteve onde não queria estar?

Cuidado! Somos seres relacionais, e o ser humano é o tipo de bicho que se relaciona o tempo todo e tem essa necessidade. Não estou falando para você não sair de casa mais, claro que não. Estou dizendo que você deve gerir sua agenda considerando a linha de prioridade. Agenda é também uma questão de prioridade. Só que você não pode ficar mudando o tempo todo. Se você não tem agenda, alguém terá agenda para você em seu lugar.

A vida é finita. O que você diz para as pessoas quando elas fazem aniversário? Na maioria das vezes, fico incomodado quando, no meu aniversário, as pessoas me escrevem ou ligam dizendo: "Parabéns, **mais** um ano de vida". Pensemos: estou indo para frente, não para trás. Estou em processo de evolução, aliás, a última evolução será a morte, não é? Nossa! Bata na madeira aí. Morrer não é uma coisa legal, e uma palavra em que devemos prestar atenção nessa frase é **mais**; então, onde está sendo somado **mais** um ano de vida? Somente em nossa memória. Quem comemora aniversário com um ano de antecedência?

Segundo a neurociência, a memória é algo que já se extinguiu, está numa lembrança que temos agora. O passado já existiu, o presente é dádiva, e o futuro não existe, então o que as pessoas poderiam me desejar seriam muitos anos vindouros, pois não se trata de **mais** um ano de vida, e sim **de menos** um. Eu já o vivi, não dá para resgatar, voltar, mexer etc.

Cuidado! Não estou dizendo que você deva desejar aos seus colegas e amigos um ano a menos de vida. O fato é que o momento presente é incrível e viver deve ser uma experiência única e irreversível.

Espero que esta leitura lhe tenha sido agradável e gerado muitos *insights* sobre o tempo e a vida.

Nos meus 20 anos de idade, o tempo tinha preço; hoje, aos 49, o tempo tem valor.

Valorize seu tempo, pois esse é um recurso escasso, finito e irreversível.

Sucesso sempre! Do seu jeito.

PARTE 2

Muda, que quando a gente muda,
o mundo muda com a gente.
A gente muda o mundo na mudança da mente.
E quando a mente muda, a gente anda pra frente.
E quando a gente manda, ninguém manda na gente.
Na mudança de atitude, não há mal que
não se mude nem doença sem cura.
Na mudança de postura, a gente fica mais seguro,
na mudança do presente a gente molda o futuro!

GABRIEL, O PENSADOR

Daniela Serban – O livro foi estruturado dentro de uma sequência lógica, uma construção em etapas do conhecimento para que você tivesse uma visão do valor do tempo na sua vida, sob várias perspectivas.

O convite à leitura foi feito para tirá-lo da zona de conforto e possibilitar que você navegasse por outros mares, inicialmente desconhecidos, e, uma vez aceito, que o ajudasse a vislumbrar uma vida com mais tempo de qualidade e satisfação.

Paralelamente, vejo que uma das belezas do livro é que ele pode ser acessado em qualquer capítulo, dependendo do momento de vida pelo qual você esteja passando, de modo a absorver aquilo que lhe seja mais oportuno.

Vivemos hoje, sobretudo nós, mulheres, numa grande angústia por sentir não "dar conta" de tantos afazeres, obrigações e, ainda assim, ter de receber o marido com alegria, estar bonita para ele e bem-disposta para brincar com os filhos! Haja gestão do tempo!

Espero que você, dependendo da questão que tenha no dia, possa sentir este livro como um espaço de acolhimento e encontrar nele alternativas para uma qualidade de vida melhor, além de maximizar a forma como cuida do seu tempo.

CONSIDERAÇÕES FINAIS

Que você consiga aplicar essas dicas e ideias que estamos compartilhando, e venha nos contar as boas mudanças que conseguiu realizar.

Que tenha mais tempo para ouvir o barulho das aves, para se cuidar, se amar mais e, assim, amar mais o universo! Só quem tem algo consegue dar. Quem não tem, não consegue. Não me refiro a bens materiais, e sim a amor, energia positiva, uma escuta verdadeira, uma palavra amiga e um ensinamento.

Acredito que pudemos reunir, aqui, nestas páginas, muita **sabedoria**, de diversas fontes e autores. Sabedoria porque é muito mais do que apenas conhecimento, informação. Que não se encontra no Google. É algo que pesquisamos, escolhemos com muito cuidado, vivenciamos, construímos, para que você tenha acesso aqui ao que há de melhor para se obter produtividade sustentável na sua vida.

Para você que chegou até aqui, meus sinceros parabéns! Você se permitiu dar esse carinho e apoio a você mesmo. Poderá replicá-los, certamente, a muitas pessoas, e essa corrente se espalhará. Que se espalhe até que o mundo inteiro seja mais respeitoso com o nosso tempo, com o tempo do vizinho, do amigo, do inimigo. Que você possa ser um forte elo dessa corrente!

Desejo-lhe, de coração, muito boa sorte!

Referências bibliográficas

ALLEN, David. *A arte de fazer acontecer*: o método GTD – Getting Things Done, estratégias para aumentar a produtividade e reduzir o estresse. Rio de Janeiro: Sextante, 2016.

ANDREWS, Susan. *A ciência de ser feliz*: conheça os caminhos práticos que trazem bem-estar e alegria. 3. ed. São Paulo: Ágora, 2011.

BABA, Sri Prem. *Propósito*: a coragem de ser quem somos. Rio de Janeiro: Sextante, 2016.

BARBOSA, Christian. *A tríade do tempo*: um método único para potencializar sua produtividade, aumentar seu equilíbrio e as relações da sua equipe. São Paulo: Elsevier, 2008.

BARROS FILHO, Clóvis de; PONDÉ, Luiz Felipe. *O que move as paixões*. Campinas: Papirus 7 Mares, 2017.

BÍBLIA DE ESTUDO ARQUEOLÓGICA. Nova Versão Internacional. São Paulo: Vida, 2013.

BLANCHARD, Kenneth. Prefácio. In: JOHNSON, Spencer. *Quem mexeu no meu queijo?* Uma maneira fantástica de lidar com as mudanças em seu trabalho e em sua vida. Rio de Janeiro: Record, 2002.

BLISS, E. C. *Como conseguir que as coisas sejam feitas*: o ABC da administração do tempo. Trad. Eugênia Loureiro. 4. ed. Rio de Janeiro: Record, 1983.

BOYES, Alice. *The Anxiety Toolkit*: Strategies for Managing Your Anxiety So You Can Get on with Your Life. Londres: Piatkus, 2015.

BROWN, Brené. *A coragem de ser imperfeito*: como aceitar a própria vulnerabilidade, vencer a vergonha e ousar ser quem você é. Rio de Janeiro: Sextante, 2016.

BUCKINGHAM, Marcus; CLIFTON, Donald. *Descubra seus pontos fortes*. Rio de Janeiro: Sextante, 2008.

BYRNE, Rhonda. *O segredo*. São Paulo: LeYa, 2018.

CAIN, James, *Linguagem corporal*: como aprender comunicação não verbal. James Cain, 2019.

CERBASI, Gustavo; BARBOSA, Christian. *Mais tempo, mais dinheiro*: estratégias para uma vida mais equilibrada. Rio de Janeiro: Sextante, 2014.

CHOPRA, Deepak. *As 7 leis espirituais dos super-heróis*. São Paulo: Lafonte, 2012.

COOKE, Phil. *The One B1g Thing*: Discovering What You Were Born to Do. Thomas Nashville: Nelson Publishers, 2012.

CORTELLA, Mario Sergio. *Qual é a tua obra?* Inquietações propositivas sobre gestão, liderança e ética. Petrópolis: Vozes Nobilis, 2015.

CORTELLA, Mario Sergio; KARNAL, Leandro; PONDÉ, Luiz Felipe. *Felicidade*: modos de usar. São Paulo: Planeta, 2019.

DWECK, Carol. *Mindset*: a nova psicologia do sucesso. Rio de Janeiro: Objetiva, 2017.

ELROD, Hal. *O milagre da manhã*: o segredo para transformar sua vida (antes das 8 horas). Trad. Marcelo Schild. Rio de Janeiro: BestSeller, 2016.

FONSECA, Alessandra Vieira. Gestão do tempo. *Consulta RH: Coaching e Treinamentos Gerenciais*, [s.d.]. Disponível em: <https://docplayer.com.br/654591-Alessandra-vieira-fonseca.html>. Acesso em: 29 abr. 2020.

FORSYTH, Patrick. *Tempo*: gerencie-o com sucesso e melhore seu desempenho e sua qualidade de vida no trabalho. Clio, 2010.

FRANKL, Viktor. *Em busca de sentido*: um psicólogo no campo de concentração. Petrópolis: Vozes, 2009.

GARCÍA, Héctor; MIRALLES, Francesc. *Ikigai*: os segredos dos japoneses para uma vida longa e feliz. Rio de Janeiro: Intrínseca, 2018.

GOITIA, Vladimir. Brasileiro leva1 hora para produzir o que americano faz em 15 minutos. *UOL*, 19 mar. 2019. Disponível em: <https://economia.uol.com.br/noticias/redacao/2019/03/19/brasil-baixa-produtividade-competitividade-comparacao-outros-paises.htm>. Acesso em: 1 maio 2020.

GOLEMAN, Daniel. *Inteligência emocional*: a teoria revolucionária que define o que é ser inteligente. Rio de Janeiro: Objetiva, 1995.

_____. *A arte da meditação*: aprenda a tranquilizar a mente, relaxar o corpo e desenvolver o poder da concentração. Trad. Domingos DeMasi. Rio de Janeiro: Sextante, 2018.

GOLEMAN, Daniel; BOYATZSIS, Richard E. A inteligência emocional possui 12 elementos. Em quais você precisa melhorar? *Harvard Business Review*, 28 maio 2018. Disponível em: <https://hbrbr.uol.com.br/inteligencia-emocional-12-elementos/>. Acesso em: 6 maio 2020.

HAN, Byung-Chul. *Sociedade do cansaço*. Petrópolis: Vozes, 2015.

REFERÊNCIAS BIBLIOGRÁFICAS

HAWKING, Stephen. *Uma breve história do tempo*. Rio de Janeiro: Intrínseca, 2015.

HURSON, Tim. *Idea Connection*. Interview with Tim Hurson. 2007.

JONES, Lyndon. *Organize melhor o seu tempo*: como equilibrar a demanda de trabalho sendo mais eficiente e fazendo mais em menos tempo. Clio, 2010.

KABAT-ZINN, Jon. *Atenção plena para iniciantes*: usando a prática do mindfulness para acalmar a mente e desenvolver o foco no momento presente. Rio de Janeiro: Sextante, 2019.

KAHNEMAN, Daniel. *Rápido e devagar*: duas formas de pensar. Rio de Janeiro: Objetiva, 2012.

KRUSE, Kevin. *15 Secrets Successful People Knows About Time Management*. Toronto: The Kruse Group, 2015.

LIMA, Maria do Carmo Ferreira; JESUS, Simone Batista. Administração do tempo: um estudo sobre a gestão eficaz do tempo como ferramenta para o aumento da produtividade e *work life balance*. *Revista de Gestão e Secretariado*, São Paulo, v. 2, n. 2, p. 121-144, jul./dez. 2011.

LOURENÇO, Mychael V. et al. Exercise-Linked FNDC5/Irisin Rescues Synaptic Plasticity and Memory Defects in Alzheimer's Models. *Nature Medicine*, v. 25, p. 165-175, 7 jan. 2019.

MAXWELL, John C. *O sucesso está em você*: descubra seu propósito de vida, atinja seu potencial e realize seus sonhos. Thomas Nelson Brasil, 2012.

_____. *As 21 irrefutáveis leis da liderança*. Vida Melhor, 2013.

_____. *Os 21 minutos de poder na vida de um líder*: descubra como alguns minutos por dia podem transformá-lo em um líder de sucesso. Vida Melhor, 2015.

MEDEIROS, Tainah. Males e benefícios do açúcar. *Site Drauzio Varella*, [s.d.]. Disponível em: <https://drauziovarella.uol.com.br/>. Acesso em: 30 abr. 2020.

MEHRABIAN, Albert; WIENER, M. Decoding of Inconsistent Communications. *Journal of Personality and Social Psychology*, v. 6, n. 1, p. 109-114, 1967.

MEHRABIAN, Albert; FERRIS, S. R. Inference of Attitudes from Nonverbal Communication in Two Channels. *Journal of Consulting Psychology*, v. 31, n. 3, p. 248-252, 1967.

MYLES, Tamara Schwambach Kano. *Produtividade máxima*: como assumir o controle do seu tempo e ser mais eficiente. Trad. Afonso Celso da Cunha Serra. Rio de Janeiro: Sextante, 2015.

O QUE É O CRONOTIPO – E POR QUE VOCÊ PRECISA SABER QUAL É O SEU. *BBC News*, 4 ago. 2018. Disponível em: <https://www.bbc.com/portuguese/geral-45029532>. Acesso em: 4 maio 2020.

PALMER, Parker J. *Let Your Life Speak*: Listening the Voice of Vocation. San Francisco: Jossey-Bass, 1999.

QUINELLO, R.; NICOLETTI, J. R. *Gestão de facilidades*: aprenda como a integração das atividades de infraestrutura operacional de sua empresa pode criar vantagem competitiva. São Paulo: Novatec, 2006.

REDES SOCIAIS AUMENTAM SENSAÇÃO DE SOLIDÃO, DIZ ESTUDO. *BBC News*, 6 mar. 2017. Disponível em: <https://www.bbc.com/portuguese/geral-39178058>. Aceso em: 6 maio 2020.

RIZZI, Márcia; SITTA, Mauricio. *Ser + em gestão do tempo e produtividade*: estratégias e ferramentas para atingir a excelência no dia a dia. São Paulo: Ser Mais, 2011.

ROSENBERG, Marshall B. *Comunicação não-violenta*: técnicas para aprimorar relacionamentos pessoais e profissionais. São Paulo: Ágora, 2006.

SPALL, Benjamin; XANDER, Michael. *My Morning Routine*: How Successful People Star Every Day Inspired. Nova York: Portfolio, 2018.

THALENBERG, Marcelo. *Socorro, roubaram meu tempo!* São Paulo: Érica, 2003.

TOLLE, Eckhart. *O poder do agora*: um guia para a iluminação espiritual. Rio de Janeiro: Sextante, 2010.

_____. *O poder do silêncio*. Rio de Janeiro: Sextante, 2016.

VANDERKAM, Laura. *168 Hours*: You Have More Time Than You Think. Nova York: Penguin, 2010.

WEIL, P. *O corpo fala*: a linguagem silenciosa da comunicação não verbal. Petrópolis: Vozes, 2017.

WITTMANN, Mark. *Felt Time*: the Psychology of How We Perceive Time. Cambridge: The MIT Press, 2016.

ZANUTIM, Claudio. *Como construir objetivos e metas atingíveis*. São Paulo: DVS, 2016.

ZEER, Darrin. *Feng shui no trabalho*: criando harmonia no ambiente profissional. Rio de Janeiro: Sextante, 2008.

Uma referência de nossa amiga Marta Gucciardi

Zanutim, acho que a melhor decisão que você tomou foi ter convidado sua amiga, Daniela Serban, para dividir a escrita deste livro. Em vários momentos, vocês fizeram contrapontos interessantes e ela ajudou muito a "humanizar" o tempo. Você é um surtado, você sabe...

Se, no começo da leitura, me senti pressionada e quase desisti – aquele papo de "quem manda na minha vida sou eu!" –, no final, me senti acolhida e fiquei bem emocionada. Vocês se dispuseram a ajudar pessoas, e isso é incrível.

Parabéns pelo livro. Inseri alguns comentários ao longo do texto que fazem mais sentido do que estas observações finais.

Para terminar, uma das minhas músicas preferidas:

Oração ao tempo
(Caetano Veloso)
És um senhor tão bonito
Quanto a cara do meu filho
Tempo, tempo, tempo, tempo
Vou te fazer um pedido
Tempo, tempo, tempo, tempo
Compositor de destinos
Tambor de todos os ritmos
Tempo, tempo, tempo, tempo
Entro num acordo contigo
Tempo, tempo, tempo, tempo
Por seres tão inventivo
E pareceres contínuo
Tempo, tempo, tempo, tempo

1.440 MINUTOS

És um dos deuses mais lindos
Tempo, tempo, tempo, tempo
Que sejas ainda mais vivo
No som do meu estribilho
Tempo, tempo, tempo, tempo
Ouve bem o que te digo
Tempo, tempo, tempo, tempo
Peço-te o prazer legítimo
E o movimento preciso
Tempo, tempo, tempo, tempo
Quando o tempo for propício
Tempo, tempo, tempo, tempo
De modo que o meu espírito
Ganhe um brilho definido
Tempo, tempo, tempo, tempo
E eu espalhe benefícios
Tempo, tempo, tempo, tempo
O que usaremos pra isso
Fica guardado em sigilo
Tempo, tempo, tempo, tempo
Apenas contigo e comigo
Tempo, tempo, tempo, tempo
E quando eu tiver saído
Para fora do teu círculo
Tempo, tempo, tempo, tempo
Não serei nem terás sido
Tempo, tempo, tempo, tempo
Ainda assim acredito
Ser possível reunirmo-nos
Tempo, tempo, tempo, tempo
Num outro nível de vínculo
Tempo, tempo, tempo, tempo
Portanto peço-te aquilo
E te ofereço elogios
Tempo, tempo, tempo, tempo
Nas rimas do meu estilo.